知識網路組織的
合作機制研究

萬君 著

財經錢線

摘 要

隨著知識經濟時代的到來，知識逐漸從經濟增長的外生變量轉變為經濟增長的內在核心要素。隨著知識更新速度的加快和競爭的加劇，僅僅依靠單個企業自身的力量難以及時地創造出生產經營過程中所需的全部知識。為此，越來越多的企業與供應商、客戶、大學、科研院所甚至競爭對手組建知識網路，通過彼此間的知識流動，實現知識共享和知識創造。知識網路日益成為21世紀組織之間合作的重要形式，未來的競爭不僅是企業與企業之間的競爭，而且是知識網路與知識網路之間的競爭。

由於單個組織的學習動機和吸收能力有限，以及組織之間合作特性、知識特性和知識網路所處環境複雜性與不確定性等因素，知識網路組織之間的合作存在大量機會主義行為，並面臨各種風險，降低了知識轉移和知識共享的效率，進而影響到合作創新績效。因此，合作的整個過程必須有良好的機制作為保障，才能確保網路成員之間的合作處於和諧穩定的狀態，從而實現整個知識網路的持續發展。

縱觀國內外學者對知識網路與合作的研究現狀，目前的研究主要集中於知識網路的發展模式、構建作用、結構機理等方面，而關於合作的研究儘管成果較多，但多從供應鏈、戰略聯盟等角度進行探討，且主要集中於合作夥伴選擇等局部問題，總體而言，缺少對知識網路組織合作機制的系統性研究。

本書對知識網路組織之間的合作機制進行了研究。該研究可以豐富和發展知識網路理論，在實踐上，可為中國企業實現知識網路的有效治理提供指導和依據，因此具有重要的理論價值和實踐意義。

本書的具體內容如下：

（1）論述了知識網路組織之間合作的內涵，並分析了知識網路組織之間合作的影響因素。研究指出，知識網路組織之間是一種合作夥伴關係，這種合作關係的建立以信任為基礎，其實質是成員組織之間的競爭與協作。通過對知識網路合作博弈模型的分析可知，合作利益、知識分工、風險和內部控制是影

響知識網路成員間合作關係的重要因素。

　　（2）研究了知識網路的利益機制。在知識網路利益分配理論分析基礎上，提出了基於組織貢獻程度的利益分配模型，來實現知識網路組織之間合作創新的利潤與無形資產公平分配。根據知識網路組織之間合作方式差異，分析了橫向合作創新、縱向合作創新以及技術轉讓合作三類具體方式下的利益分配機理，繼而探討了知識網路利益分配機制的構建及其運行，並具體分析了使知識網路利益分配機制得以有效運行的動力、措施與保障。

　　（3）研究了知識網路的分工協同機制。對開放式創新知識分工、知識創造、知識整合階段的知識流動進行了探討，基於知識流動視角利用Amos21.0軟件對知識分工與創新績效的作用機理進行實證。實證結果表明：知識分工對創新績效具有正向的作用，但也降低了創新參與者間知識共享的意願、提高了知識整合的難度。知識共享意願的降低和知識整合難度的提高制約了知識分工對創新績效的正向作用。清晰的界面規則、先進的技術手段可以促進知識共享和整合。根據實證結果，基於RPV模型提出知識分工協同的三大機制，即基於知識優勢的知識配置機制、基於Web2.0技術的同儕研發機制和基於關係產權的知識佔有機制。

　　（4）研究了知識網路的風險機制。基於COSO風險管理框架，分析、識別了知識網路中存在的典型風險類型，構建了知識網路風險來源框架；基於模糊風險矩陣與Borda序值法對知識網路風險進行了評估與排序，繼而提出包括內生風險防範體系與外生風險防範體系兩個方面在內的知識網路風險防範體系。

　　（5）研究了知識網路的內部控制機制。知識網路內部控制機制包括契約機制和關係機制。構建了契約機制下知識網路合作創新的博弈模型，探討了在信息不對稱條件下與存在知識溢出效應下最優的關係產權激勵系數的設計；針對市場風險、關係風險和鎖定風險提出知識網路組建階段的關係契約機制、知識網路運行階段的關係交易機制和知識網路維持階段的關係調節機制。

關鍵詞：知識網路；合作機制；利益；分工；風險；內部控制

ABSTRACT

With the arrival of the era of knowledge economy, knowledge is gradually transformed from the exogenous variable of economic growth into the inner core element of economic growth. With the acceleration of knowledge updating and the increasing competition, it is difficult to create all the necessary knowledge in the process of production and operation by the power of a single enterprise. More and more enterprises begin to establish a knowledge network with universities, research institutes, suppliers, customers and even competitors, through the flow of knowledge between each other, to achieve knowledge sharing and knowledge creation. Currently, establishing a knowledge network with other organizations is becoming an important form of cooperation between organizations in the twenty-first century. The future competition is not only the competition between the enterprises, but also the competition between the knowledge networks.

Because of factors such as limited characteristics of the single organizational learning motivation and absorptive capacity, the cooperation characteristics, knowledge characteristics or knowledge network environment complexity and uncertainty, there are a lot of opportunism behaviors in the cooperation between the organization of knowledge network, and they face all kinds of risks, which reduce the efficiency of knowledge transfer and knowledge sharing, and then influence the performance of cooperative innovation. Therefore, the whole process of cooperation must have a good mechanism as a guarantee, to ensure that the cooperation between network members is in a harmonious and stable state, so as to achieve the sustainable development of the whole knowledge network.

Viewing from Chinese and western scholars' current studies of knowledge network and cooperation, we can see that the current researches mainly focus on the development model of knowledge network, construction function, structure mechanism and so on. The results of the research on cooperation are more; most of them are from the perspectives of the supply chain, strategic alliances and other perspectives, and mainly focus on local issues such as partner selection. Overall, there is a lack of systematic research on the cooperation mechanism of knowledge network.

The content of this project is on the cooperation mechanism between knowledge network organization. It may enrich and develop knowledge network theories. In practice, it can offer instructions and basis to help Chinese enterprises realize an effective management of knowledge networks. Therefore, it is of important theoretical value and practice significance.

This project's main work and new ideas are shown as follows:

(1) The project discusses the connotation of the cooperation between the organization of knowledge network, and analyzes the influencing factors of the cooperation between the organization of knowledge network. It points out that the knowledge network organization is a kind of cooperative partnership. Through the analysis of the cooperative game model of knowledge network, it can be known that the cooperation benefit, knowledge division, risk and internal control are the important factors that affect the cooperation relationship among the members of the network.

(2) The project studies the interest distribution mechanism of knowledge network. Interest drive is the fundamental driving force for the formation, existence and development of the knowledge network cooperation. Through the analysis of the theory, the project proposes a profit distribution model based on the degree of organization contribution to realize the fair distribution of cooperation profit and the intangible assets between the organization of knowledge network. According to the difference of cooperation between knowledge network organization, the project analyzes the interest distribution mechanisms of horizontal cooperation innovation, vertical cooperative innovation and technology transfer cooperation, and discusses the construction and operation of the interest distribution mechanism of knowledge network, and concretely analyses the power, measures and guarantee for the effective operation of the knowledge network benefit distribution mechanism.

(3) The project studies the knowledge division and synergy mechanism of knowledge network. The project discusses the knowledge flow of knowledge division, knowledge creation and knowledge integration stage under the open innovation environment, and makes an empirical study on the function mechanism of knowledge division and innovation performance using Amos21.0 software. The empirical results show that

knowledge division has a positive effect on innovation performance, but it also reduces the willingness of knowledge sharing among innovative participants and improves the difficulty of knowledge integration. These influences restrict the positive effect of knowledge division on innovation performance. Clear interface rules and advanced technology can promote knowledge sharing and integration. According to the empirical results, the project proposes three mechanisms of knowledge division and synergy based on the RPV theory. They are knowledge allocation mechanism based on knowledge advantage, peer innovation mechanism based on Web2.0 technology and knowledge possession mechanism based on relationship property, which can achieve resource synergy, operation synergy and value synergy.

(4) The project studies the risk mechanism of knowledge network. Based on the COSO risk management framework, the project analyzes and identifies the typical risk types in the knowledge network, builds the risk resource framework of knowledge network. Fuzzy risk matrix and Borda sequence value method are used to evaluate and rank the risk of knowledge network. Then, it puts forward knowledge network risk prevention system including two aspects: the internal risk prevention system and the external risk prevention system.

(5) The project studies the internal control mechanism of knowledge network. The internal control mechanism of knowledge network includes contract mechanism and relationship mechanism. The project constructs the game model of knowledge network cooperation innovation under the contract mechanism, and discusses the design of the optimal incentive coefficient of relationship property right under the condition of asymmetric information and the effect of knowledge spillover. For market risk, relationship risk and lock-in risk, the project proposes the relationship contract mechanism of knowledge network formation phase, the relational transaction mechanism of the knowledge network operation phase and the relationship adjustment mechanism of the knowledge network maintenance phase.

Key Words: Knowledge Network; Cooperation Mechanism; Interest Distribution; Knowledge Division; Risk; Internal Control

目 錄

1 緒論 / 1

  1.1 研究背景 / 1

  1.2 國內外相關研究文獻綜述 / 3

    1.2.1 關於知識網路的研究現狀及評述 / 3

    1.2.2 關於合作機制的研究現狀及評述 / 14

  1.3 研究意義 / 18

  1.4 研究內容、方法和創新點 / 18

    1.4.1 研究內容 / 18

    1.4.2 研究方法 / 19

    1.4.3 創新點 / 20

  1.5 研究思路與技術路線 / 21

2 知識網路組織之間的合作及其影響因素 / 23

  2.1 知識網路概述 / 23

    2.1.1 知識網路的概念 / 23

    2.1.2 知識網路的內涵 / 25

    2.1.3 知識網路的結構 / 25

  2.2 知識網路組織之間合作的內涵 / 28

    2.2.1 合作夥伴關係的建立以信任為基礎 / 29

  2.2.2 合作夥伴關係的實質是競爭與協作 / 30

 2.3 知識網路組織之間合作的影響因素 / 31

  2.3.1 知識網路組織之間的合作博弈模型 / 32

  2.3.2 知識網路組織之間合作的影響因素分析 / 35

 2.4 本章小結 / 38

3 知識網路的利益分配機制 / 39

 3.1 知識網路的合作利益及其影響因素 / 39

  3.1.1 知識網路可供分配的利益及其形式 / 39

  3.1.2 知識網路合作利益的影響因素 / 40

 3.2 知識網路利益分配的理論基礎 / 43

  3.2.1 交易成本理論 / 43

  3.2.2 競爭優勢互補理論 / 43

  3.2.3 合作博弈理論 / 44

 3.3 知識網路利益分配模型研究 / 44

  3.3.1 利益分配問題方法介紹 / 45

  3.3.2 利益分配問題現有方法的局限性 / 50

  3.3.3 基於組織貢獻程度的利益分配模型 / 50

 3.4 知識網路利益分配的機理研究 / 53

  3.4.1 知識網路的節點合作方式 / 54

  3.4.2 知識網路三種合作形式下的利益分配機理 / 54

  3.4.3 知識網路利益分配影響因素探討 / 59

 3.5 知識網路利益分配機制的構建與運行 / 62

  3.5.1 知識網路利益分配機制設計目標 / 62

  3.5.2 知識網路利益分配機制的構建 / 63

  3.5.3 知識網路利益分配機制的運行 / 68

 3.6 本章小結 / 70

4　知識網路的分工協同機制／71

4.1　知識分工的文獻回顧及理論基礎概述／71

4.1.1　從勞動分工到知識分工的理論演進／71

4.1.2　知識分工協調理論綜述／74

4.2　開放式創新模式下知識網路的運行機制／76

4.2.1　開放式創新與知識的網路化流動／76

4.2.2　知識網路的運行機制／78

4.3　知識網路知識分工機理與實現方式／80

4.3.1　知識網路知識分工機理／81

4.3.2　「互聯網+」背景下知識網路知識分工實現方式／87

4.4　知識網路知識分工與創新績效的實證研究／91

4.4.1　研究假設／91

4.4.2　變量度量與問卷設計／95

4.4.3　數據分析結果／97

4.5　互聯網背景下知識分工協同機制設計／101

4.5.1　基於知識優勢的知識配置機制／102

4.5.2　基於 Web2.0 技術的同儕研發機制／102

4.5.3　基於關係產權的知識佔有機制／103

4.6　本章小結／103

5　知識網路的風險機制／105

5.1　知識網路風險及其識別／105

5.1.1　知識網路風險的內涵與特徵／105

5.1.2　知識網路風險的識別／106

5.2　知識網路風險的評估——基於模糊風險矩陣／113

5.2.1　構建風險矩陣／114

5.2.2　風險評估數據的收集與處理 / 115

　　5.2.3　風險的 Borda 排序 / 118

5.3　知識網路風險的防範 / 120

　　5.3.1　內生風險防範機制 / 124

　　5.3.2　外生風險防範機制 / 131

　　5.3.3　全面風險管理原則在知識網路風險防範中的應用 / 132

5.4　本章小結 / 135

6　知識網路的內部控制機制 / 137

6.1　基於契約的知識網路內部控制機制設計 / 137

　　6.1.1　契約的控制功能 / 137

　　6.1.2　契約機制下知識網路組織進化博弈模型 / 139

　　6.1.3　信息不對稱條件下知識網路組織合作最優契約設計 / 146

6.2　契約機制下的知識溢出效應 / 147

　　6.2.1　知識協作與知識溢出 / 147

　　6.2.2　知識溢出效應下知識網路成員組織合作收益分析 / 149

　　6.2.3　考慮知識溢出的知識網路組織合作最優契約設計 / 150

　　6.2.4　知識溢出效應對知識網路的影響分析 / 153

6.3　基於關係的知識網路內部控制機制設計 / 158

　　6.3.1　契約控制下知識網路的知識協作困境 / 159

　　6.3.2　知識網路的知識協作困境原因分析 / 165

　　6.3.3　知識網路的知識協作困境影響因素分析 / 166

　　6.3.4　知識網路的關係控制機制 / 170

　　6.3.5　知識網路合作關係控制對策 / 174

6.4　本章小結 / 176

7 研究結論 / 178
7.1 主要結論與貢獻 / 178
7.2 研究展望 / 180

參考文獻 / 181

附錄 / 204
附錄1 知識網路組織知識分工協同機制研究調查問卷 / 204
附錄2 知識網路組織風險機制研究調查問卷 / 209

1 緒論

1.1 研究背景

自20世紀90年代以來，人類已經大踏步地邁入了知識經濟時代。在知識經濟時代，知識的生產、擴散、交換及使用將極大地推動經濟的發展。世界經濟合作組織（OECD）曾經做過一個調研，其內的相關數據顯示，在發達國家，以知識為引導的行業創造的價值已經超過國內生產總值的一半比例，而科學技術的進步以及知識對經濟增長的貢獻率，已經由20世紀初的5%~20%提高到21世紀初的80%[1][2]。可見，知識及創造知識的能力已成為推動經濟增長和社會發展的關鍵因素。因此，通過知識創新推動技術創新，建立國家創新體系，走創新型國家之路，已經成為世界許多國家政府的共同選擇。為了在激烈的國際競爭中把握先機、贏得主動，中國政府也把「推進自主創新、建設創新型國家」作為中國經濟發展的重大戰略決策。

作為國民經濟細胞的企業，是市場經濟活動的主要參與者。著名管理學家彼得·德魯克（1994）曾指出「企業管理的本質不是技術和程序，而是使知識富有成效」[3]。在知識處於主導的社會，企業依託知識進行創新的能力代表著它在競爭之中將會占據的優勢，並標誌著組織的成功與否。然而，由於知識分工的存在[4]，沒有任何人或組織能夠獲得生產、經營所需要的全部知識，每個主體都只能沿著一定的專業方向獲取全部知識的一個片斷。由於單個組織自

---

[1] KAZUHIRO A, MARK L. Managing local knowledge assets globally: The role of regional innovation relays [J]. Journal of world business, 2003, 38 (1): 31-42.

[2] CHANG YUAN-CHIEH, CHEN MING-HUEI. Comparing approaches to system of innovation: the knowledge perspective [J]. Technology in society, 2004, 26 (1): 17-37.

[3] DRUCKER P F. The age of social transformation [J]. Atlantic, 1994, 274 (5): 53-80.

[4] HAYEK F A. Economics and knowledge [J]. Economica, 1937, (4): 33-54.

身所能夠擁有和開發的知識是有限的，掌握不同知識片斷的企業想要獲得全面的知識就必須依賴外部組織，與對方分工合作。[①] 因此，為了在激烈的競爭中立於不敗之地，更多的企業願意和高校、科研機構、合作方甚至競爭者組建知識網路，彼此成為戰略夥伴，借助知識在組織之間的流動、分享與創造等方式進行知識創新，繼而提高自己利用知識來創造企業價值的能力。當前，與外部組織聯合組建知識網路日漸成為企業間進行知識創新的重要方式，為他們占據競爭中的有利地位提供保障。

本書選擇知識網路成員之間的合作問題作為研究對象。知識網路，指的是由多條知識鏈相互交錯構成的網路系統，該系統通過知識共享、知識創造等活動獲取價值[②]。而知識鏈（Knowledge Chain）是為實現知識分享和知識創新而存在的一種鏈式結構，由以企業為核心的各個組織構成，這些組織為了參與創新活動而互動，從而促進知識在鏈條中的流動（顧新 等，2003）[③]。組織之間構建知識網路的目的，是通過跨組織的知識流動與創新合作，促進組織之間的交互學習，實現協同創新。知識網路組織之間的知識共享與合作，是知識網路組織之間協同創新過程中最為關鍵與核心的部分。單個組織的學習動機和吸收能力有限，以及組織之間合作特性、知識特性和外部所處環境的複雜性與不確定性等因素，導致知識網路組織之間的合作存在大量機會主義行為，並面臨各種風險，降低了知識轉移和知識共享的效率，進而影響到知識網路的合作創新績效。因此，必須要有良好的機制來為合作的整個過程保駕護航，才能使網路成員之間的合作保持和諧與穩定，進而實現知識網路整體的持續發展。

通過分析國內外學者對知識網路與合作的研究現狀可知：目前關於知識網路的研究還比較單一，主要圍繞知識網路的發展模式、構建作用、結構機理等方面展開。關於合作的研究儘管成果較多，但多是從供應鏈、戰略聯盟等角度進行的探討，且主要集中於合作夥伴選擇等局部問題，關於知識網路組織之間合作機制的相關研究文獻相對稀少。因此，本項目擬對知識網路組織之間實現協同創新的合作機制進行研究，通過制定科學有效的知識網路管理策略，來提高組織知識轉移和知識吸收的能力、降低合作風險，從而提高知識網路組織之間的合作效率，實現真正意義上的協同創新。

---

① FINE CHARLES H. Clock speed: winning industry control in the age of temporary advantage [M]. Reading, MA: Perseus Books, 1998.
② 萬君，顧新. 知識網路的形成機理研究 [J]. 科技管理研究，2008 (9)：243-245.
③ 顧新，郭耀煌，李久平. 社會資本及其在知識鏈中的作用 [J]. 科研管理，2003，24 (5)：44-48.

1.2 國內外相關研究文獻綜述

1.2.1 關於知識網路的研究現狀及評述

1.2.1.1 知識網路的定義

在管理學界，19世紀90年代中期才開始對知識網路展開研究，瑞典工業界首先確定了知識網路的概念①，Beckmann（1995）認為知識網路是一種機構或者活動，其產生是為了完成知識生產和傳播。一直以來學術界對知識網路的定義並沒有明確和統一，許多國內外學者從不同的角度對知識網路的概念提出了自己的看法。

國外學者 Andreas（1999）等②指出，知識網路是知識參與者共同建立的一種社會網路，是通過個人、團體、組織及其內部等層次上的知識創造與轉移，實現價值創造。美國科學基金會（NSF）（1999）也將知識網路歸屬於社會網路的範疇，認為這種社會網路可以提供知識、信息的利用等。還有的學者將知識網路稱為知識聯盟，比如 Norman（2002）③ 認為，組織之間能夠借助各類契約和股權而締結聯盟，構成優勢相互補充、風險同時承擔的網路組織，進而完成知識分享、推動知識流通和創新。

儘管國內對知識網路的研究較西方的研究晚一些，但不少學者也提出了自己的觀點。蔣恩堯 等（2002）④ 從技術層面進行了論述，認為知識網路是為了進行知識管理而建立的網路系統。這個網路系統可以容納很多的資料與信息，並可以對信息進行登記、包裝和流通。這些信息在網路內流動，員工、業務夥伴等都可以將之拿來為己所用，這大大簡化了知識傳播的程序。李丹 等（2002）⑤ 提出，知識網路是組織與能為其提供所缺知識的外部組織構成的網

---

① BECKMANN M J. Economic models of knowledge networks, in networks in action [M]. Berlin, Heidelberg, New York, Tokyo: Springer-Verlag, 1995: 159-174.

② ANDREAS SEUFERT, et al. Towards knowledge networking [J]. Journal of knowledge management, 1999, 3 (3): 180-190.

③ PATRICIA M, Norman. Protecting knowledge in strategic alliances resource and relational characteristic [J]. Journal of high technology management research, 2002, 13 (2): 177-202.

④ 蔣恩堯, 侯東. 基於MIS平臺的企業知識網路的組建 [J]. 商業研究, 2002 (9)（上半月版）: 36.

⑤ 李丹, 俞竹超, 樊治平. 知識網路的構建過程分析 [J]. 科學學研究, 2002, 20 (6): 620-623.

路體系，這個網路體系基於組織知識鏈中的知識管理環節而建立，其目的就是為了更好地進行知識管理，以便發現在這一過程中存在的不完善之處。而張麗妮（2004）[①]則認為，從廣義層面看，知識網路具有極強的社會特徵，在這個體系內知識參加者能夠完成知識在個體、團隊、組織以及其內各等級上的創造和傳遞。

通過對上述文獻的梳理可知，關於知識網路的概念呈現出多元化的特點。總結以上具有代表性的觀點：有的是從信息技術角度出發，而有的選擇從社會學角度切入，有的注重企業管理……選擇的使用範疇不同，其定義也就有所不同。

按知識主體的不同，知識網路可分為兩種類型：一是組織內部的知識網路，二是組織之間的知識網路。本書選擇對後者進行研究，以下對這一類型的知識網路的研究現狀進行梳理與介紹。

1.2.1.2 組織之間知識網路的研究

1. 國外學者關於組織之間知識網路的研究

Carayanni 等（1999）[②]認為，為了實現組織間知識領域的優勢互補，參與知識網路運作的組織應該具有其他組織所沒有的稀缺知識。

Cowan 和 Jonard（1999）[③]借助網路模型模擬了知識在社會網路中的傳播過程，發現在小世界網路內知識擴散的速率達到極點，但同時知識差異最為突出，致使知識擴散最不公平。

Ahuja（2000）[④]認為，網路的強連接「不但可以保證資源共享，又可以推動知識溢出。而弱連接只能夠推動知識溢出卻無法為資源共享提供幫助」。在同一個網路之間，彼此間的密集連接會衍生更多同類現象，因此可能會因為提供了更多的信息而造成資源的浪費。相反，在稀疏網路內，跨越諸多結構洞（由缺少連接的網路成員之間的區域構成）的企業能夠帶來更多的信息，並增強其對網路的掌控力度。

[①] 張麗妮. 基於 Know-Net 的知識管理研究 [J]. 現代情報，2004，5（5）：201-203.

[②] CARAYANNI L, ALEXANDER J. Winning by co-operating in strategic government-university-industry R&D partnerships: The power of complies dynamic knowledge networks [J]. Journal of technology transfer, 1999（24）: 197-210.

[③] COWAN R, JONARD N. Network structure and the diffusion of knowledge [J]. Merit working papers, 1999: 99-128.

[④] AHUJA, GAUTAM. Collaboration networks, structural holes, and innovation: A longitudinal study [J]. Administrative science quarterly, 2000（45）: 425-455.

Apostolou 等（2003）[①] 通過對組織之間的知識分享能力以及對管理的影響進行分析，歸納出知識共享網路的種類，分析了三個組織之間知識網路的案例，總結了未來的發展趨勢和知識網路將會出現的模型。

Thomas Ritter 等（2003）[②] 認為，由企業組建而成的知識網路具備動態特性能夠更好地扎根網路，網路內成員之間的聯繫主要來自其自主性，成員之間相互依賴，存在於網路中的溝通會推動或限制知識的溝通，進而干擾了企業的能力增長。

Cowan 等（2004）[③] 對網路產業中知識演化的動態化過程進行了研究，對參加者的兩種交互轉移知識的方式，即隨機交互和正式體系下的交互對知識網路演化的作用進行了對比分析，並分別完成了仿真研究。

Jason Owen-Smith 和 Walter W. Powell（2004）[④] 認為，正式的跨組織網路具有地理接近和組織形式兩種重要的不相關特徵，會根本改變通過網路的信息流動。在區域經濟中，最近的組織之間的契約關係代表了相對明確的信息轉移的渠道，知識的相對可獲得性通過契約聯繫轉移到組織，決定了創新利益是否自然增加到連貫網路的成員資格，並以位於波士頓的生物技術企業為例檢驗論點。

Akgun 等（2005）[⑤] 進行了實證研究，發現並證明了在新產品的研發過程中，參與者群體穩定性、信任等因素與知識網路的相關假設。

Maskell 等（2006）[⑥] 對本地知識網路進行研究後指出，本地知識網路通過利用本地正式和非正式網路來實現企業之間的知識轉移、知識共享和知識的吸收，但容易陷入本地鎖定的困境。

---

① APOSTOLOU D, MENTZAS G, MAAS W. Knowledge Networking in Extended Enterprises [EB/OL]. http://imu. ices. ntua. gr/Papers/C60-ICE2003-Apostolou_ Mentzas_ Maass. pdf.

② THOMAS RITTER, HANS GEORG GEMüNDEN. Network competence: its impact on innovation success and its antecedents [J]. Journal of Business Research, 2003 (56): 745-755.

③ COWAN ROBIN, NICOLAS JONARD, MUGE OZMAN. Knowledge dynamics in a network industry [J]. Technological Forecasting & Social Change, 2004 (7): 469-484.

④ JASON OWEN-SMITH, WALTER W POWELL. Knowledge networks as channels and conduits: The effects of spillovers in the Boston biotechnology community [J]. Organization Science, 2004, 15 (1): 5-21.

⑤ AKGUN ALI E, JOHN BYRNE, HALIT KESKIN, et al. Knowledge networks in new product development projects: A transactive memory perspective [J]. Information & Management, 2005 (42): 1105-1120.

⑥ MASKELL P, BATHELT H, MALMBERG A. Building global knowledge pipelines: The role of temporary clusters [J]. European Planning Studies, 2006, 14 (8): 997-1013.

Giuliani（2007）[①] 對三個酒業的產業集群進行了實證研究，由此分析了知識網路與企業網路的區別。他認為這兩種網路的形成是源於不同的內在驅動，因此兩者的結構有很大的不同，並具有各自的研究意義。

Dangelico 等（2008）[②] 認為知識網路是一個開放性系統，異質性信息和知識的交流是網路成功的關鍵。他們並利用系統動力學模型進行了實證研究，研究表明空間和認知上的鄰近性對於網路內部知識的產生和轉移具有正向影響。

Eva 和 Martin（2009）[③] 分析了知識網路節點之間的關係。他們認為網路節點增加之後，將會發生小團體凝聚現象以及產生非正式族群等，這部分小利益團隊的形成會減弱節點之間的合作關係，從而對科技成果的轉化產生負面影響。

Chun-Yao Tseng（2009）[④] 對6個國家信息與通信技術的創新狀況進行了比較分析，發現知識網路中技術創新行為差異對技術創新績效有顯著影響。

Phelps（2010）[⑤] 認為，組織之間的知識流動行為會有效促進合作績效的提升，而知識網路為創新提供了豐富的資源，可以提升企業的持續創新能力。

Breschi 等（2010）[⑥] 研究後指出，知識網路的開放性和豐富性為新知識和複雜性知識的產生提供了一個非常好的環境，同時也加快了創新速度。

Huong 等（2011）[⑦] 進行了調研，通過實證研究發現知識網路內的企業依託知識的溝通和分享創造了新的關聯，能夠幫助軟件集群產業等級的提升。

[①] GIULIANI E. The selective nature of knowledge networks in clusters: evidence from the wine industry [J]. Journal of Economic Geography, 2007, 7 (2): 139.

[②] DANGELICO R M, GARAVELLI A C, PETRUZELLI A M. Knowledge creation and transfer in local and global technology networks: a system dynamics perspective [J]. International Journal of Globalization and Small Business, 2008, 2 (3): 300-324.

[③] EVA DANTAS, MARTIN BELL. Latecomer firms and the emergence and development of knowledge networks: the case of Petrobras in Brazil [J]. Research Policy, 2009, 38 (5): 829-844.

[④] CHUN-YAO TSENG. Technological innovation and knowledge network in Asia: evidence from comparison of information and communication technologies among six countries [J]. Technological Forecasting and Social Change, 2009, 76 (5): 654-663.

[⑤] PHELPS C C. A longitudinal study of influence of alliance network structure and composition on firm exploratory innovation [J]. Academy of Management Journal, 2010, 53 (4): 890-913.

[⑥] BRESCHI S, CATALINI C. Tracing the links between science and technology: An exploratory analysis of scientists' and inventors networks [J]. Research Policy, 2010, 39 (1): 14-26.

[⑦] HUONG N T, KATSUHIRO U, CHI D H. Knowledge transfer in offshore outsourcing: a case study of Japanese and Vietnamese software companies [J]. Journal of Global Information Management, 2011, 19 (2): 27-44.

Durbin（2011）① 認為，企業的開放程度、內部資源的支持、團隊管理技能、知識吸收能力、外部知識保存能力和結網動力對企業外部知識網路能力有一定影響。

　　Sugandhavanija 等（2011）② 通過研究後發現，學校因素（如獲取技術的能力、專家數量、設備數量、合作意願等）、企業因素（如獲取技術的能力、與高校的合作意願與動機、技術發展戰略、高校與企業的差異性認識等）和共同研發機制（如協調機制、激勵機制、知識產權管理等）對產、學、研聯合攻關有重要影響。

　　Liefner 和 Hennemann（2011）③ 研究後指出，知識網路的網路結構能對其中的行為主體和區域產生影響，行為主體和區域在網路結構中的位置在一定程度上決定了其吸收和創造知識的能力。

　　Phelps 等（2012）④ 提出，知識網路是一種拓撲結構，其相關構成主體有著明顯的多層次特點，在研究知識網路的形成與演化時，可以選擇從人際、組織內和組織間等層面來進行。

　　Broekel 等（2012）⑤ 對荷蘭航空業進行了實證研究，並分析了知識網路的形成。他們指出，認知水準、社會關聯與地理間距等的「靠近」對知識網路的形成有重要影響。

　　Vasudeva 等（2013）⑥ 研究了知識網路和創新能力之間的聯繫，認為知識網路的結構、聯繫和節點特點依託知識的移動、擴散等對創新能力造成各種影響。

---

　　① DURBIN S. Creating knowledge through networks: a gender perspective [J]. Gender, Work & Organization, 2011, 18 (1): 90-112.
　　② SUGANDHAVANIJA P, SUKCHAI S, KETJOY N, et al. Determination of effective university-industry joint research for photovoltaic technology transfer in Thailand [J]. Renewable Energy, 2011, 36: 600-607.
　　③ LIEFNER I, HENNEMANN S. Structural holes and new dimensions of distance: the spatial configuration of the scientific knowledge network of China's optical technology sector [J]. Environment and Planning A, 2011, 43 (4): 810-829.
　　④ PHELPS C, HEIDL R, WADHWA A. Knowledge, networks, and knowledge networks: a review and research agenda [J]. Journal of Management, 2012, 38 (4): 1115-1166.
　　⑤ BROEKEL T, BOSCHMA R. Knowledge networks in the Dutch aviation industry: the proximity paradox [J]. Journal of Economic Geography, 2012, 12 (2): 409-433.
　　⑥ VASUDEVA G, ZAHEER A, HERNANDEZ E. The embeddedness of networks: institutions, structural holes, and innovativeness in the fuel cell industry [J]. Organization Science, 2013, 24 (3): 645-663.

Crespo 等（2014）① 對知識網路的結構特點與性質進行了研究，他們提出知識網路的過度嵌入，會引起知識被鎖定，進而對區域競爭優勢的形成產生影響。

Nicotra 等（2014）② 對知識網路的演化問題進行了研究，他們認為知識網路的演化是一個複雜系統的動力行為過程，滿足複雜系統的開放性、遠離平衡性、非線性、漲落等特徵。

Carnovale 等（2015）③ 對知識網路組織間的協同創新能力進行了研究，他們認為知識網路組織之間知識流動形成一個自我中心網，知識流動的次數近似於泊松過程，知識流動的總數量隨著時間的變化呈線性增長。

Zhang X 等（2015）④ 對知識網路的結構、演化以及熱點問題進行研究後指出，知識創新能力的驅動因素包括知識獲取、知識吸收和整合應用三個方面，知識網路在結構和關係方面的特徵將會對這些驅動因素產生影響。

2. 國內學者的相關研究

王錚 等（2001）⑤ 基於知識源於節點、節點之間存在信息溝通的事實，依託統計力學主方程以及神經網路，構建了一個動力學模型，該模型具備明顯的知識網路動力學特性，並參考神經網路的物理模型對其進行了完善，同時將這個政府參與調控的模型當作解析中國國家創新體系投資政策的前提。

王露 等（2002）⑥ 在王錚 等（2001）研究的基礎上，研究了中國科學院和中國科研-教學體系構成的知識網路，從動力學行為角度進行了分析，借助該網路對中國國家創新體系的複雜性特點及調控方式進行了認知。

趙曉慶 等（2002）⑦ 研究了知識網路對企業創建競爭優勢造成的影響。

---

① CRESPO J, SUIRE R, VICENTE J. Lock-in of lock-out?: How structural properties of knowledge networks affect regional resilience [J]. Journal of Economic Geography, 2014, 14（1）: 199-219.

② NICOTRA M, ROMANO M, DEL GIUDICE M. The evolution dynamic of a cluster knowledge network：: the role of firm's absorptive capacity [J]. Journal of The Knowledge Economy, 2014, 5（2）: 240-264.

③ CARNOVALE S, YENIYURT S. The role of ego network structure in facilitating ego network innovation [J]. Journal of Supply Chain Management, 2015, 51（2）: 22-46.

④ ZHANG X, WEI S. Structure, evolution and hot spots of cooperation innovation knowledge network [J]. Open Journal of Applied Sciences, 2015, 5（4）: 121-134.

⑤ 王錚, 馬翠芳, 王露, 楊妍, 朱斌. 知識網路動態與政策控制（I）——模型的建立 [J]. 科研管理, 2001, 22（3）: 126-133.

⑥ 王露, 王錚, 楊妍, 馬翠芳, 龔軼. 知識網路動態與政策控制（Ⅱ）——中國國家創新體系調控模擬 [J]. 科研管理, 2002, 23（1）: 17-26.

⑦ 趙曉慶, 許慶瑞. 知識網路與企業競爭能力 [J]. 科學學研究, 2002, 20（3）: 281-285.

他們挑選了企業-市場的網路、網路中的知識共享、橋連接與創新、強連接與橋連接四個視角對知識網路展開討論，表明企業嵌入於關係網路之中是其建立競爭優勢的重要根源，企業依託知識網路，不但能夠得到新知識和各種資源，而且可以調整企業之間的交易，讓企業彼此更容易建立信任與合作關係。

李丹 等（2002）[①] 對組織在知識方面存在缺口的問題進行了分析，提出單個組織可以通過知識網路獲得互補性知識是組織間組建知識網路的現實意義。他們還探討了知識網路組建過程中的構成要素、原則和方法，並對知識網路所表現出來的明顯效果進行了說明。

姜照華 等（2004）[②] 從知識鏈視角研究了產業集群的形成機理，分析了知識網路的結構，建立了知識網路創新能力函數，構建了相關的動力學模型，並從結構優化的視角對知識關聯強度矩陣的調整規則進行了分析。

成桂芳 等（2005）[③] 提出，知識組織之間的知識合作可以促進虛擬企業知識合作網路的形成，並通過運用複雜網路理論與相關方法，構建了以隱性知識傳播為基礎的虛擬企業知識合作網路模型。

王娟茹 等（2005）[④] 研究了知識吸收能力和研發投入之間的關係，以此為前提，建立了以知識溢出與吸收能力為基礎的知識聯合體研發兩階段非合作動態博弈模型。

李勇 等（2006）[⑤] 指出，企業形成動態能力的知識方面的重要渠道是知識網路，該網路不僅具備動態性特點，還有一定的根植性，企業的吸收能力、傳播的知識特性等因素對知識網路的知識轉移效率有一定影響。企業應該構建知識網路的管理機制，並保持一定的開放性，這有利於企業獲取外部知識並提高自身的學習能力。

任志安（2006）[⑥] 從網路治理和知識治理視角，對企業知識共享網路的治理特點、治理安排及其作用機制進行了分析，認為把網路管理融入知識管理的

[①] 李丹，俞竹超，樊治平. 知識網路的構建過程分析［J］. 科學學研究，2002，20（6）：620-623.

[②] 姜照華，隆連堂，張米爾. 產業集群條件下知識供應鏈與知識網路的動力學模型探討［J］. 科學學與科學技術管理，2004（7）：55-60.

[③] 成桂芳，寧宣熙. 基於隱性知識傳播的虛擬企業知識協作網路研究［J］. 科技進步與對策，2005（9）：25-27.

[④] 王娟茹，趙嵩正，楊瑾. 基於知識溢出和吸收能力的知識聯盟動態模型［J］. 中國管理科學，2005（2）：107-110.

[⑤] 李勇，史占中，屠梅曾. 知識網路與企業動態能力［J］. 情報科學，2006，24（3）：434-437.

[⑥] 任志安. 企業知識共享網路的治理研究［J］. 科技進步與對策，2006（3）：97-101.

分析系統中，應該成為企業知識共享網路管理實踐的必然動向。

唐方成 等（2006）① 基於規則系統，運用模擬實驗探究了知識轉化和網路組織之間的關係，認為它們之間是相互依存的。

唐方成 等（2006）② 對網路組織知識轉化過程中知識釋放方與接納方的雙向互動影響進行了分析，從知識的吸收能力出發給出了關於網路成員的知識釋放能力的定義，研究了不同網路成員知識釋放能力的不同，繼而選取隨機性和確定性兩個視角研究了知識轉移過程中網路組織構成的相關內容，在研究過程中運用了仿真分析的方法，確定了動力學行為模式。

傅榮 等（2006）③ 提出，知識網路在推動產業集群網路演化過程中扮演著重要角色，是其重要的構成要素和前提條件，構建了一個以多智能主體為基礎的與之相關的模型，運用 Blanche 軟件完成了對此類相關模型的仿真運算；並以此為平臺研究了兩種知識網路（以任務為導向型和以知識為導向型）對網路演化造成的不同影響。

胡峰 等（2006）④ 使用了網路模型對知識在社會網路中的擴散軌跡進行了模擬，經過研究後得知，在這一過程中有著明顯的「小世界」現象。其中，網路建立起來時是小世界，在知識全面擴散後，社會整體的知識水準明顯提升，而且知識差異變得不再明顯。該結論驗證了美國社會學家格蘭洛伍特（Granovetter）所歸納的「弱連帶優勢」理論，這對於提升社會的整體知識水準有非常重要的意義。

張龍（2007）⑤ 從知識網路結構的一個方面，即網路閉合性角度展開研究，提出了知識管理的三個原則和三個方法。前者包括提高內部網路的閉合性、降低外部網路的閉合性以及平衡兩者關係，後者包括知識載體網路化、知識網路模塊化和外部知識獲取行為制度化。

李文博 等（2008）⑥制定了在產業集群內範圍內對知識網路結構進行測量

---

① 唐方成，席酉民. 知識轉移與網路組織的動力學行為模式（Ⅰ）[J]. 系統工程理論與實踐，2006（5）：122-127.
② 唐方成，席酉民. 知識轉移與網路組織的動力學行為模式（Ⅱ）：吸收能力與釋放能力[J]. 系統工程理論與實踐，2006（9）：83-89.
③ 傅榮，裴麗，張喜徵，胡湘雲. 產業集群參與者交互偏好與知識網路演化：模型與仿真[J]. 中國管理科學，2006，14（4）：128-133.
④ 胡峰，張黎. 知識擴散網路模型及其啟示[J]. 情報學報，2006，25（1）：109-114.
⑤ 張龍. 知識網路結構及其對知識管理的啟示[J]. 研究與發展管理，2007，19（2）：86-91，99.
⑥ 李文博，鄭文哲，劉爽. 產業集群中知識網路結構的測量研究[J]. 科學學研究，2008（8）：787-792.

的策略。

張永安 等（2009）[1] 探討了在集群創新系統中對知識網路的界定，分析了知識網路的運作機理。

趙晶 等（2009）[2] 以柳市低壓電器產業集群為例，研究了集群知識網路的技術學習路徑。

陽志梅 等（2010）[3] 在知識觀的基礎上，從網路視角對「知識網路及其組織學習是集群企業競爭優勢的源泉」這一觀點進行瞭解析。

張寒冰（2011）[4]在分析集群企業間知識網路構建主要問題的基礎上，通過運用社會網路工具，對如何組建知識網路做了分析，選擇的角度為個體層、群體層和組織層等，並使用工具分析了集群企業整體及超集群知識網路的拓展，建立了以前者為基礎的同類模型。

薛捷 等（2012）[5] 通過採用社會網路分析方法，對東莞電子信息產業集群內的三種知識網路——技術型、管理型和市場型進行了研究。研究結果表明，三類知識網路既密切相關又具有很大的差異，產業集群中的企業在合作中除了交流技術知識，還進行著市場知識和管理知識的交流。整合技術、市場和管理知識的能力對於企業的發展意義重大。

歐光軍 等（2012）[6] 在闡述集群產品創新集成理論邏輯的基礎上，提出可以把協同學這一理論用於研究企業集群網路創新能力，同時建立了以創新集成為基礎的整體分析框架。這一框架是由集群網路能力整合後生成，並對集群創新網路能力研究的現狀、思路和內容進行了探索與討論。

任慧（2013）[7] 列舉了知識網路促使產業衍生的五大要素，構建了知識網路作用於產業衍生的知識耦合模型，探討了基於知識演進這一本質特徵的產業

---

[1] 張永安, 付韜. 集群創新系統中知識網路的界定及其運作機制研究 [J]. 科學學與科學技術管理, 2009 (1): 92-101.

[2] 趙晶, 周江華, 張帆. 基於集群知識網路的技術學習路徑研究——以柳市低壓電器產業集群為例 [J]. 科技進步與對策, 2009 (2): 59-63.

[3] 陽志梅, 胡振華. 知識網路與集群企業競爭優勢研究——基於組織學習視角 [J]. 科技進步與對策, 2010, 27 (3): 101-104.

[4] 張寒冰. 基於社會網路工具的集群企業間知識網路構建 [J]. 科技管理研究, 2011 (2): 193-196, 182.

[5] 薛捷, 張振剛. 基於知識內容的區域產業集群知識網路研究——以東莞電子信息產業集群為例 [J]. 圖書情報工作, 2012, 56 (20): 110-117.

[6] 歐光軍, 鄭江淼, 李永周. 基於產品創新集成的高技術集群知識網路能力整合構建研究——一個分析框架的提出與構思 [J]. 科技進步與對策, 2012, 29 (1): 64-68.

[7] 任慧. 產業衍生的知識網路耦合機理研究 [J]. 情報雜誌, 2013, 32 (3): 132-136.

衍生機理。

陳金丹 等（2013）[①] 通過對企業知識網路所處集群情景中規模與異質性的分析，構建了動態外部環境影響整體網路演化方式的四維度分析模型，並通過實證研究詳細描述了南京大明路汽車銷售與服務產業集群中企業知識網路受動態外部環境影響的演化歷程。

周榮 等（2013）[②] 從知識網路的角度，對高等院校科研成果轉化團隊的知識網路結構和行為作了定義，並以南昌大學江風益教授的高校科技成果轉化團隊為對象展開對上述要素的解讀和剖析，繼而對與之相關的演化過程進行深入研究。

唐承林 等（2013）[③] 從動態能力的概念和特徵分析出發，把企業知識網路的動態能力分成三個方面探討其與知識優勢及競爭優勢的聯繫。這三個方面分別為知識創新能力、網路能力和知識整合能力。他們建立了以動態能力為基礎的企業知識網路知識優勢向競爭優勢進行轉化的動態模型，繼而研究其在知識優勢轉化中的作用機制。

張薇 等（2014）[④] 建立了知識累積模型。該模型以動態知識網路為前提，解析了網路結構的變化對相關知識累積的作用，並進行了仿真研究。研究結果顯示，知識在其處於網路增長體系內的傳播速度決定於其知識關聯度的高低，知識傳播速度快的網路演化策略下的知識主體間的知識量方差比知識傳播速度慢的網路演化策略下的要小。

劉英基（2014）[⑤] 分析了企業知識網路協同創新的驅動模型，並採用全國28個製造業2003—2011年的面板數據對高端製造業的協同創新因素的影響程度進行了實證研究，運用社會網路方法對企業知識網路組織之間協同創新的相互作用進行了研究。研究結果顯示，國內製造業企業的知識網路的在這一方面的驅動機制還沒有構建完畢。

[①] 陳金丹，胡漢輝，吉敏. 動態外部環境下的集群企業知識網路演化研究［J］. 中國科技論壇，2013（2）：95-102.

[②] 周榮，涂國平，喻登科. 高校科技成果轉化團對知識網路的結構、行為及其演化分析［J］. 中國科技論壇，2013（11）：79-84.

[③] 唐承林，顧新，夏陽. 基於動態能力的知識網路知識優勢向競爭優勢轉化研究［J］. 科技管理研究，2013（13）：185-189，199.

[④] 張薇，徐迪. 動態知識網路上的知識累積過程模型［J］. 管理科學學報，2014，17（11）：122-128.

[⑤] 劉英基. 基於企業知識網路的製造業協同創新機制優化研究［J］. 科技進步與對策，2014，31（13）：34-39.

楊雪 等（2014）① 以耗散結構理論、自組織理論和產業集群生命週期理論等為參考，建立了以知識網路為基礎的集群創新演化模型，選擇以成都市高新區創新集群為案例，對其集群創新演化為對象進行實證，檢驗了這一模型對集群創新造成的影響。

周榮 等（2015）② 在分析高等院校研發團隊知識網路的系統組成的前提下，得出其形成原理，將知識網路內的活動劃分為兩種：一是知識傳播，二是成果轉化，對它們之間存在的關係進行解讀，並提出高等院校研發團隊知識網路運行的共軛雙驅動模式。

梁娟 等（2015）③ 以加權小世界網路為基礎，從產業集群的關係網路的視角，對產業集群的知識網路績效進行了研究，得出了其影響函數。

高琦 等（2016）④ 利用仿真工具建模，通過借鑑 SKIN 模型對知識元和創新主體的闡述，構建了創新型企業間知識網路的仿真模型，並使用 Netlogo 仿真軟件對知識網路下的企業創新活動進行仿真模擬。研究結果顯示，知識網路關係對創新績效的影響作用非常顯著，同時，敵對性環境對這一過程有調節作用。

張江甫 等（2016）⑤ 引入信任系數、關係強度及邊界跨界者屬性等重要影響參數，構建了雙階段擴散的知識流動模型。通過數理建模與仿真研究發現，知識網路知識流動呈現由線形增長向指數式增長模式的演變，信任系數顯著正向影響知識流動，穩定的弱關係更有利於知識網路知識流動，邊界跨越者屬性顯著正向影響知識鏈間知識流動。

王濤 等（2016）⑥ 對知識網路組織間的知識衝突和相互信任進行了分析，認為相互信任在知識衝突治理中具有重要作用，並運用博弈論對知識網路組織之間進行穩定合作的條件進行分析，推導出有效治理知識衝突的 3 條路徑。

---

① 楊雪，顧新，張省. 基於知識網路的集群創新演化研究——以成都高新技術產業開發區為例 [J]. 軟科學, 2014, 28（4）: 83-87.
② 周榮，喻登科，涂國平. 高校科技成果轉化團對知識網路形成機理與運行模式 [J]. 科技進步與對策, 2015, 32（4）: 117-123.
③ 梁娟，陳國宏，蔡猷花. 產業集群知識網路績效研究 [J]. 統計與決策, 2015（1）: 73-76.
④ 高琦，雷星暉. 創新導向的知識網路關係與企業創新績效關係仿真研究 [J]. 科技管理研究, 2016（10）: 6-12.
⑤ 張江甫，顧新. 基於雙階段擴散的知識網路知識流動模型及仿真 [J]. 情報理論與實踐, 2016, 39（5）: 74-78.
⑥ 王濤，李雪婷，顧新. 基於相互信任的知識網路中知識衝突的治理路徑 [J]. 科技管理研究, 2016（11）: 150-155.

從以上所收集的國內外文獻資料來看，2000年以來國內外學者從不同層面對知識網路做了大量的研究工作，在很大程度上豐富了知識網路理論。但是本項目組認為關於知識網路的研究還有待進一步深入：

（1）目前關於知識網路的研究主要集中於知識網路的構建意義、知識網路的結構特徵，或基於特定領域、特定產業來分析知識網路的構建作用、構建方法與發展模式等方面，而關於知識網路實際運作方面的研究較為少見。

（2）儘管有少數學者討論了知識網路組織之間的合作關係，但目前關於知識網路組織之間合作的研究只是針對知識網路中的某個局部問題，如組織之間的信任、衝突等，關於知識網路組織之間的合作機制缺乏系統性的研究。

1.2.2 關於合作機制的研究現狀及評述

林勇 等（2000）[①] 構建了供應鏈企業合作機理及其委託實現的理論模型體系，同時詳細論述了相關的合作機理及委託代理理論。

宋華（2002）[②] 分析了供應鏈衝突發生的深層原因，探討了通過能力均衡與規則機制來解決供應鏈企業之間的衝突。

王勇 等（2003）[③] 分析了在非對稱信息條件下發展供應鏈聯盟關係在制度方面的原因，研究了其合作機制，並通過分析供應鏈成員在聯盟不同發展階段的商業行為，說明供應鏈聯盟的成員關係得以維繫和發展的方法。

Hitt（2004）[④] 提出，所在國家不同，其企業在挑選合作夥伴時遵循的標準就不同：在發達國家，企業希望借助選擇合作夥伴來調整資源，尤其對夥伴的獨特性、本地市場資源和進入原則非常看重；在新興國家，企業更注重金融資本、技術能力、無形資本和合作夥伴的專業性知識；在經濟轉型國家，企業的眼光則更為長遠，更看重的是合作夥伴的技術、管理等無形資本。

吳海濱 等（2004）[⑤] 根據戰略聯盟的過程性特徵分析了聯盟不穩定形成

---

① 林勇，馬士華. 供應鏈企業合作機制與委託實現理論 [J]. 南開管理評論，2000（2）：49-53.

② 宋華. 供應鏈管理中企業間的衝突和合作機制分析 [J]. 中國人民大學學報，2002（4）：65-71.

③ 王勇，陳俊芳，孟梅. 非對稱信息的供應鏈聯盟關係與合作機制研究 [J]. 科技進步與對策，2003（12）：108-110.

④ HITT M A, AHLSTROM D, DACIN M T, et al. The institutional effects on strategic alliance partner selection in transition economies: China vs. Russia [J]. Organization Science, 2004, 15（2）：173-185.

⑤ 吳海濱，李垣，謝恩. 基於博弈觀點的促進聯盟合作機制設置 [J]. 系統工程理論方法應用，2004，13（1）：1-5.

的內在機理，指出在聯盟的不同階段對於聯盟穩定有重要影響的因素，運用模型化的方法針對關鍵影響因素進行了合作機制的設置。

Savaskan 等在對稱信息下分別對雙頭壟斷（2004）[1] 和零售商競爭（2006）[2] 的市場結構下供應鏈的結構和合作機制設計進行了研究。

王力 等（2005）[3] 在分析建築企業聯盟幾種形式的基礎上，運用模型化方法探討了建築企業聯盟合作機制的設置，並以此為基礎總結了合作機制的設置來維持聯盟的穩定性。

李興國 等（2005）[4] 運用博弈論作為手段，建立了以知識為基礎的供應鏈合作機制的理論框架，將該類供應鏈的合作機制劃分為三種類型——風險防範機制、知識作用機制和利益分配機制，並分別進行了研究。

郭敏 等（2006）[5] 對由製造商和零售商組成二級報童問題進行了研究，針對兩種模式（離散需求模式和連續需求模式），分析了激勵零售商誠實申報需求信息的條件，提出了實現供應鏈聯合最優的激勵機制，並通過實際案例說明了合作機制的設計過程。

李永鋒 等（2007）[6] 對戰略聯盟中信任的影響因素進行了分析，這些因素包括專用性資產、聲譽、溝通等，該戰略聯盟主要以合作創新為目的，分析結果顯示，信任對績效、承諾、長期關係等變量有一定影響。他們建立了基於信任的合作創新戰略聯盟的概念模型，並進行了實證研究。

韓小花 等（2008）[7] 以博弈論為基礎，運用其中的委託代理理論和顯示原理，研究了閉環供應鏈成員之間的合作機理。該研究是在回收固定投資的規模參數信息不對稱的前提下進行的，並將之與信息對稱條件下的合作機理進行了對比分析，最後給出了算例。

---

[1] SAVASKAN R C, BHATTACHARYA S, VAN WASSENHOVE L. Closed-loop supply chain models with product remanufacturing [J]. Management Science, 2004, 50 (2): 239-253.

[2] SAVASKAN R C, VAN WASSENHOVE L. Reverse channel design: the case of competing retailers [J]. Management Science, 2006, 52 (1): 1-14.

[3] 王力, 項勇. 建築企業聯盟合作機制問題研究 [J]. 西南農業大學學報（社會科學版）, 2005, 13 (3): 51-53.

[4] 李興國, 李世林, 王磊. 基於知識的供應鏈合作機制研究 [J]. 情報雜誌, 2005 (7): 1-4.

[5] 郭敏, 王紅衛. 需求信息不對稱下的供應鏈合作機制 [J]. 武漢理工大學學報（信息與管理工程版）, 2006, 28 (6): 111-114, 127.

[6] 李永鋒, 司春林. 合作創新戰略聯盟中企業間相互信任問題的實證研究 [J]. 研究與發展管理, 2007, 19 (6): 52-60.

[7] 韓小花, 薛聲家. 不對稱信息下閉環供應鏈的合作機制分析 [J]. 計算機集成製造系統, 2008, 14 (4): 731-736, 743.

侯彩霞 等（2008）[1] 研究由一個供應商和多個銷售商的兩極供應鏈系統，探討了在信息不對稱的情況下促進供應鏈成員有效合作的激勵機制。

田鋼 等（2008）[2] 以霍蘭的複雜適應系統理論為基礎，研究了集群創新網路的形成動因和合作機制，研究過程中運用了刺激-反應模型和回聲模型。

李岱素（2009）[3] 對產、學、研戰略聯盟主體之間的合作機理進行了深入分析，明確其內涵，並對大型風電機組整機及關鍵部件研製技術的產、學、研戰略聯盟進行了實證研究。

徐瑋 等（2009）[4] 認為合作成員之間的信任關係是戰略聯盟管理的重點，對合作夥伴信用度的科學評價可以降低由於盟友投機行為所連帶產生的風險，有益於聯盟整體的持續發展。在掃描聯盟及關聯成員協商和交易歷史的基礎上，對盟友直接信任度和聲譽度的分析，有利於科學構建合作夥伴信用度的評價模型，為成員信用等級的確定提供了理論基礎。

Johan 等（2010）[5] 研究了產、學、研組織間合作的障礙因素。該研究主要針對合作機制和合作夥伴展開，研究表明，其障礙因素包括合作經驗、合作範圍以及信任，最後給出了消除障礙因素的對策與建議。

黃敏鎂（2010）[6] 以製造商和供應商之間建立的供應鏈系統為研究對象，運用演化博弈論相關方法，對長期合作關係的製造商和供應商之間的合作機理進行研究，在研究中假定合作主體具有有限理性，探討了合作過程中的成本和收益的分配、以及監督機制與懲罰機制。

韓超群、劉志學（2011）[7] 以演化博弈論相關方法為基礎，構建了演化博弈模型。該模型主要針對 VMI 與 VMI&TPL 供應鏈的合作機制，借助該模型研

---

[1] 侯彩霞，洪衛．信息不對稱下兩極供應鏈的合作機制 [J]．重慶交通大學學報（自然科學版），2008，27（2）：320-326．

[2] 田鋼，張永安．集群創新網路演化的動力和合作機制研究 [J]．軟科學，2008，22（8）：91-96，108．

[3] 李岱素．產學研戰略聯盟合作機制系統研究 [J]．科技進步與對策，2009，26（16）：19-22．

[4] 徐瑋，楊占昌，韓永．多盟友戰略聯盟合作夥伴的信用度模型研究 [J]．統計與決策，2009（16）：54-55．

[5] JOHAN BRUNEEL, PABLO D'ESTE, AMMON SALTER. Investigating the factors that diminish the barriers to university-industry collaboration [J]. Research Policy, 2010, 39 (7): 858-868.

[6] 黃敏鎂．基於演化博弈的供應鏈協同產品開發合作機制研究 [J]．中國管理科學，2010，18（6）：155-162．

[7] 韓超群，劉志學．基於演化博弈的 VMI&TPL 供應鏈合作機制研究 [J]．工業工程與管理，2011，16（6）：21-29．

究供應商和零售商等行為主體在有限理性前提下進行合作的動態演化過程，最後用算例對結論進行了驗證。

浦徐進、曹文彬（2012）[1]以空間雙邊壟斷模型為基礎構建了 Bertrand 博弈模型，並基於現貨市場的中間批發商對超市造成的影響作用，對超市與農戶之間的合作機制進行了研究。超市在該合作過程中協助農戶降低了交易成本。

劉林舟、武博（2012）[2] 在分析理論文獻的基礎上，探討了產業聯盟合作夥伴選擇中共生單元的象參量和質參量，利用 AHP 多目標決策方法，提出了產業聯盟合作夥伴選擇的目標體系、評價權重和選擇的關鍵目標因素。

時雁等人（2013）[3] 結合國外政府公共風險資本引導私人風險資本投資的經驗，從組織形式、控制權配置、失敗後的風險共擔以及其他政策指引方面，探討適合中國國情的公共風險資本和私人風險資本在新興產業集群形成過程中的合作機制。

陳偉等人（2015）[4]對雙邊道德風險情況下供應鏈企業之間進行知識交易的兩種契約——正式契約及關係契約進行了分析，運用委託代理理論對這兩種契約的激勵機制進行了研究，最後通過算例進行了驗證。

杜軍等人（2015）[5] 運用演化博弈論理論對製造商與零售商組成的兩級供應鏈進行了研究，構建了該供應鏈中企業合作廣告的博弈模型，並對合作中的廣告機制和監督懲罰機制進行了探討，最後對影響這兩種機制的主要因素進行了分析。

李友東 等（2016）[6] 對一個受政府碳排放規制且處於供應鏈上下游企業所組成的低碳供應鏈系統的合作減排決策機制進行了研究，通過建立 Stackelberg 博弈模型，得出在分享減排所增加收益與分擔減排投資成本兩種契約形式下的利潤值最優的結論，並依據合理數據進行了驗證。

---

[1] 浦徐進，曹文彬. 基於空間雙邊壟斷的「農超對接」供應鏈合作機制研究 [J]. 管理學報，2012，9（10）：1543-1547.

[2] 劉林舟，武博. 產業技術創新戰略聯盟合作夥伴多目標選擇研究 [J]. 科技進步與對策，2012，29（21）：55-58.

[3] 時雁，藺楠，徐淑萍. 新興產業集群形成中公共風險資本與私人風險資本合作機制研究 [J]. 科技進步與對策，2013，30（1）：38-42.

[4] 陳偉，張旭梅，宋寒. 供應鏈企業間知識交易的關係契約機制：基於合作創新的研究視角 [J]. 科研管理，2015，36（7）：38-48.

[5] 杜軍，徐建，劉凱. 基於演化博弈的供應鏈合作廣告機制 [J]. 系統工程，2015，33（1）：108-115.

[6] 李友東，謝鑫鵬，營剛. 兩種分成契約下供應鏈企業合作減排決策機制研究 [J]. 中國管理科學，2016，24（3）：61-70.

從文獻上看，國內外學者對跨組織合作機制進行了一些探討，但這些研究多是從供應鏈、戰略聯盟等角度展開的，並且局限於信任機制、激勵機制、監督懲罰機制等單一問題，對於知識網路組織之間合作機制的研究，尤其是系統性的研究非常少見。顯然，知識網路的本質是以知識作為資源投入的中間組織，與一般戰略聯盟等實體組織有顯著差別，所以關於合作機制的相關文獻只可以部分借鑑，而不能照搬運用於知識網路。

1.3 研究意義

本書對知識網路組織之間的合作進行研究，具有如下理論價值和現實意義：

1. 有助於豐富和發展知識網路理論

知識網路組織之間的知識共享與合作，是知識網路組織之間協同創新過程中最為關鍵與核心的部分，合作問題是知識網路研究的一個重要方面。目前關於知識網路的研究還處於起步階段，尤其是關於知識網路組織之間的合作的研究成果較少，本研究有助於豐富和發展知識網路理論，並推動知識網路理論在中國的應用與發展。

2. 為中國企業實施知識鏈管理和知識網路治理提供指導

當前，中國一些企業、大學和科研院所等已自覺或不自覺地組建了知識網路。由於網路成員組織之間的利益衝突、組織之間合作特性、知識特性以及知識網路所處環境複雜性與不確定性等因素，使得知識網路組織合作的效率和有效性受到影響。對知識網路有效運行的影響因素、組織之間的合作機制等關鍵問題的研究，可為管理者實施知識鏈管理以及知識網路治理提供指導，為解決知識網路組織之間的合作問題提供依據和思路，有助於提高知識網路的運行效率和知識網路組織之間的合作成功率，從而實現真正意義上的協同創新。

1.4 研究內容、方法和創新點

1.4.1 研究內容

本書從知識鏈的視角，研究知識網路組織之間的合作問題，通過對知識網路組織合作創新的博弈分析，明確影響知識網路有效運行的因素；研究知識網

路成員組織進行合作創新的合作機制，包括利益分配機制、分工協同機制、內部控制機制及風險防範機制，為中國企業構建知識網路以及實現知識網路的有效運行與治理提供指導和依據。

具體研究內容如下：

（1）第二章：通過建立知識網路的合作博弈模型，分析知識網路組織之間協同創新的合作條件，厘清知識網路有效運行的影響因素。

（2）第三章：研究知識網路利益分配機制，提出基於組織貢獻程度的利益分配模型，探討不同合作方式下的利益分配機理。

（3）第四章：研究知識網路分工協同機制，從知識流動角度通過實證分析知識分工與創新績效之間的關係，基於 RPV 模型提出開放式創新知識分工協同機制。

（4）第五章：研究知識網路風險機制，基於 COSO 風險管理框架，分析、識別知識網路中的典型風險類型，利用模糊風險矩陣與 Borda 序值法對知識網路風險進行評估與排序，構建知識網路風險防範體系。

（5）第六章：研究知識網路內部控制機制，從契約和關係兩個角度構建知識網路內部控制框架，探討在信息不對稱的條件下和知識溢出效應下最優的關係產權激勵系數的設計，針對市場風險、關係風險和鎖定風險提出知識網路組建階段的關係契約機制、知識網路運行階段的關係交易機制和知識網路維持階段的關係調節機制。

1.4.2 研究方法

本書在對知識網路組織之間的合作進行研究的過程中，綜合應用了多種研究方法，以獲得較好的研究效果。研究中所用到的方法主要包括：

1. 文獻分析法

盡量全面和深入的文獻研究是進行學術研究的起點和基礎。項目組在研究工作開始之初，檢索並閱讀了大量有關戰略聯盟、社會網路、創新網路、供應鏈以及組織間合作等國內外文獻資料，對其做了分類跟蹤與整理，為構思本書的研究框架、研究內容提供參考。本書還借鑑了部分學者的相關研究成果。

2. 實證與統計調查法

在研究知識分工與創新績效之間的作用機理和評估知識網路風險時，採用了實證分析方法。通過問卷調查收集數據，在獲得調研數據後通過統計軟件處理和分析數據，確保調查樣本的適用性以及研究結論的科學性。

3. 數理模型、理論推導等定量方法

本書運用博弈論、結構方程模型、模糊集理論等數理方法進行推理演繹與建模分析。通過嚴格的數理推導與建模，幫助厘清用語言或定性描述難以完成的邏輯，並得到有意義的相關結論。使用數理模型等定量分析方法作為工具，降低了研究工作中的主觀判斷成分，有效提高研究成果的科學性與合理性。

1.4.3 創新點

本書的特色與創新點體現在：

1. 論述了知識網路組織之間合作的內涵，分析了知識網路組織之間合作的影響因素

本書在對知識網路的概念、內涵和結構展開論述的前提下，分析了知識網路組織之間合作的內涵，指出知識網路組織之間是一種合作夥伴關係。這種合作關係的建立以信任為基礎，其實質是成員組織之間的競爭與協作。通過對知識網路合作博弈模型的分析可知，合作利益、知識分工、風險和內部控制是影響知識網路成員間合作關係的重要因素。

2. 研究了知識網路的利益機制

利益驅動是知識網路合作賴以形成、存在和發展的基本動力。在知識網路利益分配理論分析基礎上，提出了基於組織貢獻程度的利益分配模型，來實現知識網路組織之間合作創新的利潤與無形資產公平分配。根據知識網路組織之間合作方式差異，分析了橫向合作創新、縱向合作創新以及技術轉讓合作三類具體方式下的利益分配機理，繼而探討了知識網路利益分配機制的構建及其運行，並具體分析了使知識網路利益分配機制得以有效運行的動力、措施與保障。

3. 研究了知識網路的分工協同機制

對開放式創新中的三個階段——知識分工、知識創造、知識整合的知識流動進行了探討，基於知識流動視角利用 Amos21.0 軟件對知識分工與創新績效的作用機理進行實證，實證結果表明：知識分工對創新績效具有正向的作用，但也降低了創新參與者間知識共享的意願、提高了知識整合的難度。知識共享意願的降低和知識整合難度的提高制約了知識分工對創新績效的正向作用。清晰的界面規則、先進的技術手段可以促進知識共享和整合，技術手段對知識共享、界面規則對知識整合的作用尤其明顯。根據實證結果，基於 RPV 模型提出知識分工協同的三大機制，即基於知識優勢的知識配置機制、基於 Web2.0 技術的同儕研發機制及基於關係產權的知識佔有機制。

4. 研究了知識網路的風險機制

基於 COSO 風險管理框架，分析、識別了知識網路中存在的典型風險類型，構建了知識網路風險來源框架，基於模糊風險矩陣與 Borda 序值法對知識網路風險進行了評估與排序，繼而提出包括內生風險防範體系與外生風險防範體系兩個方面在內的知識網路風險防範體系。

5. 研究了知識網路的內部控制機制

知識網路內部控制機制包括契約機制和關係機制。本書構建了契約機制下知識網路合作創新的博弈模型，探討了在信息不對稱條件下與存在知識溢出效應下最優的關係產權激勵系數的設計，通過不同情況下的最優關係產權激勵系數，為知識網路成員其提供一個合法的利益分享模式和行為框架，以調整成員的行為偏好和收益預期，實現激勵相容的均衡的結果。

在知識網路運行過程中，網路成員在契約不完全的作用下容易產生知識共享不足、核心知識竊取、路徑鎖定和創新動力不足等知識協作困境。從關係控制的角度，探討知識網路組織的非正式治理機制，包括知識網路組建階段的關係契約機制、知識網路運行階段的關係交易機制和知識網路維持階段的關係調節機制。作為契約機制的重要補充，基於社會規範的關係控制機制通過隱性激勵與懲罰來規範網路成員的行為，進而實現行為的自我約束。

1.5 研究思路與技術路線

本書研究思路及採取的技術路線示意圖見圖 1-1。

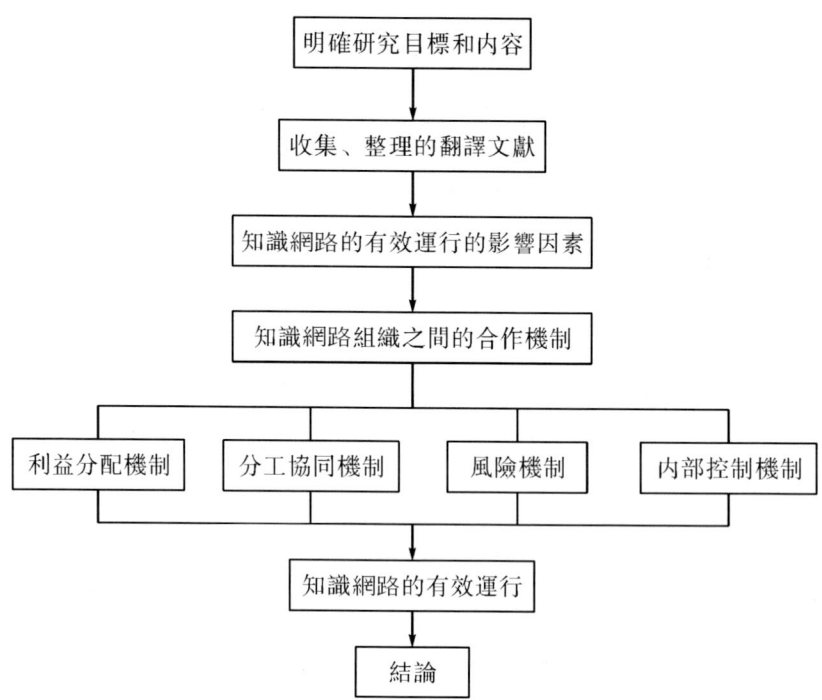

圖1-1　本書研究思路及採取的技術路線示意圖

2 知識網路組織之間的合作及其影響因素[①]

隨著知識經濟時代的到來，知識逐漸從經濟增長的外生變量轉變成為經濟增長的內在核心要素，正如彼得·F. 德魯克——美國著名管理學家所表述的那樣，「知識將具備資本的實質，並占據財富首位」。獲取知識一般通過兩種途徑：一是內部研發，二是外部獲取。但隨著知識更新速度的加快和競爭的白熱化，將全部希望寄予企業自身的力量是很難滿足企業生產經營的需要的。因此，越來越多的企業為了實現知識創新，選擇與供應商、客戶、高等院校和科研機構合作，甚至與競爭對手聯合，構建知識戰略聯盟，借助知識在聯盟內部的流動來獲取更多的知識，從而提高自己在知識創新方面的競爭力。知識在不同組織之間的流動，就形成了知識網路（Knowledge Network）。從 20 世紀 90 年代開始，在汽車、新能源、信息、生物醫藥、電子等高新技術領域，越來越多的企業通過知識網路的方式締結戰略聯盟。這種方式日益成為 21 世紀組織之間合作的重要形式。將來的競爭將會擺脫企業的局限，進入到知識網路層面，開啓競爭新局面。

2.1 知識網路概述

2.1.1 知識網路的概念

當前經濟增長已經由傳統的物質資本驅動，轉向知識資本驅動，知識資本的核心地位得到了普遍認可，通過發揮知識槓桿作用激發經濟新一輪增長與財

[①] 本章部分內容發表於：1.《構建知識網路的必要性及其特性探析》，經濟研究導刊，2013 (24)：223-226；2.《基於合作博弈的知識網路協同創新合作機制研究》，情報科學，2015, 33 (10)：32-35。

富創造。從時間、資源成本的經濟性考慮，理性組織正在逐漸擺脫以往「單打獨鬥」的慣性思維，知識創新活動更具有開放性特徵。如 Nunamaker 和 Romano 等人（2001）研究認為[1]，知識管理不能只囿於組織內部，而應將視角擴大到組織外圍，融合來自其他相關組織、群體、集團及政府部門等的為自身需要的知識資源，跨越組織建立合作，進行協同創新。伴隨合作創新相關的理論研究及實踐工作不斷深入，創新行為模式呈現出鮮明的「網路化」特徵。網路化合作形式表徵某種特別的協調規則，不僅提升了構成組織自身的能力，而且其規則本身也代表了一種能力，兩者皆為網路中的組織共同所有[2]，其中，前者來源於對網路外圍技術與市場的靠近（approaching）[3]，後者源於成員之間彼此關係協調自身形成的能力，激發組織之間合作意圖以提升各自收益。可見，作為介於市場與科層制度間的協調規則，網路發展模式不僅具有單一組織的發展優勢，亦兼具開放性，更利於激發創新。顯然，知識網路的構建，能夠為網路成員提供豐富的知識獲得機會與直接知識來源，通過知識交互活動，使來自不同組織的知識實現跨越空間和時間的整合[4]，有效彌補單個組織自身的知識缺口，實現知識網路中組織之間的知識共享與知識創造，提高組織知識管理運作成效。

知識網路（Knowledge Network），是由多條知識鏈構成，集知識共享和知識創造為一體的網路體系。其中，知識鏈（Knowledge Chain）是以企業為創新的核心主體，以實現知識共享和知識創造為目的，通過知識在參與創新活動的不同組織之間流動而形成的鏈式結構[5]。知識網路的形成和出現是為了滿足單個組織對知識的需求，它不但能夠避免高額的市場交易費用，而且能夠避免較高的組織成本，是開放式創新下企業進行技術創新的一個最佳模式。

---

[1] NUNAMAKER JR J F, ROMANO N C, BRIGGS R O. A framework for collaboration and knowledge management. Proceedings of the 34th Annual Hawaii International Conference on System Sciences - 2001 [C]. IEEE, 2001: 12.

[2] 趙曉慶，許慶瑞. 知識網路與企業競爭能力 [J]. 科學學研究，2002, 20 (3): 281-285.

[3] COLEMAN J S, COLEMAN J S. Foundations of social theory [M]. Boston: Harvard University Press, 1994.

[4] 萬君，顧新. 構建知識網路的必要性及其特性探析 [J]. 經濟研究導刊，2013 (24): 223-226.

[5] 顧新，郭耀煌，李久平. 社會資本及其在知識鏈中的作用 [J]. 科研管理，2003, 24 (5): 44-48.

2.1.2　知識網路的內涵

知識網路具有如下內涵①：

1. 知識網路形成的基礎是組織之間的知識流動

知識流動體現了知識網路組織之間的相互作用，通過這一活動知識網路組織之間實現了優勢互補、相互結合、相互吸收，知識網路從而得以形成。知識流動的規模和速度是影響知識網路結構與運行效率的重要因素。如果知識網路成員的相互聯繫中沒有知識資源的流動，那麼這個聯繫將不復存在。

2. 知識網路構成的基本單元是知識鏈

知識在多個組織之間流動形成一種鏈式結構，即為知識鏈，知識鏈是構成知識網路的基本單元，多條知識鏈交織形成複雜的網狀結構就是知識網路。在知識鏈中，每個節點組織（node）可以同時歸屬於不同的知識鏈。

3. 知識網路形成的目的是實現知識共享與知識創造

由於知識分工的存在，單個組織所能夠擁有和開發的知識是有限的，必須整合外部的知識資源來產生競爭優勢。組織之間通過構建知識網路，把原來分佈在不同成員組織處的互補性知識轉移到網路內部，成為組織間的共享資源，完成了彼此間的知識的整合，組織之間通過協作與學習，共同實現知識創造，這正是知識網路實現知識創新的優勢所在。

4. 知識網路組織之間是戰略合作夥伴關係

知識網路成員組織之間通過正式或非正式的合作協議達成長期合作關係。在實現知識創新的共同願景下，各成員之間彼此依賴又保持一定的獨立性，形成合作夥伴關係，在這種關係中，成員之間相互合作又彼此競爭，風險共擔、收益共享。

2.1.3　知識網路的結構

知識網路屬於一個相對開放的空間，各個成員組織彼此互動，共同創新，形成一個以創新型企業為核心的動態性星系狀的網路結構，各個創新主體構成了這個網路中的各個節點。

1. 創新型企業

作為科技創新與產業創新的核心主體，創新型企業是創新活動的主要承載

---

① 顧新. 知識鏈管理——基於生命週期的組織之間知識鏈管理框架模型研究 [M]. 成都：四川大學出版社，2008.

體與媒介，由於企業在整合全社會創新資源中存在顯著主導作用，有助於加快成果資本化、產業化，因此也是知識網路的核心構成主體。創新型企業通過知識網路進行開放式創新，可以縮短創新週期、降低創新成本、分散創新風險和提升創新能力，它們是創新投入的主要承擔者、創新活動的組織者和創新的主要受益方。知識網路以企業為核心，可以避免創新與市場的脫節，生產出滿足市場需要的產品，實現創新價值。

在知識網路合作模式下，企業類型主要包括供應商、互補性企業、下游企業和競爭性企業等。

2. 大學和科研院所

因大學和科研院所在創新過程中的知識生產的相似屬性，二者通常被稱為「學研機構」。學研機構與創新企業之間具有很強的互補性，創新型企業等網路成員擁有豐富的經驗形態知識儲備，而研究型大學與科研院所擁有豐富的理論形態知識，因而構成知識的「學研—產」流向的基礎。大學和科研院所科研設備齊全、研發實力雄厚，擁有大量的科技成果，但缺乏市場運作能力。企業可以利用資金及市場渠道，加速科技成果的商品化、資本化、產業化，加快科技成果的市場化進程。企業的研發優勢在於其擁有較強的產品開發能力，短板在於基礎性研究的缺乏。

大學和科研院所在知識合作的出發點方面與創新型企業存在差異，即企業主體希望通過合作獲得新技術的突破，並運用於產品生產形成超額利潤；而學研主體依靠與企業主體進行知識合作，是為了追求學術進展，從而維持其學術地位（Ditzel，1983）[1]。學研機構通過知識創新，尤其是源頭創新，依靠產業化的「跳躍」實現知識網路中的知識擴散。相比於科研院所，研究型大學還擔負著培養社會人才的重任，依靠教育、培訓等形式，實現知識的傳承，並為知識網路提供豐富的技術人才儲備。

企業通過與大學、科研院所的合作，可以獲取前沿技術，實現互利雙贏。

3. 科技仲介機構

科技仲介機構是知識網路中為各類創新主體提供社會化與專業化服務的機構，提供各類技術擴散、成果轉化、創新資源配置、知識產權管理及決策與管理諮詢等業務。由於知識網路的主要功能是促進並實現創新知識的產生、流轉及其產業化，科技仲介機構就像創新知識流動過程中的「橋樑」，實現核心創

---

[1] DITZEL R G. Patent rights at the University/Industry Interface [J]. Journal of the society of research administrators, 1983, 14 (3): 13-20.

新組織之間的知識順暢擴散與轉移。

科技仲介機構包含三種類型：①直接介入服務對象技術創新過程的機構，包含生產力促進中心、創業服務中心、工程技術研究中心等；②為創新主體提供諮詢服務的機構，這些機構主要運用技術、管理和市場等方面的知識來提供服務，包括科技評估中心、科技招投標機構、情報信息中心、知識產權事務中心和各類科技諮詢機構等；③為科技資源有效流動、合理配置提供服務的機構，包括常設技術市場、人才仲介市場、科技條件市場和技術產權交易機構等（魏宜瑞，2005）①。除此以外，相關行業協會、商會以及會計師事務所、法律事務所、人力培訓機構等仲介機構也為知識網路提供了科技創新相關服務。

科技仲介機構在技術情報的搜集、選擇、整理上具有優勢，可以解決技術的供需雙方信息不對稱的問題，對於加速科技成果轉化、大力推進科技與經濟的結合有重要的作用。

4. 金融仲介機構

提供金融服務的仲介機構在知識網路發展中也不可或缺，尤其是對於一些初創知識網路，其發展壯大非常需要金融資本支持。這時金融仲介機構就是知識網路發展的前提與保障，硅谷是這一發展的典型。一些創新基金、風投機構、天使投資、商業銀行，為創新型企業提供了充足的金融資本，從而影響到技術創新過程與知識增值。同時，金融仲介機構也能為創新主體提供金融戰略諮詢服務，優化其創新戰略決策（蓋文啓，2002）②。

金融仲介機構通過知識產權質押、風投創投等方式為企業技術創新的資本短缺問題提供市場化解決方案。

5. 政府機構

政府機構並非創新活動參與主體，一般而言，政府機構只是扮演著知識網路合作的引導與推動者角色，其本質意義在於替代市場治理結構的不足，完成有形手段的創新資源優化配置。政府推動創新的首要任務是優化環境，通過制定一系列與科技創新相關的政策法律，以規範與優化知識網路中的創新主體創新活動。政府還可以通過創新基金，扶持產業聯合技術創新，引導和幫助企業技術創新活動，刺激企業增加研發投入。除此之外，政府還可以通過創新產品優先採購及稅收優惠等措施，扶持企業進行產品創新。

在知識網路歷史發展的前期，政府一般起到「拉郎配」的作用，基於區

---

① 魏宜瑞. 營造有利於發揮專利等知識產權制度作用的創新環境 [J]. 科技情報開發與經濟，2005, 15（7）：165-166.

② 蓋文啓. 創新網絡：區域經濟發展新思維 [M]. 北京：北京大學出版社，2002.

域創新發展目標，強制實現創新主體之間的跨組織合作；在後期，科技創新活動在市場機制呼喚下，政府通過平臺建設、政策優化等手段，實現創新主體之間的自動均衡搭配。

以上這些知識網路的實際主體，在科技創新過程中，其知識分工存在較大差異，其地位也各不相同。各主體之間通過協同共生、優勢互補，促成協同創新。創新型企業是這一合作模式的核心，企業與企業之間的合作更是知識網路的關鍵合作聯繫。學研機構則為這一關鍵合作聯繫提供源知識，甚至直接參與知識網路的跨組織知識合作。科技仲介機構、金融仲介機構以及政府機構為知識網路提供了重要的知識銜接與牽引作用。這樣就實現了各創新要素及生產要素在組織之間的順暢流動，促成知識創造，最終實現知識網路的知識優勢。知識網路的一般結構如圖2-1所示。

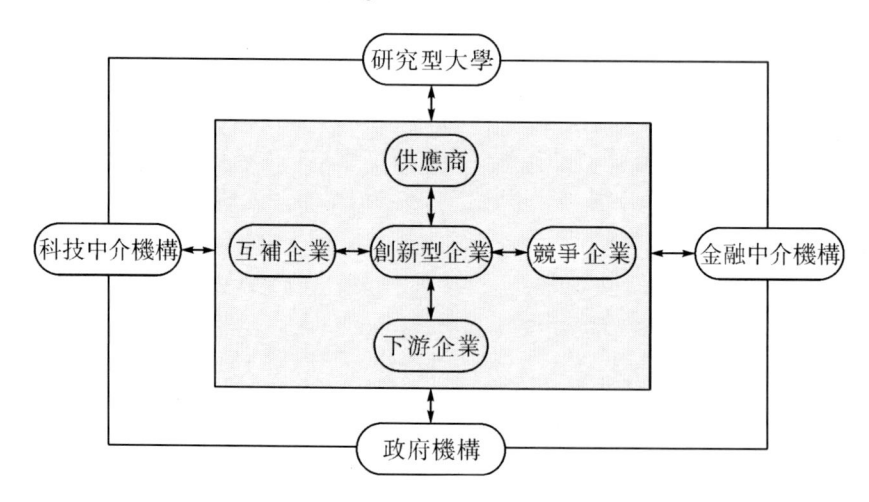

圖2-1 知識網路的一般結構框架圖

2.2 知識網路組織之間合作的內涵

如前所述，知識網路成員組織之間形成的合作關係是一種戰略合作夥伴關係，知識網路各個節點通過這種合作夥伴關係建立連接，進行知識資源的共享與整合。

在這種關係下，各成員之間相互依賴又保持獨立，在長時間的合作中共享資源、共擔風險、共享收益。可以從以下兩個方面來理解知識網路組織之間合作的內涵：

2.2.1 合作夥伴關係的建立以信任為基礎

相互信任是一種社會的和關係的概念①。Mayer 等人（1995）提出②，彼此信任就是雖然一方可以實施監督和掌控對方，但它卻願意捨棄這種能力，選擇相信對方能夠主動為自己謀取正當利益。在跨組織層次，信任被認為是合作夥伴關係成功的關鍵因素③。當信任存在的時候，組織參與和行動的可能性得以增加，從而促進組織之間合作關係的建立。可見，網路成員間的相互信任是知識網路成員組織之間建立合作夥伴關係的前提。

1. 信任有利於隱性知識的轉移

知識可分為顯性知識（Explicit Knowledge）和隱性知識（Tacit Knowledge）兩類（Polanyi, 1966）④。與顯性知識相比，隱性知識更有價值⑤。這部分知識是技術與知識創新的重點，只有隱性知識能夠交流、共享並擴散，才有可能實現技術與知識創新⑥。但隱性知識深深地扎根於個人和組織行動之中，是高度個體化、難以編碼和形式化、難以與他人共享的知識⑦，其表達和轉移比顯性知識要困難得多。這類知識要進行成功地轉移與共享，只有通過緊密的、值得信賴和持續的交流才能實現。相互信任可以促進組織間的溝通和交流⑧，無疑對隱性知識的跨組織轉移具有更好的促進作用。

2. 信任有利於組織之間建立持久的合作關係

為了實現協同創新，知識網路成員組織之間產生長期合作的需要，為此將形成較長時間內相互依賴的關係。因此，知識網路成員組織之間的合作並不是一次性的交易關係，而是一種長期合作、互惠互利的關係。這種關係形成的突

---

① 高靜美，郭勁光．企業網路中的信任機制及信任差異性分析［J］．南開管理評論，2004，7（3）：63-68．

② MAYER R C, DAVIS J H, SCHOORMAN F D. An integrative model of organizational trust [J]. Academy of management review, 1995 (20): 709-734.

③ RING P S, VANDEVEN A H. Developmental processes of cooperative interorganizational relationship [J]. Academy of management review, 1994 (19): 90-118.

④ 邁克爾·波蘭尼．個人知識——邁向後批判哲學［M］．許澤民，譯．貴陽：貴州人民出版社，1998．

⑤ CAMERON PHILIP. Knowledge-sharing for Global Development-Encouraging knowledge-sharing for cleaner global development [J]. Knowledge management review, 2001 (3/4): 30-33.

⑥ 萬君，顧新．知識網路的形成機理研究［J］．科技管理研究，2008（9）：243-245．

⑦ Ikujiro Nonaka, Hirotaka Takeuchi. The knowledge-creating company [J]. Harvard business review, 1991 (November/December): 96-104.

⑧ 謝永平，毛雁徵，張浩淼．組織間信任、網路結構和知識存量對網路創新績效的影響分析——以知識共享為仲介［J］．科技進步與對策．2011，24（28）：172-175．

出標誌是對合作展開注入專用性資產投資①。專用性資產具有投入對象的特定性,也就是說,這種資產不能被廣泛運用,而只能被用於某個特定的合作對象或某種特定的情況,才能獲得期望回報②。同時,專用型資產屬於一種沉沒成本,該資產的投入會使得組織喪失在合作中討價還價的優勢。只有彼此信任,知識網路成員才會選擇投入專用性資產來推動和穩固長期合作關係③。信任關係的建立意味著,合作雙方都有信心和意願去建立和維持合作夥伴關係的長期性和連續性。因此,彼此信任是構建這一關係的基礎,信任程度越高,合作雙方越容易建立長期合作關係,且合作關係越穩固。

2.2.2 合作夥伴關係的實質是競爭與協作

知識網路組織之間合作的實質是競爭與協作的融合。哈佛大學的Brandenburger教授和耶魯大學的Nalebuff教授用「Coopetition」來表達這種概念④,提出了「合作創造價值,競爭分配利益」的競合理論,用來描述競爭與協作並存的獨特現象,從而將競爭與協作聯繫在一起。

競合的基本含義指的是,組織成員在競爭的同時保持協作。競合現象的存在折射出一種基本的關係二元性,也就是,創造價值需要通過合作,而要獲取價值則需要通過競爭⑤。根據競合理論,企業之間的競爭與協作是一種非零和博弈,企業之間通過競爭與協作,實現優勢互補,最終形成「雙贏」「多贏」的局面[2]。從企業自身利益的視角進行分析,它們相互合作是為了增大集群的規模和效益,繼而能在整體上分得更多的利益;它們相互競爭則是在已定集群規模和效益的前提下,讓自己獲取更多的利益⑥。

---

① 王濤,李雪婷,顧新. 基於相互信任的知識網路中知識衝突的治理路徑[J]. 科技管理研究,2016,(11):150-155.
② 吳紹波,顧新,彭雙. 知識鏈組織之間的衝突與信任協調:基於知識流動視角[J]. 科技管理研究,2009,(6):321,32-327.
③ 王濤,李雪婷,顧新. 基於相互信任的知識網路中知識衝突的治理路徑[J]. 科技管理研究,2016,(11):150-155.
④ BRANDENBURGER A M, NALEBUFF B J. The right game: use game theory to shape strategy[J]. Harvard Business Review, 1995, 73 (4): 57-71.
⑤ BRANDENBURGER A M, NALEBUFF B J. Coopetition: A revolutionary mindset that combines competition and cooperation in the market place[M]. Boston: Harvard Business School Press, 1996.
⑥ 萬幼清,王雲雲. 產業集群協同創新的企業競合關係研究[J]. 管理世界,2014 (8):175-176.

在激烈的競爭環境中，競合關係的建立會增強集群的運行效率和穩定性[1]。競合關係在集群中發生作用的機理主要是通過對創新的影響表現出來的。Garcia 和 Velasco（2004）提出，在競合關係不斷變動的合作網路內，競合策略對企業的創新能力有顯著的正向影響[2]。一方面，企業間的競爭需要持續的創新，創新的動力來自競爭的壓力；另一方面，要想實現創新又需要企業間進行相互協作。

對於知識網路來說，協同創新是組織之間合作的主要目標，在這個網路系統中，知識是創新資源的基本要素，知識網路能夠存在的前提條件就是組織之間具有互補性知識[3]。而發生在知識網路成員之間的關係具有一定的「共生性」，即在協作的同時也在不斷地競爭，這種「共生性」體現在兩個層面：首先是「協作」關係，通過資源互補和知識轉移實現組織績效的提升；其次是「競爭」，由於各個知識網路成員都是獨立的組織，必須通過「競爭」實現「共存」，在競爭下使單個組織的競爭能力得到增強，進而在整個知識網路內脫穎而出。知識網路組織之間通過競爭與協作，使得有關成員組織不斷以高的效率獲取互補性知識，創造持續性的競爭優勢提高個體和整體的綜合實力。

因此，知識網路中成員組織之間的競爭與協作是組織之間合作關係的本質。從根本上來看，這種關係建立在網路成員彼此信任和存在資源差異的基礎之上。在實現知識創新這一「共同願景」下，知識網路成員組織之間通過相互信任展開各種競爭與協作。競爭與協作是同一關係的兩個不同的方面，協作中有競爭，競爭中又包含著協作，二者相互制約，相互影響，共同促進知識網路整體創新績效的提高和成員組織核心競爭力的形成，不斷推動整個知識網路向著更高層次邁進和發展。

2.3 知識網路組織之間合作的影響因素

組織之間組建知識網路的目的，是通過組織之間的知識流動和創新合作，

---

[1] LOPEZ-GOMEZ, MOLINA-MEYER. Modelling coopetition [J]. Mathematics and Computers in Simulation, 2007（76）：132-140.

[2] CRISTINA QUINTANA-GARCIA, BENAVIDES-VELASCO. Cooperation, competition, and innovative capability: a panel data of European dedicated biotechnology firms [J]. Technovation, 2004, 24: 927-938.

[3] 李金華. 創新網路的結構及其與知識流動的關係 [M]. 北京：經濟科學出版社, 2009.

促進組織之間的交互學習，通過協同創新實現知識創造。然而，網路組織的協同能力不是與生俱來的，不會因為形成網路就自然地產生顯著的績效。由於知識的溢出效應和網路成員的機會主義傾向等問題的存在，知識網路組織之間的合作穩定性極易受到影響，進而影響到知識網路的合作創新。本節通過建立知識網路組織成員的合作博弈模型，對知識網路組織之間合作的影響因素進行研究。

2.3.1 知識網路組織之間的合作博弈模型

合作博弈也稱為正和博弈，是指博弈雙方的利益都有所增加，或者至少有一方的利益增加。[①] 合作博弈強調的是合作，博弈雙方可以實現雙贏，因此這種合作需要參與人之間進行協商，達成具有約束力的合作協議，如果違反協議則要受到一定的懲罰。

2.3.1.1 知識網路成員組織博弈的基本性質

（1）重複博弈。知識網路中各個組織之間是合作夥伴關係，相互間的合作往往是多次重複的，合作雙方的博弈是重複博弈[②]。知識網路各個成員組織分工協作、優勢互補，在重複博弈過程中展開合作。

（2）個體理性。知識網路中單個組織在博弈過程中採取利益占優作為行為出發點，當與其他組織合作對自己有利時，便會選擇與其進行知識共享，否則不會選擇合作，而「不合作」這一結果將給另一方帶來一定的損失與風險。

（3）非零和博弈。知識網路組織之間的合作與競爭是一種「非零和博弈」，能夠實現雙贏[③]。

2.3.1.2 假設條件與模型構建

為了構建模型和簡化研究，做如下假設：

（1）知識網路中的兩個成員企業 A 和 B 合作研發新技術，研發的總投入為 I，A、B 企業投入比例分別為 a、b，且 $a+b=1$，則 A、B 企業的研發投入分別為 aI、bI。

（2）如果 A、B 企業均採取合作行為，兩企業合作所獲得的收益將按研發投入的比例進行分配。收益大小與合作創新效應 k（$k>0$）及合作風險 w（$w>$

[①] 朱富強. 重新理解合作博弈概念：內涵和理性基礎 [J]. 社會科學輯刊，2012（2）：90-99.

[②] 謝識予. 經濟博弈論 [M]. 上海：復旦大學出版社，2006.

[③] 李煜華，武曉峰，胡瑤瑛. 基於演化博弈的戰略性新興產業集群協同創新策略研究 [J]. 科技進步與對策，2013，30（2）：70-73.

0）相關，其中，合作創新效應是雙方進行知識共享等方面的合作而對合作收益產生的正向影響，顯然，合作風險對合作收益是負向影響，因此，兩企業合作獲得的收益為 $k\dfrac{1}{w}I - I$，A、B企業分別獲得 $k\dfrac{1}{w}aI - aI$、$k\dfrac{1}{w}bI - bI$。

（3）若A、B企業都不願與對方進行知識共享，即雙方均選擇不合作，則不會產生任何收益，此時雙方的得益都為0；若只有一方選擇合作，可以認為合作方的投入完全被不合作方獲得，並導致未來雙方將不再合作。

（4）A企業選擇合作的概率為 p，則選擇不合作的概率為 $1-p$；B企業選擇合作的概率為 q，則選擇不合作的概率為 $1-q$。

根據以上假設，得出A、B企業博弈的得益矩陣，如表2-1所示。

表2-1　　　　　　　　知識網路博弈雙方的得益矩陣

A企業	B企業	
	合作（q）	不合作（$1-q$）
合作（p）	E_{1A}，E_{1B}	E_{2A}，E_{2B}
不合作（$1-p$）	E_{3A}，E_{3B}	E_{4A}，E_{4B}

情況一：A、B企業均選擇合作時，兩企業的得益矩陣分別為：

$$E_{1A} = pqk\dfrac{1}{w}aI - pqaI \tag{1}$$

$$E_{1B} = pqk\dfrac{1}{w}bI - pqbI \tag{2}$$

情況二：A企業合作、B企業不合作時，A企業不僅沒有收益，反而將因為B企業的不合作而失去最初的投入，A企業的得益矩陣為：

$$E_{2A} = -p(1-q)aI$$

B企業的得益矩陣為A企業投入的損失和知識網路組織對B企業的懲罰，作為對B企業選擇不合作行為的懲罰，知識網路中的其他成員今後都將不與B企業合作。B企業因受到懲罰而遭受的損失為 $bImp$，損失大小與懲罰指數 m、B企業本來應該承擔的投入 bI 及A企業的合作慾望相關。知識網路的制度環境越好，m 越大；而A企業的合作性越強，對B企業的懲罰力度也越大，B企業選擇不合作行為的代價就越大：

$$E_{2B} = p(1-q)aI - bImp$$

情況三：B企業合作，A企業不合作時，正好與第二種情況相反，兩企業的得益矩陣分別為：

$E_{3A} = (1 - p)qbI - aImq$

$E_{3B} = -(1 - p)qbI$

情況四：A、B 企業均不合作時，兩企業的得益均為 0，即：

$E_{4A} = 0$

$E_{4B} = 0$

2.3.1.3　基於博弈模型的知識網路協同創新的合作條件分析

由於在相同策略環境中，兩企業對博弈行為的理性選擇方式相同，在此只具體討論 A 企業選擇合作行為的條件，同理可推出 B 企業選擇合作行為的條件。

A 企業只對自己的行為具有完全信息，而對 B 企業不具有完全信息。A 企業的策略選擇取決於它在選擇合作時的期望收益（$p = 1$）與選擇不合作時的期望收益（$p = 0$）的大小，A 企業選擇合作的條件應為 $E_A(p=1) \geqslant E_A(p=0)$，即 $E_A \geqslant 0$。

$$E_A = qk\frac{1}{w}aI - qaI - (1 - q)aI - qbI + aImq \geqslant 0$$

其中，$b = 1 - a$，代入上式可得出 A 企業選擇與 B 企業進行合作的條件為：

$$a > \frac{1}{k\frac{1}{w} + 1 + m - \frac{1}{q}}$$

同理可得出 B 企業選擇與 A 企業進行合作的條件為：

$$b > \frac{1}{k\frac{1}{w} + 1 + m - \frac{1}{p}}$$

綜上，知識網路中兩成員企業 A 和 B 同時願意選擇合作行為的條件為：

$$\begin{cases} a > \dfrac{1}{k\dfrac{1}{w} + 1 + m - \dfrac{1}{q}} \\ b > \dfrac{1}{k\dfrac{1}{w} + 1 + m - \dfrac{1}{p}} \\ a + b = 1 \end{cases}$$

根據上述合作條件有以下結論：

（1）當 w、m 等參數一定時，k 越大，A、B 企業越容易實現合作，也就是說，當預見到合作會帶來較大的合作收益時，A、B 企業越願意採取合作行

為，進行知識共享，實現協同創新。

（2）當 k、m 等參數一定時，w 越小，A、B 企業越容易實現合作。這與現實情況一致，合作風險越小，對合作的負面影響越小，A、B 企業更容易建立穩定持久的合作關係。

（3）當 k、w 等參數一定時，m 越大，即知識網路組織對有自私行為的組織成員的懲罰力度越大，越有利於整個知識網路組織之間合作關係的建立。

（4）當 k、w、m 等參數一定時，p、q 越大，即 A、B 企業的合作意願和主動性越強，越容易建立合作關係，進行知識共享。

2.3.2 知識網路組織之間合作的影響因素分析

知識網路組織之間的知識共享與合作，是知識網路組織之間協同創新過程中極為重要的一環，網路成員之間的合作處於和諧穩定的狀態，才能實現知識網路整體的持續發展。通過對知識網路合作博弈模型的分析可知，合作利益、知識分工、風險和內部控制是影響知識網路成員間合作關係的重要因素。

2.3.2.1 合作利益

利益是組織之間組建知識網路進行創新合作最基本的驅動力。作為知識共享與合作創新的活動主體，企業是以追求利潤為核心的經濟性組織，獲取經濟利益是企業的基本屬性，這決定了企業參與知識網路合作是以獲取經濟利益為基本訴求的。利益驅動是以產、學、研聯盟為主要形式的知識網路合作賴以形成、存在和發展的基本動力[1]。因此，如何進行合理的利益分配是知識網路組織之間創新合作所面臨的核心問題，對合作關係的持續穩定發展起決定性作用[2]。

知識網路的利益機制的核心是多贏與利益共享，主要解決利益分配問題，是指知識網路營運過程中對創新合作所形成的有形和無形利益的分配方式和調試關係的制度安排。這種制度安排影響著知識網路組織之間合作的穩定性和長期性，是有效保障各方收益的關鍵[3]。如果利益機制不健全，直接影響到知識網路創新合作的健康發展和合作效率。

合理有效的利益機制必須以公平、公正為基本原則，明確分配依據，並運用科學的方法對知識網路各成員的貢獻進行計量，從而合理地確定各方利益所

---

[1] 謝薇，羅利. 產學研合作的動力機制 [J]. 研究與發展管理，1997，9（3）：14-18.

[2] MAURA SOEKIJAD, ERIK ANDRIESSEN. Condition for knowledge sharing in competitive alliance [J]. European management, 2003, 21 (5): 578-587.

[3] 李廉水. 論產學研合作創新的利益分配機制 [J]. 科學學研究，1997，15（3）：41-44.

得。在建立知識網路的初始階段，可以採用各成員接受的方式，對各方利益分配比例和方法做出規定，初步確定利益分配方案。知識網路運行一定時間後，再根據知識網路各成員的貢獻進一步對利益分配方案進行協商和調整，保證利益分配的公正、客觀。同時，知識產權保護意識也非常重要，需要在知識網路內部制定一套完善的知識產權管理條例或管理方法，保證知識產權主體的利益不受侵犯[1]。

2.3.2.2 知識分工

在模型中，k越大，即合作創新效應越大，博弈雙方越容易達成合作。這裡的合作創新效應不僅與創新合作可能帶來的規模經濟與範圍經濟、聯結經濟以及知識交易費用的節約等潛在利益有關，同時也與雙方擁有的知識資源的互補性相關。

不同創新主體所擁有的知識資源的互補性來源於知識分工的思想，知識分工理論由哈耶克第一次提出，他指出[2]，行為者個人掌握的信息不可能是完全的，即使是一些偉大的專家，他們可能在某一領域或少數的幾個領域具備比常人豐富的知識，但他們絕不可能完全瞭解所有的知識，對於一個組織來說也是同樣的。在知識分工制度下，每個人或每個企業組織只能沿著一定的專業方向獲取人類全部知識的一個片段。對於企業組織來說，企業組織參與知識分工可以實現知識投資上的專門化與規模化，從而帶來知識累積效率的提高[3]。然而，現代生產活動通常會涉及多個領域的知識，知識分工使得一個企業組織對另一企業存在知識依賴，即自己不具備生產所需要的全部知識，只能依賴外部組織[4]，通過獲取組織外部的互補性知識來提高企業的創新能力[5]。因此，一定程度上來講，知識資源的互補性是企業等組織進行合作的重要動因之一，而對合作各方來說，以知識資源的互補性為前提進行的合作，是降低創新成本、提高其收益的重要方法[6]。

---

[1] 李林，肖玉超，王永寧.基於產業集群的產學研戰略聯盟合作機制構建研究[J].重慶大學學報（社會科學版），2010，16（2）：11-15.

[2] HAYEK F A. Economics and Knowledge [J]. Economica, 1937 (4): 33-54.

[3] GARY S BECKER, KEVIN M. MURPHY. The division of labour, coordination costs, and knowledge [J]. Quarterly Journal of Economics, 1992, 107 (4): 1137-1160.

[4] FINE CHARLES H. Clock speed: Winning industry control in the age of temporary advantage [J]. Supply Chain Management, 1998, 40 (3): 104-104.

[5] CASSIMAN B, VEUGELERS R. In search of complementarity in the innovation strategy: Internal R&D and external knowledge acquisition [J]. Management science, 2006, 52 (1): 68-82.

[6] 魏旭，張豔.知識分工、社會資本與集群式創新網路的演化[J].當代經濟研究，2006(10)：24-27.

由於市場交易效率低下，企業等組織更傾向於通過知識網路與對方結成戰略夥伴關係來實現知識資源的互補。知識網路的成員組織通過分工協作可以使各組織將有限的精力和能力投入到具有比較優勢的知識生產活動中，從而獲得規模經濟效應，除此之外，組織之間的合作還可以獲得範圍經濟效應。這種知識分工，使知識的創新由集中轉為分散，使知識創新的概率大為提高。

2.3.2.3 風險

知識網路組織之間的創新合作在為各個成員組織帶來可觀利益的同時，也存在不少問題。由於知識網路是由不同性質的創新主體組成的聯合體，再加上複雜多變的外部環境，在創新合作的過程中將不可避免地產生衝突和風險。

知識網路風險，是指由於知識網路外部環境的不確定性、網路成員的組織特性和知識自身特性等因素的存在，導致知識網路成員組織發生損失的可能性，如知識創新失敗、知識網路的中斷甚至終止等。[1][2]

知識網路風險將對知識網路組織之間的創新合作帶來負面影響，使知識不能在知識網路組織之間進行有效的流動與共享，從而影響創新合作的績效，進而影響知識網路的有效運行，甚至導致知識網路的解體。因此，對知識網路風險進行合理有效的防範與管理尤為重要。

知識網路風險是客觀存在的固有屬性，難以完全規避，但在整個知識網路的管理過程中，可以採取一些方法和手段來有效降低知識網路風險。通過風險識別、風險評估與分析、風險的控制與跟蹤等環節，構建知識網路的全面風險管理體系，盡量減少知識網路風險帶來的不利影響，保證知識網路的有效運作。

2.3.2.4 內部控制

在知識網路的實際運行過程中，往往有一些成員組織為了自己的私利而產生對知識網路合作不利的行為，或者在進行協同創新博弈時，選擇不合作策略，而「搭便車」。為了不讓這種行為破壞知識網路組織之間夥伴關係的穩定性，影響知識網路的運行效率，引入約束機制約束各成員的行為就至關重要。這樣才能促進知識網路組織之間的創新合作，實現協同創新。

激勵機制與懲罰機制是相輔相成的兩種內部調控機制。激勵機制是一種使個體為了自身利益而做出有利於整體行為的機制。在信息不對稱的情況下，激勵機制，可以防範知識網路成員組織的機會主義行為，調動網路成員知識共享

---

[1] 楊翠蘭. 知識鏈風險評估及控制機制研究 [J]. 圖書情報工作，2009，53（4）：121-123.
[2] 石琳娜，石娟，顧新. 知識網路的風險及其防範機制研究 [J]. 科技進步與對策，2011，28（16）：118-121.

的積極性，實現知識共享①。有效的懲罰機制事實上也是一種激勵機制，在不確定環境下，團體懲罰可以起到激勵效果②。完備的懲罰機制有利於知識網路合作的順利進行，防止合作各方在合作過程中偏離合作目標，並能及時糾正不利於知識網路合作發展的各種行為③。

在模型中，m 越大，即知識網路組織對有自私行為的組織成員的懲罰力度越大，網路成員的失信成本就越高，這樣使得知識網路內的組織成員一般不敢輕易做出違背契約的行動，因而有利於整個知識網路組織之間合作關係的建立。

2.4 本章小結

本章對知識網路的概念和結構進行了介紹，論述了知識網路組織之間合作的內涵，並對知識網路組織之間合作的影響因素進行了分析。

知識網路是在開放式創新下，各個創新主體在互動過程中形成的一個以創新企業為焦點的動態的、開放的星系狀網路結構，核心企業、科研院所、科技仲介機構、金融仲介機構和政府機構構成了這個網路中的各個節點。知識網路組織之間是一種合作夥伴關係，這種合作關係的建立以信任為基礎，其實質是成員組織之間的競爭與協作。通過對知識網路合作博弈模型的分析可知，合作利益、知識分工、風險和內部控制是影響知識網路成員間合作關係的重要因素。

---

① KWAN M M, CHEUNG P. The knowledge transfer process from field studies to technology development [J]. Journal of database management, 2006, 17 (6): 16-32.

② HOLMSTROM B. Moral hazard in team [J]. Bell journal of economics, 1982, 13 (1): 324-340.

③ 曹靜, 範德成, 唐小旭. 產學研結合技術創新合作機制研究 [J]. 科技管理研究, 2009 (11): 50-52.

3 知識網路的利益分配機制

利益驅動是以產、學、研聯盟為主要形式的知識網路合作賴以形成、存在和發展的基本動力[1]。對企業和學研方來講,「權益分配不當」是排在前三位的合作障礙之一[2],大多數(約占73.7%)的產、學、研合作失敗都是由於利益分配不合理而引起[3]。因此,合理的利益分配機制是保障知識網路組織間合作各方收益、促進共同發展的關鍵之一,對維持合作關係的持續與穩定起著重要作用。本章對知識網路的利益分配機制進行研究,探討不同合作方式下的利益分配模式。

3.1 知識網路的合作利益及其影響因素

3.1.1 知識網路可供分配的利益及其形式

本部分基於熊哲(2009)[4]、孫國強(2003)[5]、Zhang和Dawes(2006)[6]等學者針對網路利益分配的相關研究,尤其是熊哲針對集成創新網路利益分配的相關論述,探討知識網路的利益分配機制。

知識網路組織之間的利益分配,是指知識網路各成員組織在利益共享、風險共擔的基本原則下,根據創新貢獻比例,實現利益的合理獲取,在獲得個體

---

[1] 謝薇,羅利.產學研合作的動力機制[J].研究與發展管理,1997,9(3):14-18.
[2] 王發明.基於市場導向的產學研合作障礙研究[J].科技管理研究,2009(2):171-173.
[3] 呂海萍,龔建立.產學研相結合的動力-障礙機制實證分析[J].研究與發展管理,2004,16(2):58-62.
[4] 熊哲.集成創新網路成員利益分配機制研究[D].長沙:中南大學,2009.
[5] 孫國強.網路協作環境下的利益分配理論與模型[J].管理科學,2003(6):22-25.
[6] ZHANG J, DAWES S S. Expectations and perceptions of benefits, barriers, and success in public sector knowledge networks[J]. Public performance & management review, 2006, 29(4): 433-466.

利益的同時促進知識網路整體的收益增值。從整體上來看，知識網路的利益意味著總體收益的提升；具體看，成員創新能力增長，表現為網路成員的創新能力增長，實現知識優勢，從而最終向競爭能力轉化。這是一種長期利益的表現。狹義而言，知識網路的利益意味著狹義利潤，即經濟收益減去成本之後的利益數量水準。廣義而言，知識網路的利益除了這些狹義利潤之外，還涉及：

（1）技術專利。網路成員通過創新活動，實現知識創造與知識整合，從而創造出受法律保護的科技成果，知識網路當中依靠跨組織的創新合作，形成的技術專利，凝結著全體網路成員的資源投入。

（2）非專利技術。跨組織的合作創新產生的實際的創新成果，但這些創新成果並未申請技術專利，或者無法申請技術專利，因而沒有受到產權法保障，通常是一些專門技術或者技術秘密等。

（3）市場佔有率。科技創新合作產生的產品與服務，順應市場發展趨勢，滿足了市場特定需求，使知識網路產生的產品與服務快速占據市場。

（4）企業聲譽。知識網路決定吸納某個企業或其他創新組織，本身就意味著該企業具有較好的創新能力、企業形象與企業聲譽等，再通過加入知識網路合作，進一步提升該組織的美譽度水準，經過複雜創新過程，形成創新產出。同時因為通過網路合作實現發展，又能反作用於網路，實現知識網路的進一步發展。

（5）管理水準。網路成員通過加入或構建知識網路合作模式，在於網路成員不斷交互以及與外部環境的不斷互動過程中實現成長；通過交互式學習行為，彌補在自身某些方面知識與能力的不足。其他組織較為先進的管理經驗，也得以在該過程中實現轉移，提升網路成員及知識網路整體的管理水準，從而預期在長期合作中獲得更高收益與市場價值。

（6）顧客忠誠。網路合作形成的順應市場潮流與需求的創新產品和創新服務，能有效提高消費者對特定知識網路以及在網路中成員組織的品牌認可程度；再通過價值認同的不斷固化，提高顧客忠誠度，進而有助於知識網路實現長期發展。

3.1.2 知識網路合作利益的影響因素

知識網路構建後所形成的整體利益，是各網路成員利益分配的基礎；同時知識網路運行也受到包括網路成員創新能力、匹配程度、合作態度、市場態勢等內生與外生因素影響，成員利益分配的持續性以及穩定性也同樣受到影響。具體而言，分析各影響因素如下：

1. 創新能力

知識網路運行基於各成員的創新能力發揮,而實現共同創新目標。這意味著知識網路整體績效的高低,本質上取決於各組織成員的創新能力水準。在知識網路中,創新能力也相當於知識能力(Dawson, 2000)[1],意味著一個組織能否有效利用知識(包括產生、獲取、共享及應用等過程)來助其獲得成功的可能性。知識網路中成員的創新能力可以分為靜態與動態能力兩個方面。靜態創新能力指主體現有資源儲備,如持有多項未充分利用的技術專利與知識產權,可以通過直接生產或專利授權獲得收益;以及主體內部構建的專家系統建設等,以累積工作人員的有效經驗與專門知識或捕捉網路知識溢出。這類創新能力相對靜態,是由於其具有穩定性特徵,能力的發揮沒有時間壓力。動態能力則具有嚴格的時間約束,因為在動態環境下的生存「不進則退」,網路成員必須時刻調整行為以適應網路環境新情況,在實踐中主要表現為新技術開發及產品行銷等方面。複雜環境下的主體動態創新能力已經成為決定其持續競爭優勢的源泉(Schilke, 2014)[2]。Gold 和 Arvind(2001)認為,知識創新能力從基礎設施及知識活動過程兩方面共同決定了組織有效性(organizational effectiveness),從而將知識能力劃分為知識基礎設施能力(knowledge infrastructure capability)及知識過程能力(knowledge process capability)兩類[3]。網路成員創新能力對完成知識網路整體創新目標存在直接影響,而由成員創新能力決定的創新資源投入則是知識網路利益產生的本質原因。網路成員核心創新能力不足,將導致組織之間的合作耦合無法實現,從而降低合作成效,以致影響整體合作成效。

2. 匹配程度

知識網路組織之間的匹配程度,代表著各成員在技術與知識差異性、管理能力與管理經驗、發展戰略等方面的匹配性水準,也意味著各組織之間在發展目標、價值觀念、合作認同、誠信水準等方面的趨同水準,甚至還包括組織之間的信息披露程度以及溝通有效性。網路組織成員之間的匹配程度越高,則組織之間正向促進作用就越強,相互整合的程度也越深。各成員之間的相互合作

---

[1] DAWSON R. Knowledge capabilities as the focus of organisational development and strategy [J]. Journal of Knowledge Management, 2000, 4 (4): 320-327.

[2] SCHILKE O. On the contingent value of dynamic capabilities for competitive advantage: The nonlinear moderating effect of environmental dynamism [J]. Strategic management journal, 2014, 35 (2): 179-203.

[3] GOLD A H, ARVIND MALHOTRA A H S. Knowledge management: An organizational capabilities perspective [J]. Journal of management information systems, 2001, 18 (1): 185-214.

與知識網路整體目標之間存在良性正反饋，從而促進知識網路運行效率的顯著提升，促進整體利益的實現；而當組織之間的匹配程度不高或不足以滿足知識網路整體目標實現要求時，知識網路就面臨較大的存續壓力，無法實現整體預期目標。

3. 合作態度

知識網路組織之間的合作態度最初涉及某組織主體是否具有與其他成員進行全面、長時間合作的主動性，如該組織主體能否積極、主動參與跨組織合作，配合知識網路整體目標管理，在與其他組織或知識網路整體存在目標差異甚至衝突的時候，能否採取合作、協商的態度，來解決面臨的矛盾和衝突。如若該組織主體只是從自身利益出發，而對知識網路整體或其他成員的權益視而不見，甚至通過實施機會主義行為，損人利己，將極有可能激化矛盾，難以維持知識網路的長久、穩定、健康發展。此外，組織之間的交互信任水準也是影響知識網路能否存續的關鍵因素。相互信任的形成與發展得益於來自結構與社會兩維度的關係互補與強化（吳悅 等，2014）[①]，其中，結構維度表徵制度規範、聲譽傳遞與投入產出，社會維度則主要表徵合作關係水準。可見，組織之間的相互信任是知識網路組織之間能否順暢合作的「潤滑劑」，良性信任機制的建立以及高度的組織間信任水準，是知識網路良性發展並獲得較高利益的前提保障。

4. 市場態勢

市場態勢是指知識網路面臨的外生環境。科技創新所面臨的市場環境複雜多變且風險較高，因而市場態勢也是影響知識網路整體利益產生的關鍵因素之一。在知識經濟時代背景下，市場消費觀念與消費者行為已經產生了巨大改變，加上社會經濟發展的多元性、複雜性，都使得知識網路整體管理決策面臨著巨大挑戰，影響知識網路整體利益的實現。基於對市場態勢的分析與判斷而形成的決策，直接影響著知識網路整體利益的獲取，而市場態勢的變動，對於知識網路的作用通常是單向的，很少由某一特定知識網路反饋影響市場，而形成有力甚至有效的影響，這在無形中也使知識網路利益地獲得面臨巨大風險。

[①] 吳悅，顧新，王濤. 信任演化視角下知識網路中組織間知識轉移機理研究［J］. 科技進步與對策，2014，31（20）：132-136.

3.2 知識網路利益分配的理論基礎

3.2.1 交易成本理論

交易成本理論最具代表性的人物是科斯和威廉姆森。威廉姆森認為,網路是一種介於企業與市場之間的組織,它是一類混合型的管理結構。一個企業其生產過程中的成本,隨著區位優勢、企業規模、知識存量水準、生產計劃以及對周邊輻射能力變動而變動,隨之而來的管理、經營交易成本也相應產生變化。

目前研究顯示,交易參與者的機會主義行為會增加交易成本。而網路合作模式可以有效降低企業交易成本,甚至實現交易成本最小時,網路模式比市場治理結構或者是企業內部的科層制度更有效。由於總成本的下降,網路合作中的組織可以從專業化得到額外收益,依靠相互信任機制的構建,以及對網路合作的收益更高預期,網路中參與合作者實施機會主義行為的可能性非常小。若組織成員評估網路合作模式積極有效,則其留在網路中參與合作的意願要高於自身實施機會主義行為的預期。

交易成本理論認為,網路合作模式的優勢,關鍵在於相比於市場以及科層組織,具有交易費用較低的優勢。本書由此提出,當知識網路高效運行時,網路成員參與合作能有效降低其交易費用,從而使其具有參與利益分配的預期。

3.2.2 競爭優勢互補理論

競爭優勢是指相較於競爭對手而擁有的某種可持續競爭優勢,如擁有某種優勢資源、領先的運行模式或與市場需求更為匹配的產品或服務等。企業具有競爭優勢,通常體現在已有資源、革新能力、競爭差距、替代能力、合適性、經久力、模仿力等方面,具有內生特性。企業或某一組織在資源、能力等方面的獨占性,具有不可轉移、難以模仿的特點,因此企業可以按照所具有的競爭優勢來進行區分。企業所具有的異質性資源,是其競爭優勢的關鍵來源,同時也是獲得額外收益的源泉。

依靠構建或加入知識網路,網路成員實現了資源互補與重新匹配。通過跨組織邊界的知識合作,知識網路實現了異質性組織之間的技術與能力互補。在依靠契約建立持續性合作框架之後,網路成員之間實現了知識整合,繼而產生知識創造,實現知識優勢與競爭優勢。因此,知識網路這一合作模式使得組織

的資源整合能力、競爭能力都得到迅速提升,而組織個體的資源整合能力以及競爭能力是知識網路整體資源得以優化配置的基本前提。

在知識網路這一獨特合作框架下,各組織成員借助自身異質性資源獨占優勢與競爭能力優勢獲得利益索取權,可見競爭優勢互補理論是知識網路利益分配機制的重要理論依據之一。

3.2.3 合作博弈理論

合作博弈理論,目前廣泛應用於經管領域,主要適用於解釋組織決策過程中的競爭與合作行為選擇,具備較強的實踐解釋力。

本部分將合作博弈理論運用於描述知識網路組織之間的利益分配機制,是由於組織成員在知識網路利益分配過程中存在的競合特性,知識網路的利益分配是整體利益與個體利益的矛盾。首先,組織加入知識網路的目的在於實現資源優勢互補,其次,作為集體而言,知識網路具有實現整體利益最大化的利益,即從個體角度看,組織成員有追求個體利益最大化的預期,同時也積極維護整體利益最大化。

由於在知識網路合作模式下,任意一個組織成員都是自負盈虧的利益體,任何一個組織的單方行為決策都可能影響著整體目標的落實,同時也對其他合作成員產生著直接影響。在知識網路利益分配過程中,任何組織所獲得的利益多寡,不僅受制於自身行為決策,也受制於其他成員行為策略影響,並貫穿知識網路生命週期始終(萬君 等,2012)①。但關鍵的原則在於,知識網路整體利益的形成是實現個體利益分配的前提,否則個體利益分配將絕不可能實現。

在知識網路的利益分配合作博弈過程中,網路組織必須考慮自身決策與他組織決策之間的相互作用,其所獲利益多寡與他組織行為決策息息相關,也同時共同影響著知識網路整體目標實現、整體利益的獲得,因此,各個組織成員在利益分配過程中需要找到一個均衡解。

3.3 知識網路利益分配模型研究

知識網路,作為一個利益驅動、臨時性的組織結構形式,對其內部的參與

---

① 萬君,顧新. 知識網路的生命週期及其階段判定模型研究 [J]. 管理學報,2012,9 (6): 880-883.

者而言，並不存在類似企業內部的資源、利益分配「天然的權利」。各個加入知識網路的組織，其直接目的就是為了收穫更高的利益，即實際的經濟收益以及軟性的創新能力增長。博弈論提出，在重複博弈下局中人追求集體理性也追求個體理性。局中人追求整體利益的同時，也收穫了比單獨生產更多的利益，實現帕累托改進。不過在組織之間創新能力、組織規模等方面存在差距，各組織間的地位與在知識網路中的作用並不平衡，即可能造成各成員權責利不對等的情況。利益分配不均，將直接影響知識網路存續問題，在實踐中，許多產、學、研合作創新的破產，利益分配問題首當其衝。因此，如何優化知識網路利益分配方案，是知識網路管理中一個至關重要也亟待解決的問題。目前而言，有許多學者對利益分配模型進行了研究，不過現有研究的實踐應用表明，理想化的理論假設與複雜的現實存在「應用的鴻溝」，難以將現有理論成果直接應用於實際生產、生活當中。本書認為，組織成員的利益多寡應與其對於知識網路的貢獻數量直接掛勾，同時在相關學者研究基礎上，提出基於組織貢獻的利益分配方法與模型。

3.3.1 利益分配問題方法介紹

知識網路在構建初始階段下，組織成員根據各自資源投入以及擔負的風險，來預判可能的利益分配水準，並據此展開談判，與其他成員協調訂立契約，在知識網路管理者約束下，形成初步利益分配框架。該框架既要考慮單個組織投入，包括資金投入及非資金投入，同時也考慮組織因參與合作創新所承擔的風險，故而需通盤考慮各方因素構建知識網路利益分配模型，以符合其發展預期。在知識網路的利益分配過程中，各組織成員的行為決策是一個合作博弈，如果各種博弈實現均衡，那麼此時利益分配就達到了可接受程度，此時的合作框架與細節便可看出所有組織主體的貢獻與收益。使用 n 個人合作博弈理論探討知識網路利益分配問題，找到各參與成員獲益合理比例。下文介紹幾種利益分配方法及其利益分配框架的形成。

假設知識網路組織 i ($i \in N$) 投入資源為 C，則可構建 n 個人合作博弈知識網路利益分配模型為：

$$x_i \geq C_i \geq 0, \ i \in N$$

$$\sum_{i \in S} x_i \geq v(S), \ \forall S \subseteq N, \ |S| \geq 1$$

$$\sum_{i=1}^{n} x_i = v(N)$$

根據上述分析可知，知識網路組織成員的利益分配的完美狀態是，任意組

織在合作創新中所獲利益不低於投入，即任意組織均實現正收益，且利益分配為最佳方案，並無更優替代方案，知識網路的利益分配機制是合作組織根據最佳分配方案實現利益分配。

3.3.1.1 Shapley 值法

Shapley 值法用於解釋組織獲益概率，這一方面的基本過程是，假設局中人隨機加入知識網路，且加入順序概率同等，都是 $1/n!$。局中人 i 和前序 $S-1$ 個參與者構成了知識網路 S，對網路整體的貢獻額為 $V(S) - v(S \setminus \{i\})$。其中，$v(S \setminus \{i\})$ 代表 i 獨自經營而其餘成員所構成知識網路時的總收益值。由此，Shapley 值意味著局中人所獲收益期望值。使用 Shapley 值法得出合作博弈唯一解需要滿足以下基本原則[1]：

①探討問題是合作博弈問題；
②效用值能在局中人間實現轉移；
③描述效用的特徵函數完備。

為能準確描述 Shapley 值法在知識網路利益分配機制中的運用，下文首先對涉及的相關概念等進行介紹：

在 n 人合作博弈 (N, v) 中，π 是博弈的一個置換運算，博弈 (N, π) 則是這樣一個新博弈 (N, u)：對任意知識網路 $S = \{i_1, i_2, \cdots, i_n\}$，都存在 $u[\pi(i_1), \pi(i_2), \cdots, \pi(i_s)] = v(S)$。在 (N, v) 中，T 是其中一個局中人，若對任意知識網路組織的集合 S 都存在 $v(S \cap T) = v(S)$，則稱 T 為該博弈承載。

通過滿足下列公理從而求出 Shapley 值 v_i^*，即為知識網路組織在合作博弈中的利益分配向量：

公理 1：若 S 為合作博弈 (N, v) 的承載，則存在 $\sum_{i \in S} v_i^* = v(S)$，意味著所有網路組織利益之和等於所有組織總收益 $v(N)$。

公理 2：對於知識網路 N 的任意置換 π 和 $i \in N$，都存在 $v_{\pi(i)}(\pi S) = v_i^*(S)$。公理 2 是對知識網路組織之間平等關係的規定。

公理 3：對於任意兩個 n 人合作博弈 (N, v) 與 (N, u)，都存在兩個博弈之和等於兩個博弈值的支付向量，即 $v_i^*[u + v] = v_i^* + u_i^*$，該支付向量本身即合作博弈一種分配形式。

滿足上述公理的 v_i^* 值就是知識網路 S 的 Shapley 值，該 Shapley 值的數學

---

[1] 菊紅，汪應洛，孫林岩，等. 靈捷虛擬企業科學管理 [M]. 西安：西安交通大學出版社，2002.

表達如下：

$$v_i^* = \sum_{\substack{S \subseteq N \\ i \in S}} \frac{(|S|-1)!\,(n-|S|)!}{n!} [v(S) - v(S \setminus \{i\})] \qquad 公式 3-1$$

Shapley 值法基於各組織主體在知識網路利益形成中的重要排序，來對知識網路整體利益實施分配，它使用公式給出組織利益分配的公理化表達，不過 Shapley 值無法準確表達組織在知識網路利益分配中的具體決策與行為動態過程；此外，運用該方法闡述知識網路利益分配過程時，該方法只是假設各組織按順序構建知識網路且組織進入可能性均為 $1/n!$，該假設仍過於理想化，實踐中並未得到反饋，因而該方法的前提要求就決定了它並不具備實踐使用可能。

3.3.1.2 核心法

博弈論指出，若局中人決策目標是實現個體期望收益最大，那麼他就滿足理性人假定。n 個企業中由 $k(k \in N)$ 個成員組建形成的知識網路定義為 $S = \{1, 2, \cdots, k\}(S \subseteq N)$，$|S|$ 表示 n 個組織可能形成的知識網路集合，S 表示該知識網路中組織具體數目。該方法對局中人做出如下定義：

首先，特徵函數 $v(S)$ 指知識網路 S 依靠局中人的策略協調得出可轉讓效用值。知識網路整體產生的總效用可以在組織之間實現轉移，這意味著組織之間可以談判形式對總效用實現合理分配。

如果 S、T 為不具有共同組織主體的知識網路，則 S、T 所合作產生的效用結果至少應當和兩個知識網路單獨運行時得到的效用之和一致，若採用特徵函數來表達，即有：

$$v(S \cup T) \geqslant v(S) + v(T)$$
$$\text{s.t.} \quad x_i \geqslant V(\{i\}), \ i = 1, 2, 3, \cdots, n$$
$$\sum_{i \in S} x_i = v(N)$$

上式中 x 為知識網路支付向量，用以表達參加知識網路合作創新所獲利益分配量，至少不低於組織單獨經營績效，知識網路整體獲益也將在所有組織之間實施分配，假如將分配方案 X 記為 $X = \{x_1, x_2, \cdots, x_n\}$，分配過程則用 $I(N, v)$ 表達。

對於知識網路 S，存在：

$$x_i > y_i x_i,\ y_i \in I(N, v),\ \forall i \in S$$
$$\sum_{i \in S} x_i \leqslant v(S)$$

上式中，x 與 y 是兩個獨立分配方案，我們稱方案 x 比方案 y 更優，其數

學表達式為 $x>y$。

$$\text{s.t.} \quad \sum_{i \in S} x_i \geq v(S), \quad \forall S \subseteq N$$

$$\sum_{i \subset N} x_i = v(N)$$

若將全體支付向量構成稱為「核」，記作 $C(N, v)$。可知，核是利益集 $I(N, v)$ 中最佳分配方案，核中分配結果是局中人滿意分配。若將合作創新總效用 $v(N)$ 根據核中支付向量分配給各組織，不但滿足知識網路集體理性，也滿足組織個體理性。為實現知識網路利益分配過程具有可供分配解，核不是非空集合，其充要條件為下列線性規劃：

$$\min Z \leq v(N)$$

$$\min Z = \sum_{i=1}^{n} x_i$$

$$\sum_{i \in S} x_i \geq v(S), \quad \forall S \subset N$$

若知識網路 S 在 X 分配框架中剩餘值為 $\varepsilon(S, X)$，當 $\varepsilon(S, X) > 0$，則表示局中人不滿意當前分配方案。而對於 n 人合作博弈 (N, v)，內核 $K(N)$ 為下列預分配集合：

$$S_{k,\,l}(X) = \underset{K \in S,\, l \notin S}{\varepsilon}(S, X)$$

$$S_{l,\,k}(X) = \underset{l \in S,\, k \notin S}{\varepsilon}(S, X)$$

$$S_{k,\,l}(X) = S_{l,\,k}(X), \quad k, l \in N, \quad k \neq l$$

當滿足知識網路剩餘 $\varepsilon(S, X)$ 最小，其分配向量 X 被稱為「核仁」，存在：

$$\varepsilon(S, X) \leq \varepsilon(S, Y_i), \quad \forall Y_i \in I(N, v), \quad \forall i \in N, \quad X \neq Y_i$$

剩餘最小將造成知識網路組織的不滿程度最低，從而求解知識網路利益分配框架，變成求解以下線性規劃結果：

$$\min \varepsilon(S, X)$$

s.t.

$$x_i \geq C_i \geq 0, \quad ? \quad \forall i \in N$$

$$\sum_{i \notin S} x_i \geq v(S) + \min \varepsilon(S, X), \quad \forall S \subseteq N, \quad |S| > 1$$

$$\sum_{i=1}^{n} x_i = v(N)$$

可見，該方法用於知識網路利益分配過程時，因方法自身局限性只能明確一組利益分配集，即單一支付向量。該組唯一解滿足知識網路組織之間利益分配的個體理性和集體理性，理論而言，能保證組織之間創新活動實施與開展以

及知識網路運行的穩定性。不過，當且僅當知識網路存在剩餘效用時才能使用該方法求得唯一解，在其他情況無法得出最優利益分配方案，因此容易造成組織之間的利益衝突，可見該方法存在應用局限。

3.3.1.3 簡化 MCRS 法

知識網路組織之間利益分配與創新策略當中成本分攤類似，原因在於兩種情況都有邊際收益遞減特性，由此可使用成本分攤模型——最大最小成本法求解知識網路利益分配解。

組織個體獲益有如下表達：

$$v_i^* = v_{i\min} + \frac{v_{i\max} - v_{i\min}}{\sum_{i \in N}(v_{i\max} - v_{i\min})} \left| v(N) - \sum_{i \in N} v_{i\min} \right|, \quad \forall i \in N$$

求解上式中 $v_{i\max}$ 與 $v_{i\min}$ 的方法，是將各組織邊際收益與獨立經營時所獲收益定義為約束條件，即：

$$v_{i\max} = v(N) - v(N - \{i\}), \quad \forall i \in N$$
$$v_{i\min} = C_i, \quad \forall i \in N$$

上式中，$v(N - \{i\})$ 表示組織 i 獨自經營而其他 $N-1$ 個組織構建知識網路時所獲總收益值。

簡化 MCRS 法能較快求得知識網路利益分配方案，但前提是事先知道不同組織組合方案中的最佳收益，但這一資料無法客觀得知，只能根據經驗預估，但國內企業對歷史經營資料的保存向來「缺位」，因此該方法的使用也存在局限。

3.3.1.4 群體重心模型法

群體重心模型是將各利益分配方案綜合成知識網路組織可能接受的方案，即找到一個最接近理想的分配方案集 X，$X = (X_1, X_2, \cdots, X_m)$。假設存在 m 種利益分配方案，則 n 個組織構成知識網路分配方案向量 $X_i = (x_{i1}, x_{i2}, \cdots, m_{in})$ $(l \leq i \leq m$ 且 $n \geq 3)$，第 k 種方案為理想分配方案，其向量為 $X_k = (a_{k1}, a_{k2}, \cdots, a_{km})$ $(1 \leq k \leq m, a_{ki}$ 為常數$)$，將普通方案與理想方案間距定義為對方案 X_k 的不滿，用下式表示：

$$d(X_i) = \sqrt{(x_{i1} - a_{k1})^2 + (x_{i2} - a_{k2})^2 + \cdots + (x_{in} - a_{kn})^2}$$
$$f(x) = d^2(X_1) + d^2(X_2) + \cdots + d^2(X_m)$$

上式描述了知識網路 m 個成員對方案 X 的不滿意程度，而要將不滿意程度降到最低，使 $f(X)$ 達到極小，只需令 f 對 y_i 求一階偏導，有：

$$\frac{\partial f}{\partial y_i} = 2(y_i - a_{1i}) + 2(y_i - a_{1i}) + \cdots + 2(y_i - a_{mi}) = 0$$

得到：$y_i = \dfrac{1}{m}\sum\limits_{i=1}^{m} a_{ki}$

$$X_i = (x_{i1},\ x_{i1},\ \cdots,\ x_{in}) = \dfrac{1}{m}\sum\limits_{k=1}^{m}(a_{k1},\ a_{k2},\ \cdots,\ a_{kn}) = \dfrac{1}{m}\sum\limits_{k=1}^{m} X_k$$

上式即為知識網路利益分配方案。該方法對知識網路利益分配最優方案存在較好的描述，不過綜合過程為理想的理論運算，並未反應各組織在利益分配當中的個體理性反饋，方案綜合過程亦過於理想化，缺乏現實意義。

3.3.2 利益分配問題現有方法的局限性

以上介紹的四種方法，用以解決利益分配都要求滿足前提條件。這四種模型與方法應用於知識網路利益分配實踐存在明顯局限，具體包括：

（1）知識網路合作產生的整體利益只能依據歷史經驗或存檔數據實施預估，知識網路的資源放大效用難以觀察，並且上述方法並未考慮知識網路中利益多樣性，故而無法得到真實有效的數值，導致各類方法的前提條件難以保障，由此，本書發現採用這幾類方法求解知識網路利益分配沒有實踐支撐。

（2）以上幾類收益分配方法都是將知識網路當作利益整體，將其構成組織視作利益整體各個部門，將合作創新形成的整體利益在各部門間實施分配。然而這種認知不符合實踐程序，缺乏可操作性。這是由於現實生活中知識網路組織具有「臨時性」，且知識網路合作模式特徵決定了組織存續動態性，組織之間的競合關係同樣處在不斷進化發展當中；而事實上，網路組織是互相獨立的主體，其參與知識網路合作及其利益分配存在階段性，利益分配過程實施細節地凝結在知識網路構建與運行的全部過程當中。

（3）以上方法並未充分考慮知識網路構成組織實際，難以有效區分各組織成本的類別差異及資源投入階段，也未考慮各組織在知識網路生命週期各階段風險承擔差異水準。

由此，本書認為要提出符合知識網路發展實際的利益分配框架，即基於組織貢獻率的知識網路利益分配模型。

3.3.3 基於組織貢獻程度的利益分配模型

3.3.3.1 基於組織貢獻程度的利益分配模型理論基礎

1. 公平理論

由亞當斯提出的公平理論指出，個體將自身獲得的收益與其投入比值和其他個體進行比較，當兩者相等時個體才會感知公平。若感知不公平，則會產生

應激行為改變當前不公平現狀。

投入與收益成正比，是評價投資收益的重要原則，組織對知識網路資源投入除有形的設備、資本投入外，還包括無形的知識、先進技術、管理能力、知識產權等投入。

按照公平理論，假設組織 i 在知識網路中的投入量為 C_i，其對應收益為 g_i，有：

$$\frac{g_1}{C_1} = \frac{g_2}{C_2} = \cdots = \frac{g_n}{C_n} = \Omega$$

上式若 Ω 為常數，則表示知識網路利益分配中各組織都得到公平對待，此時知識網路任意組織分配所得 g_j 表達式為：

$$g_j = \left[\frac{C_j}{\sum_{i=1}^{n} C_i} \right] G$$

上式中 G 表示知識網路運行 t 時間後所得利益。

2. 陷入成本和創新成本

知識網路利益分配方案的設計，應根據各組織資源投入情況，合理評估並進行投入激勵，以此作為分配依據。基於熊哲（2009）的研究[①]，本研究同樣將知識網路組織的資源投入分成「陷入成本」與「創新成本」。前者與有形資產的定義一致，涉及各類生產要素，包括土地、廠房、資本等；後者則與無形資產定義相同，涉及技術、知識、市場聲譽、關係資本、人力等。本章的創新成本則主要是指網路組織的技術專利及非技術專利。在知識網路的構建與後續運行過程中，無論能否最終實現技術的產業化、資本化，陷入成本都不可避免需要投入，且存在剛性，資產專用性程度非常高，難以在中途撤出。這種情況下，知識網路組織通過各個階段對整體的投入程度、努力水準以及對風險的承擔，可以通過創新資源投入得以展現。

基於對兩類成本的內涵區分，本書提出對兩類資產的評價也要進行區分。有形資產評估應以帳面價值為準，扣除折舊，主要是因為知識網路在構建之初，這部分資產是由各個組織獨立運行且通過市場手段獲得的價值，該部分資產無論組織是否加入知識網路都能保有其市場價值，並不會影響資產流通。而無形成本的價值評估，則應以該部分資產重置成本為準。以技術專利來看，某一組織的一項技術專利在知識網路中的價值評估計算方式為：

技術專利價格 = 技術的全部開發費用 + 專利申請費用 + 技術轉讓的過程費用

---

① 熊哲. 集成創新網路成員利益分配機制研究 [D]. 長沙：中南大學，2009.

上式中，技術轉讓過程費用是指相關技術以及數據的獲取費、人力培訓費、專家諮詢費等相關支出。

一是，知識網路中的創新活動開展主要依靠創新投入資產，而這類資源一般具有內生、異質以及難以模仿的特性，這些特性所構成的組織能實現資源優勢互補，緊跟市場潮流，有力面對市場調整的關鍵要素。二是，創新投入部分資產在市場中沒有統一定價，即定價標準各異，而技術等資產在很大程度下無法依靠市場機制實現有效配置。三是，若知識網路內部依據市場價值標準來計算各組織的創新投入水準，有可能造成各組織評價標準不同出現協商困難，也將因此造成對部分組織成員的利益侵害，不利於知識網路長遠、健康的發展。

3.3.3.2 基於組織貢獻程度的利益分配模型的描述與構建

基於公平理論，公平有效的利益分配結果獨一無二，該公平分配方案的向量數學形式如下：

$$\Pi^* = \left(\frac{C_1}{\sum C_i} G, \frac{C_2}{\sum C_i} G, \cdots, \frac{C_n}{\sum C_i} G \right)$$

上式中，C_i 為組織 i 在知識網路中的投入量（包括設備、資本、知識、技術、管理能力等）；G 為知識網路運行 t 時間後所得利益。

知識網路在組建及運行當中，大部分組織者都會對自身創新資源與專有知識進行特別的保護，以免造成始料未及的知識溢出，由於各個組織之間又缺乏一定程度的信息對稱，從而造成各組織在知識網路合作不同階段中的資源投入存在較大差異。而知識網路自身合作模式特點也決定著利益分配是持續性的，知識網路組織之間關係為動態屬性的、各自對利益分配目標預期以及風險預估等策略選擇直接影響了整體利益分配過程需要在不同階段進行分割。本書提出，可以根據組織在知識網路中的投入水準來計量個體對整體的貢獻值，基於此來實現組織間的利益分配。將組織參與階段資源投入總和占據所有組織各階段投入之和的比值作為累計投入值。

目前投資理論指出，貨幣具有時間價值，且必須為投資者所考慮。個體組織對知識網路整體目標投入不但包括資金，也包括其他，如知識、技術、專利等無形資產。這些資產即便以重置價格進行價值判斷，但這些投入本身也存在創造價值的潛在功能，由於組織的投入行為使得部分資產喪失了獲得更多價值的可能性，根據這個情況，本研究引入貼現因子以測度該資源的時間價值。假如存在貼現因子 r（$0 \leqslant r \leqslant 1$），此時，第 i 個組織在第 j 階段的動態累計投入如下：

$$\sum_{k=1}^{j} C_{ik}(1+r)^{j+1-k} \qquad 公式 3-2$$

到第 j 階段知識網路組織的總累計投入為:

$$\sum_{i=1}^{n}\sum_{k=1}^{j} C_{ik}(1+r)^{j+1-k} \qquad 公式 3-3$$

第 i 個組織在第 j 階段獲得的利益的數量比值如下:

$$g_{ij}=\frac{\sum_{k=1}^{j} C_{ik}(1+r)^{j+1-k}}{\sum_{i=1}^{n}\sum_{k=1}^{j} C_{ik}(1+r)^{j+1-k}} \qquad 公式 3-4$$

$$C_{ik}=C_{ik}^{T}+C_{ik}^{j} \qquad 公式 3-5$$

上式中, C_{ik}^{T} 為 i 組織在第 k 階段所投入的資源, 可按照市場價格計算的有形成本; C_{ik}^{j} 意味著 i 組織在第 k 階段知識網路中投入的按重置成本為基礎計算的無形成本。

公式 3-5 對知識網路組織投入資產類型進行了區分, 公式 3-4 則給出了基於知識網路組織貢獻測度的一種分配方法。從計算過程看, 公式 3-4 充分考慮了組織分階段將獨占資源投入到知識網路中的特點, 在合作創新開展過程中, 知識網路組織也持續對未來預期、其他組織投入、知識網路整體以及所面臨風險進行評價, 進而影響各組織資源投入策略。顯然, 這是一個多階段過程, 網路組織的判斷與決策最終將體現在其對知識網路整體的投入水準。在知識網路利益分配機制設計時, 組織個體貢獻應與收益相關。公式 3-4 即是根據不同階段中某知識網路組織資源投入水準計算其利益分配數量, 通過對組織貢獻測度得到各階段下知識網路組織利益分配所得。該型理論上能夠促進整體利益在組織之間合理分配, 理論而言, 各網路組織會對公式 3-4 所測量的利益分配比例持認同態度。

3.4　知識網路利益分配的機理研究

利益分配向來是知識網路組織面臨的最為敏感, 也極為困難的問題。在知識網路運行到特定階段下, 各組織之間收益分配是否合理有效, 是跨組織創新合作能否持續高效開展以及知識網路能否健康發展的重要原因。本書認為, 在知識網路中, 應構建合理有效的利益分配制度才能保障各成員創新合作, 需要在知識網路構建初期就將利益分配標準與比例等達成一致意見, 這是保障後續

合作進行的前提所在。由於知識網路構成主體眾多，且異質性較高，影響因素廣泛，在進行利益分配機制設計中，應考慮各方因素，對不同合作形式下的知識網路利益分配微觀過程進行系統研究。

3.4.1 知識網路的節點合作方式

3.4.1.1 橫向合作創新形式

橫向合作創新意味著企業、大學、科研院所等知識網路組織之間的技術創新合作研發，是一種跨組織的橫向合作形式。在技術快速更迭、技術創新高風險以及資金限制背景下，沒有任意一家企業或者其他創新主體可以「獨當一面」。這就要求企業勢必謀求外部合作來解決這一矛盾，而由於科技創新互補要求，企業通常會尋求知識創新實力雄厚的學、研機構開展知識合作。產、學、研合作是知識網路組織之間合作的主要形式，本章研究的知識網路的利益分配機制就是基於這樣的合作形式。

3.4.1.2 縱向合作創新形式

縱向合作創新形式意味著知識網路組織之間借助於供應鏈合作機制實現知識連接。縱向合作創新中的知識流動是創新的重要源泉之一（Lundvall, 1988）[①]，即供應鏈形式下的知識合作是知識網路的重要合作模式，供應鏈的合作模式也是對市場交易的替代，有助於節約知識、技術、產品交易成本，並保障收益穩定。本部分所探討的縱向合作創新形式，主要關注供應鏈合作中的知識共享與知識整合，以及由此形成的知識鏈與價值鏈匹配問題。

3.4.1.3 技術轉讓合作形式

技術轉讓又稱「技術轉移」，是指技術產品從輸入到輸出的經濟行為，涉及的技術類型包括專利權的技術與商標，以及非專利技術，如專有技術、傳統技藝生物品種和管理方法等。如果某項技術轉讓僅為單次交易，而不成為知識網路組織之間的固定合作形式，則只能作為獨立組織之間的市場交易行為。本部分探討的技術轉讓合作形式，是具有穩定性的、時間較長的、基於契約的技術轉讓方式，是長期合作導向下的技術合作形式。

3.4.2 知識網路三種合作形式下的利益分配機理

3.4.2.1 橫向合作創新形式下的知識網路利益分配

根據實踐來看，知識網路其合作創新中利益分配方式有如下三種：

[①] LUNDVALL B A. Innovation as an interactive process: from user-producer interaction to the national system of innovation [J]. Technical change and economic theory, 1988, 24 (1): 96-96.

(1) 產值分配方式。該分配方式是指網路組織根據既定的利益分配係數從整體利益當中獲得個體收益的方式，這是一類風險共擔、利益共享的方式。

(2) 定額支付方式。該分配方式是指某個組織依照實現協定固定配額在整體收益中獲得固定數量收益，核心組織則享受剩餘的全部收益，與當前市場交易形式類似①，在這類分配方式中核心組織因承擔著經營全部風險而享有剩餘索取權，其它組織則因放棄承擔風險而喪失了剩餘索取權，所以相對地，其所獲收益也會更低。

(3) 混合方式。該分配方式是結合前兩種分配方式的產物，核心組織既向其他組織支付固定額度報酬，也依據一定比例向其他組織支付報酬，且實際合作創新的利益分配多以混合方式存在。

本書認為，組織以知識網路整體利益最大為目標時選擇合作行為決策，而以個體自身利益最大為目標時選擇不合作決策。從博弈論角度看，知識網路整體利益分配過程分為兩個階段：階段一是由各組織共同協商一個各自認同的利益分配方案，該過程是一個合作博弈過程（簡兆權，1999）②；階段二是基於既定的利益分配方案，由各個組織獨立選擇合作策略，實現自身利益最大，是一個非合作博弈。

1. 對知識網路利益分配問題的描述

假設知識網路由兩個組織——甲和乙構成，成員甲為核心組織，成員乙為配合組織，雙方通過知識合作開展創新活動、合作投入成本由兩部分組成，即有形地陷入成本和無形的創新成本。本書提出，對於知識網路的任意階段創新活動看，有形成本是與個體組織努力程度無關的常量；但無形成本多寡卻與組織努力程度呈正比，即隨著努力程度提升而增加，且增加速度不斷加快。組織無形成本投入能夠表現出組織對創新活動風險的評價，若網路組織認為創新風險在可接受範圍水準，此時對知識網路合作的創新資源投入的意願與力度會明顯加大，反之則將減少投入甚至停止投入，網路組織投入和該組織的風險偏好水準呈反比。

假設 α 和 β 分別表徵著成員甲和乙的貢獻係數。γ 和 δ 則表示甲和乙的合作創新成本係數。a 和 b 表示兩個組織的努力程度；$F_甲$ 和 $F_乙$ 分別表示組織甲和組織乙在知識網路中投入的有形成本。$C_甲$ 和 $C_乙$ 分別表示甲和乙對知識網路投入的無形成本。α、β、γ、δ、$F_甲$、$F_乙$、$C_甲$、$C_乙$ 等值均為正值。假設知識

---

① 楊貴斌. 動態聯盟合作夥伴選擇研究 [D]. 武漢：武漢理工大學，2004.
② 簡兆權. 戰略聯盟的合作博弈分析 [J]. 數量經濟技術經濟研究，1999 (8)：34-36.

網路總產出為 P，甲和乙兩組織的知識網路整體收益分配比例分別為 t 和 $1-t$，其中 $0 \leq t \leq 1$。U 為核心組織甲支付給配合組織乙的固定額度報酬。M 和 N 分別表徵組織甲和乙的分配收益。V 則表徵知識網路整體收益。其數學表達式如下：

$$V = P - (F_甲 + F_乙) - (C_甲 + C_乙)$$
$$M = tp - (F_甲 + C_甲) - U$$
$$N = (1-t)P - (F_乙 + C_乙) + U$$

進而假設組織甲和乙的無形創新成本與知識網路的整體收入均為組織努力水準的二次函數，即有：

$$C_甲 = C_甲' + (a\gamma)^2/2$$
$$C_乙 = C_乙' + (b\delta)^2/2$$
$$P = (a \times \alpha + b \times \beta)^2/2 + (a \times \alpha + b \times \beta) + P'$$

上式中，$C_甲'$、$C_乙'$、P' 均為常數，為維持知識網路淨收益 G 收斂，進而假設：$\alpha < \gamma$，$\beta < \delta$，$\dfrac{\partial^2 G}{\partial a^2} < 0$，$\dfrac{\partial^2 G}{\partial b^2} < 0$。

代入上式後，得到：

$$V = (a \times \alpha + b \times \beta)^2/2 + (a \times \alpha + b \times \beta) + P' - [F_甲 + C_甲' + (a\gamma)^2/2] - [F_乙 + C_乙' + (b\beta)^2/2] \qquad 公式\ 3\text{-}6$$

$$M = t[(a \times \alpha + b \times \beta)^2/2 + (a \times \alpha + b \times \beta) + P'] - [F_甲 + C_甲' + (a\gamma)^2/2] - U \qquad 公式\ 3\text{-}7$$

$$N = (1-t)[(a \times \alpha + b \times \beta)^2/2 + (a \times \alpha + b \times \beta) + P'] - [F_乙 + C_乙' + (\delta b)^2/2] + U \qquad 公式\ 3\text{-}8$$

2. 納什均衡狀態下面向知識網路整體目標的努力程度

首先考慮組織博弈過程第二個階段。在利益分配比例既定條件下，組織選擇何種行為決策，意味著組織對知識網路選何種程度的努力水準。將公式 3-7 對 a 求偏導，公式 3-8 對 b 求偏導，分別得到兩個組織在追求自身利益最大時處於納什均衡狀態下的努力程度 a_0 與 b_0：

$$\dfrac{\partial M}{\partial a} = t[\alpha(a \cdot \alpha + b \cdot \beta) + \alpha] - \gamma^2 = 0 \qquad 公式\ 3\text{-}9$$

$$\dfrac{\partial N}{\partial b} = (1-t)[\beta(a \cdot \alpha + b \cdot \beta) + \beta] - \delta^2 = 0 \qquad 公式\ 3\text{-}10$$

由公式 3-9 和公式 3-10 可求得 a_0 和 b_0，為：

$$a_0 = \dfrac{t\alpha\delta^2}{\gamma^2\delta^2 - t\alpha^2\delta^2 - (1-t)\beta^2\gamma^2} \qquad 公式\ 3\text{-}11$$

$$b_0 = \frac{(1-t)\beta\gamma^2}{\gamma^2\delta^2 - t\alpha^2\delta^2 - (1-t)\beta^2\gamma^2} \qquad \text{公式 3-12}$$

則可知：

$$\frac{a_0}{b_0} = \frac{t}{1-t} \cdot \frac{\alpha}{\beta} \cdot \frac{\delta^2}{\gamma^2} \qquad \text{公式 3-13}$$

由公式 3-13 得到，組織主體在追求自身利益最優時其努力程度與其個體最終收益分配數量呈正比，與其貢獻水準呈正比，而與其參與跨組織合作創新的成本投入呈反比。

3. 成員最優分配系數

接下來考慮兩個組織博弈過程第一階段，意味著在明確納什均衡狀態組織努力程度的情況下其利益分配比例。由公式 3-11 和公式 3-12 得知，此時知識網路整體淨收益值 V 在兩組織各自的投入水準下處於納什均衡時也是 t 的函數，將 V 對 s 求偏導求得使淨收益 V 為最大的 t：

$$\frac{\partial V}{\partial t} = \frac{\partial V}{\partial a_0} \cdot \frac{\partial a_0}{\partial t} + \frac{\partial V}{\partial b_0} \cdot \frac{\partial b_0}{\partial t} \qquad \text{公式 3-14}$$

根據公式 3-11 和公式 3-12 可以得到：

$$\frac{\partial a_0}{\partial t} = \frac{\alpha\delta^2(\gamma^2\delta^2 - \beta^2\gamma^2)}{[(\gamma^2\delta^2 - \beta^2\gamma^2) + t(\beta^2\gamma^2 - \alpha^2\delta^2)]^2} \qquad \text{公式 3-15}$$

$$\frac{\partial b_0}{\partial t} = \frac{-\beta\gamma^2(\gamma^2\delta^2 - \alpha^2\delta^2)}{[(\gamma^2\delta^2 - \beta^2\gamma^2) + t(\beta^2\gamma^2 - \alpha^2\delta^2)]^2} \qquad \text{公式 3-16}$$

將公式 3-6 分別對 a_0 和 b_0 求偏導，可得：

$$\frac{\partial V}{\partial a_0} = (\alpha a_0 + \beta b_0)\alpha + \alpha - \gamma^2 \qquad \text{公式 3-17}$$

$$\frac{\partial V}{\partial b_0} = (\alpha a_0 + \beta b_0)\beta + \beta - \delta^2 \qquad \text{公式 3-18}$$

根據公式 3-9，可知 $(\alpha a_0 + \beta b_0 + 1)\alpha = \dfrac{a_0\gamma^2}{t}$，根據公式 3-10，可知 $(\alpha a_0 + \beta b_0 + 1)\beta = \dfrac{a_0\beta\gamma^2}{t\alpha}$，將該公式分別代入公式 3-17 和公式 3-18 當中，可以得到：

$$\frac{\partial V}{\partial a_0} = \frac{1-t}{t}\gamma^2 a_0 \qquad \text{公式 3-19}$$

$$\frac{\partial V}{\partial b_0} = \frac{\beta}{\alpha}\gamma^2 a_0 \qquad \text{公式 3-20}$$

將公式 3-15、公式 3-16、公式 3-19 與公式 3-20 分別代入公式 3-14，可以得到：

$$\frac{\partial V}{\partial t} = \frac{\gamma^2 \left[\frac{t}{1-t} \alpha \delta^2 (\gamma^2 \delta^2 - \beta^2 \gamma^2) - \frac{\beta^2 \gamma^2}{\alpha} (\gamma^2 \delta^2 - \alpha^2 \delta^2) \right]}{[(\gamma^2 \delta^2 - \beta^2 \gamma^2) + t(\beta^2 \gamma^2 - \alpha^2 \delta^2)]^2}$$

若令 $\frac{\partial V}{\partial t} = 0$，則可以得到：

$$\frac{t}{1-t} \alpha \delta^2 (\gamma^2 \delta^2 - \beta^2 \gamma^2) - \frac{\beta^2}{\alpha} (\gamma^2 \delta^2 - \alpha^2 \delta) = 0$$

求解該方程式，可以得到：

$$t_0 = \frac{\alpha^2 (\delta^2 - \beta^2)}{\alpha^2 (\delta^2 - \beta^2) + \beta^2 (\gamma^2 - \alpha^2)} \qquad \text{公式 3-21}$$

$$1 - t_0 = \frac{\beta^2 (\gamma^2 - \alpha^2)}{\alpha^2 (\delta^2 - \beta^2) + \beta^2 (\gamma^2 - \alpha^2)} \qquad \text{公式 3-22}$$

由收斂條件可知 t_0 和 $1-t_0$ 大於 0，因而由公式 3-21 與公式 3-22 可得到，知識網路組織甲與組織乙分別根據 t_0 與 $1-t_0$ 分配比例獲得收益時，知識網路整體利益為最大，而此時組織甲與組織乙的個體收益也達到最優。

以上分析內容針對的是僅有兩個組織下的知識網路，其推演過程可以擴大至更多構成主體下的知識網路，使得研究結論更具有普遍意義。因此本研究提出，在跨組織合作創新背景下知識網路組織的利益所得應根據其創新能力與資源投入增加而增加，與其參與合作創新的成本投入增加而降低。結果證明，對於參加跨組織合作創新的知識網路組織而言，其創新能力非常重要，受創新能力影響，對知識網路投入越高時，在合作創新結果結束之後，所能獲得的合作收益值也將更大。

3.4.2.2 縱向合作創新形式下的知識網路利益分配

在知識網路合作模式的供應鏈形式當中，組織之間的資源供求關係與市場治理結構下的供求關係有所不同，原因在於知識網路背景下，組織在供應鏈合作框架下，依靠契約、合同構建了戰略合作聯繫，實現了知識與技術的轉移與擴散，繼而形成了知識創造。具體來看，供應鏈合作過程中，需求方面根據產品與服務生產量向上游原材料提供方發出訂單，由供給方提供所需產品，對於產品供給方而言，存在一個安全庫存的設置問題。當材料需求數量超過了安全庫存設置的量時，中間產品供給方將及時予以補足。如此，中間產品需求方能實現較低庫存，降低組織庫存成本。而中間產品需求方又可以專注於自身創新能力與生產能力的提升，打造其核心競爭能力。當中間產品供應線收益穩定

後，組織之間的縱向協同關係能顯著提升知識網路整體的創新能力與價值水準。

在這類縱向的供應鏈合作形式中，組織之間的利益分配依靠中間產品價格變化得以實現。中間產品供給方收益與中間產品需求方產品需求量相關。此外，產品交貨率和合格率等也是影響中間產品供給方的影響因素，各組織長期合作的預期也將在某種程度上影響整個供應鏈組織之間利益分配的過程。

3.4.2.3 技術轉讓合作形式下的知識網路利益分配

技術轉讓合作是獨占知識產權的一方將產權許可由另一方行使，即專利許可一方進行特定產權授權的過程。技術轉讓合作形式下的利益分配主要由當時的技術轉讓價格決定，該價格表示技術的受讓方為取得該技術使用權而必須支付的實際費用。一般情況下，技術轉讓合作形式下的組織利益分配，本質上是受讓方將特定技術專利的部分收益作為提成給付出讓方，調節各自利益關係平衡。

3.4.3 知識網路利益分配影響因素探討

知識網路利益分配是知識網路管理的核心、敏感問題之一。知識網路各創新主體參與跨組織合作創新的根本目的是在利益角度看，達到多贏態勢，實現整體較高的收益，同時又實現了自身收益最大化。如果沒有達到自身收益最大，組織自身積極性就難以得到發揮，組織對合作創新活動以及網路整體目標資源投入水準也將受到影響，從而可能造成對整體合作的負向影響，由此將形成惡性循環，使知識網路面臨解體與破產風險，除了浪費資源，也將在組織之間形成矛盾與衝突。由此，利益合理分配是否科學，是知識網路跨組織協同創新是否高效的重要因素，唯有多贏才能產生持續激勵。本章在多個組織主體追求自身利益最大化的行為策略以及實現知識網路整體價值最優目標共存基準下，分析其影響因素。

因為知識網路宏觀治理及其運行機制具有其自身特點，網路組織成員的利益分配與企業內部不同部門之間、不同群體之間或不同個體之間利益分配方式存在著較大差異，影響組織利益分配的因素較多，使利益分配過程非常複雜。具體而言，知識網路由異質性組織構成，其成員包括創新型企業、研究型大學、科研院所、金融仲介機構、科技仲介機構、技術技能培訓機構、政府機構等。各組織在文化背景、戰略目標、管理水準、營運經驗、組織規模、風險偏好及風險承擔能力等多個方面存在差異。這些差異直接影響著知識網路利益分配，因而在知識網路利益分配機制研究中，需要對這些因素進行質性及量化研

究，以明確利益分配可能的影響因素與影響程度。

影響知識網路利益分配的因素包括：

1. 組織對知識網路做出的貢獻

組織對知識網路中的跨組織合作創新活動投入的資料類型有資金、設備、人力、技術和物料等，這些屬於有形的生產要素投入，這類投入較容易進行價值評估。而管理技能、知識以及技術等要素是非實物性的，也難以進行價值評估，但是正是這些難以進行價值評估的投入要素才是影響知識網路合作創新成果產出的關鍵因素。相比於有形要素的評估，無形要素投入量化較難，一般都依據歷史經驗數據進行估計。本書中，知識網路運行中所使用的知識、技術專利等無形要素的估值則按照資產重置成本進行計算。由於在知識網路運行過程中，常常出現這樣的情況，即各組織往往傾向於抬高自身無形資產的價值，並約束其他組織無形要素投入的預期，從而造成無形要素價值認可上的不匹配。此時，則需憑藉第三方力量，如市場聲譽較高的資產評估公司對各組織所投入的無形要素進行評價，同時取得其他合作者認同。

2. 知識網路組織承擔的風險水準

在市場環境複雜多變與信息不對稱的情況下，知識網路運行面對著各類風險，知識網路中的組織通常面臨著來自市場、經營、財務、技術和合作過程等方面的風險。其中，市場風險是指因市場突變引發的系統風險，包括競爭者戰略決策的重塑、區域消費市場偏好的遷移、替代品與替代技術的更迭、政治與社會環境的變化、居民消費水準及購買力改變等。技術方面的風險，則是由於技術創新過程本身所特有的不確定性與複雜性所引發的風險。合作過程風險，一方面包括知識網路組織能力與管理模式的匹配，另一方面還包括企業文化差異導致的溝通不暢、協調問題，以及信任缺失的風險。知識網路各組織對於風險共擔行為分為兩類——風險前擔與風險後擔。內險前擔與組織投入成本成正比，即本質是分攤投入成本問題。風險後擔主要關注風險發生後的後果承擔，即屬於利益分配範疇。簡而言之，這是成本分攤與利益分配兩個問題。對這些風險的定量評估，可以明確各風險因素對知識網路組織存在的影響，明確知識網路運行過程中，各組織所承擔的風險類型，從而為知識網路利益分配提供了依據。

3. 組織綜合競爭力的強弱差異

知識網路合作中，某個競爭力更強的組織能夠借助其在技術、創新能力、規模等方面的優勢，在知識網路整體戰略規劃、組織之間合作方式、資源分配形式、產品與服務定價等方面擁有主導權，並鞏固了其在知識網路管理中的核

心地位。核心組織在整體網路運行過程中的絕對領導權，可能會造成其他組織的合理意見被忽略甚至被無視。特別是那些技術儲備夯實、知識優勢明顯的組織主體，能夠倚仗其相對優勢，提升其在知識網路利益分配中的影響力，使得最終的利益分配天平斜向自己。所以，因為某些歷史發展經驗、發展類型等原因造成組織主體實力差異，是影響知識網路利益分配的客觀原因，也是重要的影響因素。

4. 組織的目標執行能力及效率

網路組織完成知識網路整體創新目標的能力是一個靜態內涵，表徵了組織的管理能力與技術水準。而效率是一個動態含義，是指完成其所擔負任務的快慢程度。任意一個知識網路構成主體都是自負盈虧的實體，由於精力、資本有限，無法將所有精力都投入到知識網路的合作當中，許多時候，各組織都要費心完成各自其他業務。因此在知識網路當中各個組織的資源投入與創新合作能力、效率都存在差異，即自營業務完成的效率與知識網路中的跨組織合作效率不一定是成比例的。一般在利益分配公平基礎上，組織完成知識網路整體目標的能力及效率越好，就意味著其利益分配比例越高。

5. 知識網路發展階段

知識網路動態發展的特性，決定著知識網路組織之間的關係也同樣是動態發展的。根據組織合作進程與信任水準維度，將知識網路發展階段分為意向合作、相互依存及彼此融合三個階段。在這些發展階段中，各組織在戰略目標、協同意願、心理默契、交互信任等方面各不相同。在意向合作階段，組織開始時都秉著實現利潤最大化的發展目標，在組織之間經常存在矛盾和衝突，難以在一些利益問題上實現統一，由此，在知識網路發展初期，各組織的投入水準相對較低，有助於其退出門檻也相對不高，此時，知識網路處於動蕩不安的脆弱時期。在相互依存階段，組織之間的信任程度得到提升，彼此開始產生夥伴認同，致力於解決矛盾並加大各自在知識網路中的投入，合作創新也面向未來。在彼此融合階段，交互信任得到飛躍式提升，彼此之間相互攜持，戰略合作共同體已然形成。

6. 組織期望的利益水準

組織對於創新資源投入、合作創新活動產生的經濟利益持有較高期望，組織依據個體貢獻水準評估各自收益所得。當組織對自身利益獲取期望值較高，則對於回報的索取慾望也越高；而現實情況往往是期望收益與實際收益存在較大差距，這會影響知識網路利益分配，同時也會影響知識網路的存續發展。當實際收益水準要遠遠低於期望收益水準時，知識網路組織之間的非合作博弈可

能繼續，也可能隨著組織的退出而陷於停滯。當知識網路組織的實際收益水準比期望值稍低或基本一致，則能夠在組織之間形成一致認同的分配方案。這也是知識網路利益分配機制設計的根本目標。當知識網路組織的實際收益要大於期望收益的話，會在短期內調動組織積極性，激發其合作意願，但長遠看也可能不利於整個知識網路發展，機會主義心理的滋生將使得組織貢獻水準下降。

由此可見，知識網路的利益分配過程面臨許多因素影響，知識網路利益分配機制的設計與運行也同樣受到各種因素干擾。組織之間的利益分配，本質上看是組織間的博弈過程，參與者需充分考察這些影響因素，才能有助於知識網路整體找到滿意分配框架，實現知識網路利益關係和諧共生，促進知識網路整體的有效運行。

3.5 知識網路利益分配機制的構建與運行

3.5.1 知識網路利益分配機制設計目標

在選擇構建或加入知識網路參與合作創新過程之初，各組織之間的利益目標並不一致，由於各組織都是理性、獨立自主的利益實體，都存在各自利益訴求。當加入知識網路後，若遇到利益分配不合理，將導致組織對個體利益的過分追求與知識網路整體利益訴求產生偏離，不利於組織之間的合作創新、協同創新行為。Hurwiez 將激勵融合做出如此描述[①]：市場經濟條件下理性人在組織行為中具有自利特徵，若存在某種制度，使理性人根據自利原則實現自身利益優化與集體利益最大化一致，就意味著激勵相容。通常而言，組織在知識網路合作模式下的行為策略存在自利性，此時組織行為不見得就能與知識網路整體目標相容。由此，知識網路利益分配機制的設計，首先旨在協調組織之間在利益分配問題上的矛盾，保證知識網路順暢運行並實現整體利益最大化前提下，優化每個個體組織的利益，從而在下一輪合作進程中，對組織形成長足的激勵。圖 3-1 表明知識網路利益分配的一個封閉回路，在這個封閉回路中，存在組織創新資源下的自我利益實現，繼而與知識網路整體利益目標之間形成良性的正反饋機制。

---

① VON NEUMANN J, MORGENSTERN O. Theory of games and economic behavior [M]. Princeton: Princeton University Press, 2007.

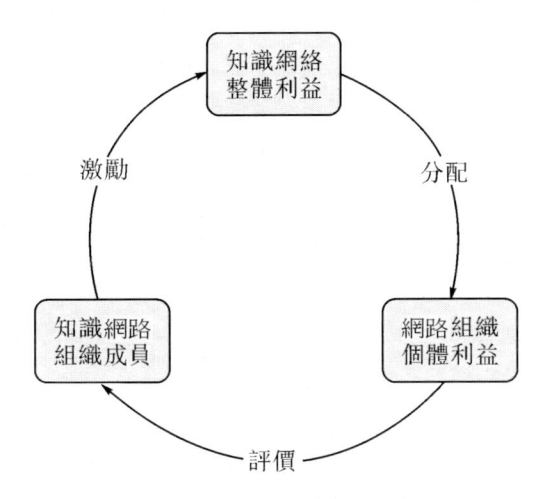

圖 3-1　知識網路利益類型的反饋過程

3.5.2　知識網路利益分配機制的構建

3.5.2.1　知識網路利益分配機制構建的前提條件

知識網路最初在形成時，其目的就是為了優化各自利益，也正是因為利益，造成了組織之間的信任程度變化、關係更迭、創新產出及知識網路未來發展動向。知識網路利益分配機制的設計與運行，與知識網路組建時的協議關聯密切。良好協議的制定，涉及戰略制定、組織框架及協調機制方面的安排，也涉及合作創新進程中知識、設備、人力等創新要素實現共享問題的要求，而且這些規定必須為所有組織成員普遍接受的利益分配框架。知識網路中，各方協商訂立的契約是在區域法律、法規框架下，通過談判實現激勵、約束措施一致，從而使用於各組織之間的合作創新，契約為組織之間的合作過程、風險規避、衝突管理等問題提供瞭解決方案與處理參考，達成組織個體理性與網路集體理性相統一。

一般而言，具備較好協調作用的知識網路契約，其內容應該規定了如下方面：①知識網路跨組織合作框架，涉及組織的投入與貢獻要求、技術文件等，在設計契約時也需避免因某組織意外進出造成的整體波動性；②組織之間的利益分配，這是知識網路管理的核心主題，規定了知識網路經合作創新產生的最終收益，根據契約規定細節實施具體分配，分配細節需考慮各組織的資源投入及風險承擔情況；③組織之間的溝通問題，規定了知識網路組織之間溝通渠道的建設，使其機制化與便利化，避免組織逆向選擇風險與道德風險發生概率；④懲罰條款的制定，規定了在組織產生違例行為時，知識網路採取的懲罰手段

與力度，尤其是對於組織的機會主義行為的懲罰，應作明確規定，如對於中途違約退出合作的行為也應該做相關補充規範。

知識網路制定規約措施的目的在於維繫知識網路組織，使其凝聚力量，同時提供瞭解決可能出現的矛盾的方案與原則。其作用本質是協調組織之間的權責利關係。知識網路協議特點體現在：一方面組織之間的信任是網路協議發揮作用的前提；另一方面知識網路中激勵設置比懲罰設置更為重要。好的激勵手段可以激發組織合作意願，並同時降低合作組織違約可能性。組織之間正是在協議認同基礎之上，實現利益的合理分配，保障知識網路整體運行。

3.5.2.2　知識網路利益分配機制構建的原則要求

知識網路組建與運行的目的在於依靠合作創新，實現組織之間的優勢互補，通過協調一致的創新行為，激發各組織創新能力的發揮，使得「知識聯盟」能更好地面對市場競爭，並顯著提升知識網路整體收益，同時也增加單個組織的個體收益。知識網路組建與運行的最終目標在於減少整體與組織個體風險下追求更多的利益。因此利益分配是否公平合理直接影響到知識網路的正常運轉。本書認為，知識網路利益分配機制構建過程中要遵循以下原則：

1. 個體理性和集體理性兼容

知識網路組建與運行的目的是在優化知識網路整體收益基礎上實現組織之間互利共贏，意味著所有網路組織構建或加入知識網路將比自主創新獲得更多利益；同時，對於知識網路而言，其整體獲益也將高於各單位單獨經營獲益之和。出於個體理性，組織可能會在知識網路中存在自利特徵，但知識網路會對那些過分自利行為，尤其是機會主義行為損害到其他組織利益的進行約束，以保障整體目標的順利實現。各組織在知識網路中的行為決策需要遵循個體理性與集體理性兼容的原則，才能既保證整體利益又優化個體利益。

2. 互利互惠原則

知識網路的利益分配機制設計的基本要求是做到讓每個組織的個體利益獲得充分保障，才不至於影響各組織的合作動力。在利益分配機制的設計與運行過程中，知識網路也應通過各種方式，讓所有參與合作創新的組織明白自身利益的獲得有賴於他組織的貢獻，組織之間應該是互利互惠的，如此才能構成知識網路整體性的戰略聯盟。

3. 平等性原則

知識網路中的組織個體雖然規模各異，競爭力強弱不等，技術創新能力、管理經營能力等方面也可能存在較大差別，然而所有組織在知識網路中的地位平等。任意一個節點與節點之間的聯接，都是知識網路不可或缺的組成。知識

網路中組織的求償權、承擔義務的能力與資格，都是平等的。這意味著任意組織都必須根據投入的多寡來計算其利益回報、權責利匹配，並在知識網路利益分配機制安排中確保各個組織的平等性地位，避免「倚強凌弱」狀況的發生。

4. 收益與風險匹配

收益與風險的匹配，是投資理論中的一條基本原則。知識網路利益分配制度框架當中，必須遵循這一原則，充分考慮各組織所承擔的風險，在計算其利益分配時要與之相對應。遵循風險與收益匹配的基本原則。

5. 公平與效率原則

這一原則強調了，在知識網路的利益分配機制安排中，也應考慮效率與公平的兼顧問題。不能以破壞利益分配公平為代價換取創新效率，也不能以損害創新效率換得組織之間強制公平。公平與效率原則能確保知識網路利益分配中貢獻與風險的平衡，使得利益的分配充分彰顯了組織在知識網路中的創新投入及其創新能力水準。

3.5.2.3 知識網路利益分配模式類型與選擇

知識網路各組織的利益分配，為參與合作創新的所有組織所關心，因其意味著組織能否通過加入知識網路獲得比先前更高收益，直接影響其是否有參與意願。所有組織在各階段利益分配後，也會對當時階段的投入與產出進行評價，是否達到預期。不過，需要明確的是，知識網路的利益分配問題並非是在知識網路破產時提出，而是在構建知識網路最初就確定了的，在後期無論是運行過程中，還是解體，則按照事先商定的計劃進行分配。

1. 知識網路組織利益分配內容

知識網路由多個異質性組織有機構成，任何組織都將其獨占資源的一部分投入知識網路，前面已經分析了包括有形的要素也包括無形的要素。知識網路在運行一段時間後也將創造出更多價值來，成為各個組織利益分類的來源。一般地，知識網路無論是構建或運行均不探討組織股權變動，主要原因在於知識網路與股權地結合在中國仍不多見，故下文指的利益分配都不涉及股權內容。

之前公式 3-4（見第 53 頁）為知識網路組織各階段利益分配提供了一個較好的制度安排。有形的資產，如資金分配可直接根據分配比例進行計算；而無形的資產，除了知識網路階段性分配外，在知識網路解體時也需進行清算分配。無形資產的分配不如有形資產那樣可以進行比例計算，公式 4 也只提供了各組織對知識網路利益產出的貢獻測度，無形資產的利益分配有賴於各組織協商的契約細節。無形資產，主要以非貨幣形式存在，包括那些知識產權、聲譽和商標等。當知識網路運行到某個階段或者破產時，針對這部分的資產分配是

利益分配機制內容的主要構成。在知識網路實際運行中，可供組織之間利益分配的主要形式是專利權及非專利技術等，其他無形資產涉及較少。

對於知識網路可進行分配的無形資產，主要包括技術專利權與非專利技術兩個的方面，後者也被稱為技術秘密。

（1）技術專利權。技術專利權是根據知識產權相關法律法規，維護某項創造發明權利所有者一定時間內專有該技術的相關權利。知識網路是一種虛擬合作模式，而非法律實體。專利法指出，專利權授予對象應是具體法律主體。因此在知識網路當中，僅有單個組織實體（或機構）可以獲得專利申請權，並取得該專利所有權。如果這項專利凝聚了其他組織成員的貢獻與資金投入，關於該項技術專利權的無形資產分配便是亟待解決的問題。

（2）技術秘密。技術秘密即非專利技術，是由發明人員壟斷的、獨享的、未公開的，卻存在經濟價值的領先生產工藝或技術。技術秘密在短期內一般較難被模仿，且也沒有專利權，只是隸屬某一組織或個體的「技術資產」。現實中，並無專門法律對此進行保護，然而它在事實上具有技術專利的效用。技術秘密也可能也應該被列為可分配利益的內容之一。

2. 知識網路具體合作方式的利益分配模式

知識網路由若干創新組織構成，任意組織都將部分自有資源投入知識網路。各組織根據何種標準何種比例獲得利益分配，是在投入資源之前就已明確了的。由於各組織在知識網路合作創新中的分工差異，使其在獲益上也存在顯著差別。知識網路產出的技術專利與非技術專利，都是分配的利益類型。

（1）三種合作形式下的利益分配

①橫向合作創新。這是知識網路中最為普遍的合作形式，利益分配也是基於該框架。知識網路組織在合作創新活動中投入各種資源，比如知識、技術、人力、創新能力等，在合作中承擔了風險，最後借此獲得利益分配，獲得技術專利與非技術專利等利益求償權。組織收益應當與其貢獻以及風險承擔對應，由於風險承擔又與其貢獻與努力水準相關，因此，提出建立基於組織貢獻率的知識網路利益分配模型，各組織根據該利益分配方案獲得利益。

②縱向合作創新。這主要表現為供應鏈下的合作方式，當然也可以有其他更多縱向型的合作形式。在這類創新形式中，組織之間的利益配置是通過中間產品價格調節的。中間產品價格又與產品的供需、庫存、管理水準、合作意願及深度息息相關。本書主要關注知識網路組織之間在供應鏈形式合作中的知識、技術傳導。通常，知識網路合作創新的客體是高科技產品，中間產品價格隨產品技術含量變化，其價格則與技術含量成正比，技術含量的高低也與產品

增值水準有密切聯繫。產品或技術的供需方則通過中間產品對利益的分配機制進行調節。

③技術轉讓合作形式。這類合作方式的使用源自：技術研發者的成本、技術註冊的相關費用、技術供給方的轉讓補償、技術需求方的期望價格、轉讓過程費用等。在知識網路技術轉讓合作當中，組織之間依靠技術轉讓來調節價格，從而調節各方利益。技術需求方可一次性給付轉讓費，不過在知識網路發展實踐中，這一筆費用通常不會一次性給付，而是以提成支付的方式存在。知識網路組織之間的利益分配多以上述三種模式單獨或結合存在，並以後者情況更多。

知識網路具體合作類型與對應的利益分配方式如圖3-2所示。

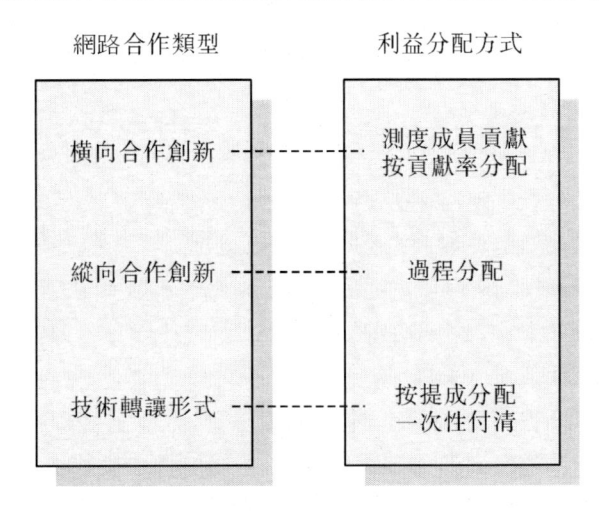

```
    網路合作類型              利益分配方式

    橫向合作創新  ---------  測度成員貢獻
                            按貢獻率分配

    縱向合作創新  ---------  過程分配

    技術轉讓形式  ---------  按提成分配
                            一次性付清
```

圖3-2　知識網路合作類型與利益分配方式

（2）無形資產的分配

無形資產是知識網路利益分配的主要構成，不僅包括利益分配，也涉及專利技術、非專利技術的組織之間的分配。除利潤之外，無形資產的分配也是知識網路組織之間利益分配中需要重點關注的內容。在安排知識網路利益分配機制時，技術與非技術專利等無形資產的分配有如下方式：

①若知識網路任意組織都無意擁有無形資產獨占權，則組織之間可以通過第三方評估機構來評估無形資產市價，進行出售後按照公式3-4進行利益分配。

②若知識網路中有一個組織想獨占該無形資產所有權，則組織之間可通過談判形式，完成利益分配，其手段包括：

一次付清：意圖獨占無形資產的組織，按照各組織在其中的貢獻比例安排

利益分配比例，以現金或資產抵押等形式一次性向其他組織付清所有價款。

分次付清：由於一次付清存在較大負擔與風險，故也可以按照約定總價，分期、分批次支付其資產價款，但支付方式與利率須經一致認可。

提成支付：知識網路中無形資產佔有方與其他組織協商一致，由佔有方經營該資產，獲得產生的利益，同時根據商定比例，按照固定或浮動額度向其他組織支付提成費用。在這類方式中，只有無形資產的產權明確，且需通過經營取得績效後，才開始提成給付。提成給付標的可以是實物或銷售收入等。

③如果知識網路中多個組織都有獨占無形資產的意圖，則一般可採取拍賣的手段。在採用這類方法時，需保障知識網路管理層的優先購買權，再考慮由知識網路外部的機構或個人競拍。在獲得價款後，根據組織貢獻實施利益分配，從而實現無形資產的組織間流轉。

3.5.3 知識網路利益分配機制的運行

3.5.3.1 知識網路利益分配機制運行動力

就知識網路組織的整體利益是其成員組織貢獻自身資源、力量等合作所得，因而是知識網路組織利益分配的源泉。知識網路創造的合作成果，必然是在網路內部根據一定方式進行分配。經濟學理論認為，作為理性經濟人的各個機構，在利益驅使下，追求利益最大化。而知識網路組織之間的利益分配本質是一個博弈，任意組織獲益必然受其他組織影響，原因在於所有組織都貢獻出了自身的有形與無形生產要素。因此，各個組織對自身利益追求與組織之間的利益博弈成為知識網路利益分配機制運行的動力。

3.5.3.2 知識網路利益分配機制運行措施

（1）知識網路制度層面，應制定出為所有組織普遍接受的網路治理結構。知識網路知識結構設計，歸根到底是網路協議的設計（趙雅萍，2011）①。其內容應規定組織之間合作形式與內容、對創新能力與績效的評價體系，以確保組織正當利益不受損害，並對於可能存在的機會主義行為做出強制申明和必要懲罰。知識網路在制度層面的規定，有利於促進知識網路利益分配機制的健康運作。

（2）知識網路治理結果層面，需構建利益分配的組織結構來協調利益。由於知識網路組織異質性強，在文化背景、管理能力、領導風格等方面都存在差異，容易產生分歧，可能產生知識網路運行風險，不利於利益分配制度地運行，給組織之間的協同創新造成了一定阻礙。因此，知識網路應構建適當的組

---

① 趙雅萍. 產學研技術協作網路的利益分配與治理 [D]. 廣州：暨南大學，2011：16-23.

織利益分配體系，包括合作委員會、聯席董事會等會議；依靠各類組織規定各方權益，從而在體系內公平評估組織的個體貢獻，與此同時也為組織之間溝通搭建正式平臺，緩解利益衝突。在知識網路組建初期，可根據上述原則，委派專門組協調利益分配，在組織層面對整體、個體利益分配實施協調。

（3）知識網路組織之間形成交互信任。知識網路的交互信任，意味著某組織相信其他組織在經營過程中不會因信息不對稱獲得不當利益。這是知識網路組織在面對未來經營複雜性時所表現出來的信賴。交互信任是對正式契約的不完備補充，該信任可能解決契約中尚未規定的問題。網路中組織之間的信任關係不會憑空產生，而是需要通過時間與行動來逐漸「養成」，交互學習正是這樣的一種「信任養成」行為過程。組織之間的信任關係隨著知識網路的生命週期變化逐步構建、傳遞與延續（萬君 等，2012）[1]。在一個真正的合作聯盟中，組織間的開放式溝通是信任關係構建的必要條件（Inkpen et al.，2005）[2]。基於此，當網路主體資源更透明，行為不確定性程度更低時，信任水準便「水漲船高」（Dye et al.，2000）[3]。從社會關係角度看，信任出現於交易雙方的社會互動中（Kale et al.，2000）[4]。這種蘊含著交互學習的相互作用推動著主體間關係朝著積極的方向發展，彼此間信任關係的成長又將進一步解釋並影響合作夥伴的行為動機，並逐漸鞏固知識網路的「社會準則」有效性（Dyer et al.，2000）。

知識網路的高效運轉依賴於組織之間的積極配合，其中許多工作需要組織之間緊密協作與配合。組織在合作創新中的效率很大程度上取決於其交互信任水準。若組織之間不存在信任關係或程度不深，則知識網路必然難以有效運轉，導致知識網路整體與個體利益都難以實現。因此，在組織各方高層之間建立協同關係同時，在其他層次也同樣需要構建協調一致的合作關係，保障知識網路利益分配機制的有效運行。

3.5.3.3 知識網路利益分配機制運行保障

根據前述分析，可以看到知識網路組織之間的利益分配受到諸多因素影

---

[1] 萬君，顧新. 知識網路的生命週期及其階段判定模型研究 [J]. 管理學報，2012，9（6）：880-883.

[2] INKPEN A C, TSANG E W K. Social capital, networks, and knowledge transfer [J]. Academy of management review, 2005, 30 (1): 146-165.

[3] DYER J H, NOBEOKA K. Creating and managing a high-performance knowledge-sharing network: the Toyota case [J]. Strategic Management Journal, 2000, 21 (3): 345-367.

[4] KALE P, SINGH H, PERLMUTTER H. Learning and protection of proprietary assets in strategic alliances: building relational capital [J]. Strategic management journal, 2000, 21 (3): 217-237.

響，因而需通過激發合作等方式來規避利益分配機制中的風險、降低複雜性。本章提出可以從三個方面的制度保障來維護知識網路利益分配機制的運行。

（1）審慎選擇知識網路合作組織。在構建成立組織網路最初，要通過正式或非正式方式，對潛在合作成員進行考察，評估其聲譽、信用等，明確其財務狀況、戰略發展目標和經營理念等，還包括瞭解組織領導的風格以及技術創新能力，盡可能地實現組織之間的知識優勢互補。如此，才能保證知識網路整體合作創新活動的順利開展，也能有效降低組織違約事件發生的概率。

（2）合理設計知識網路利益分配框架。知識網路利益分配機制的基礎，是相關契約與合同的規定。訂立契約的目的著眼知識網路組織的誠信經營與自我履約基礎，西蒙提出，契約訂立過程面臨著「不完備性」及未來不確定性影響，可能因此增加組織履約成本或使協議履行受限，使得協議難以執行。因而在規定之初，需通盤考慮利益分配過程可能的影響因素及出現的問題，增加協議完備性，規定違約情形的處罰細節，提高其違約成本，有效規避機會主義心理與行為的發生。

（3）法律訴訟機制。該機制意味著當知識網路面臨利益糾紛，且現有協議已無力調解組織之間的利益衝突時，只能將糾紛解決訴諸法律。但由於採用法律訴訟手段解決組織之間利益分配的成本較高、過程複雜，調查取證也存在難度，一般應盡量避免。但由於法律訴訟結果由法律宣布強制執行，具有暴力性，是知識網路利益分配機制有效運行的可靠保障，也是最後一層「防護牆」，在必要情況下，可採用。

3.6 本章小結

知識網路利益分配機制是知識網路營運過程中對創新合作所形成的有形和無形利益的分配方式和調試關係的制度安排。這種制度安排影響著知識網路組織之間合作的穩定性和長期性。

本章在知識網路利益分配理論分析基礎上，提出了基於組織貢獻程度的利益分配模型，來實現知識網路組織之間合作創新的利潤與無形資產的公平分配。根據知識網路組織之間合作方式差異，分析了橫向合作創新、縱向合作創新以及技術轉讓合作三類具體方式下的利益分配機理，繼而探討了知識網路利益分配機制的構建及其運行，並具體分析了使知識網路利益分配機制得以有效運行的動力、措施與保障。

4　知識網路的分工協同機制[①]

隨著創新源的多元分散分佈及知識創新週期的縮短，絕大部分企業在短時間內只能從事一部分知識創新，單靠自身力量無法獲取持續的競爭優勢。同時，企業只有深入到特定的領域裡去發掘，才能獲得真正的、新的知識。高度精細的知識分工成為企業在開放式創新條件下的必然選擇。在知識網路中，知識的搜索、轉移及整合是一種跨組織的合作行為，因此知識的共享和創造超越了組織本身的邊界。知識的高度精細化分工在促進知識快速累積的同時，也造成了「知識分裂」程度的加深，給知識的跨組織流動與整合帶來阻力。本章對知識網路的知識分工協同機制進行研究，以破解開放式創新模式下「知識的精細化分工與跨組織大規模協作」的難題，實現協同共治、群體智慧和集體價值塑造。

4.1　知識分工的文獻回顧及理論基礎概述

4.1.1　從勞動分工到知識分工的理論演進

4.1.1.1　勞動分工
亞當·斯密首次將分工問題納入經濟學分析框架並對其做出系統分析。他的經典著作——《國民財富的性質和原因的研究》，對分工產生的原因進行了系統而全面的闡述。他認為分工有利於提高勞動生產力、獲得報酬遞增，而分工的深化受到市場範圍的限制，勞動分工的日益深化和不斷演進是推動經濟增長的根本原因。在這本書中，斯密還提出了「看不見的手」的原理，形象地指出市場作為一種調節機制以價格為信號引導著人們進行分工協作，引導資源

[①] 本章部分內容發表於：1.《開放式創新模式下知識分工協同機制研究：知識流動視角》，中國科技論壇，2016（6）：24-30；2.《企業創新網路知識分工機理及實現方式》，中國科技論壇，2017（2）：98-104。

配置和收益的分配，最終實現帕累托最優配置效率。從促進分工的動力機制角度看，亞當·斯密之後的勞動分工理論大致可以分成兩條路線：

一是，以大衛·李嘉圖（David Ricardo）、赫克歇爾（Heckscher）、俄林（Ohlin）為代表的外生比較優勢理論。外生比較優勢理論，以外生給定的技術和稟賦差異為基礎，包括貿易比較優勢理論和要素稟賦理論。貿易比較優勢理論是大衛·李嘉圖在其1817年出版的《政治經濟學及其賦稅原理》一書中提出的，這一理論認為分工的基礎是生產技術的相對差別，以及由此產生的相對成本的差異，他把促進分工演化的動力從亞當·斯密的絕對優勢發展成為比較優勢。而後，瑞典經濟學家赫克歇爾、俄林在前人研究的基礎上提出了基於要素稟賦進行分工是財富產生的重要原因，即要素稟賦理論（H-O理論）。在此基礎上，他們進一步認為要素稟賦不同是國際貿易產生的根本原因。外生比較優勢理論強調依據外生給定的技術和資源稟賦差異所形成的比較優勢進行分工。

二是，以阿倫·楊格（Young）、楊小凱為代表的內生比較優勢理論。阿倫·楊格1928年在其經典性論文《收益遞增與經濟進步》中提出了迂迴生產方式及楊格定理，認為分工過程是一個良性的正反饋過程，它通過報酬遞增效應來實現自我的擴張，因此分工具有自我演化機制。楊小凱在阿倫·楊格的基礎上進一步給出了基於內生性比較優勢的分工演進模型（Yang et al., 1991），引入交易費用的概念，認為隨著分工的深化，協調各項分工之間的交易費用上升，但只要分工帶來的經濟收益的增加超過了交易成本的增加，分工就有進一步演化的潛力。楊小凱還認為內生比較優勢的產生的原因是專業化分工所導致的人力資本與知識的累積。內生比較優勢理論認為分工促進勞動生產率提高，進而促進財富的增長，其途徑包括：①分工機制下，勞動者長時間從事一種簡單的工作，長時間的重複動作使得勞動者熟能生巧；②分工可以節約工作轉換的時間；③專業化分工使得工作過程簡單化、環節化及標準化，使得機器等生產工具得到大面積推廣，機器代替勞動突破活勞動的時間限制，生產效率得以大大提高①。同時人們也認識到限制分工發展的關鍵因素是分工產生的協調費用。泰勒（Taylor）將勞動分工的相關理論應用於管理實踐，顯著地提高了勞動者的效率。

4.1.1.2 知識分工

隨著知識經濟的到來，知識在分工問題上的重要性日益凸顯。哈耶克

---

① 周治翰，胡漢輝. 分工的知識含義及其在網路經濟下的迴歸 [J]. 中國軟科學，2001(11)：35-38.

(Hayek）在《經濟學與知識》（1937）一文中從勞動分工出發，首次提出知識分工的命題。他認為知識是分立的，要實現知識的整體運用，需要對擁有不同知識的個體進行協調。勞動分工是第一次工業革命和第二次工業革命以來價值創造和財富增長的重要方式。與之相對應，「知識分工協調」問題是知識經濟時代財富增長的重要影響因素，哈耶克甚至認為「知識分工協調」將成為經濟學研究過程中面臨的中心問題[1]。他在《知識社會中的運用》（1945）一文中進一步指出知識是分工演化的介質，知識分工是勞動分工的本質所在。他還在《自由秩序原理》（1960）等文獻中研究得出知識分工的演化機制是自生自發秩序。哈耶克「知識分工」命題的實質性要點，是市場通過價格機制指引著勞動者的知識分工，從而使得人類的整體性知識能夠得以有效運用。

Becker et al.（1992）認為完成一項任務所花費的時間包括知識累積的時間和完成任務本身的時間兩部分，並指出知識累積效率的提高依賴於知識的有效分工[2]。而後，汪丁丁（1997）年將知識分工的概念引入到國內[3]，受到國內學者的廣泛關注。劉業進（2008）提出了知識最適度分工模型[4]，吳紹波（2011）運用委託代理模型研究了知識鏈組織的知識分工模型[5]，洪江濤（2011）運用微分博弈分析了知識分工動態決策的過程[6]。

4.1.1.3 勞動分工與知識分工的區別與聯繫

勞動分工強調任務的劃分，其實質是技能的專業化。技能是按一定的方式或模仿而形成的熟練動作，它是相對靜態的，在某種情況下它的運行程序是固定的。因此，組織能夠基於個體掌握的技能對任務進行明確的分工，並依據制度約束、紀律監督、獎懲規則等手段進行協調。勞動分工是基於任務明確劃分的線性分工，它以最優為準則、以縱向控制為保障。

知識分工的基礎是個體基於知識的能力[7]。知識分工中的知識介質具有流

---

[1] HAYEK F. A. Economics and knowledge [J]. Economic, 1937（4）：33-54.
[2] BECKER, G S, MURPHY, K M. The division of labor, coordination costs, and knowledge [J]. Quarterly journal of economics, 1992, 7（4）：1137-1160.
[3] 汪丁丁. 知識沿時間和空間的互補性以及相關的經濟學 [J]. 經濟研究, 1997（6）：70-78.
[4] 劉業進. 分工、交易、經濟秩序 [D]. 北京：北京師範大學, 2008.
[5] 吳紹波, 顧新, 彭雙. 知識鏈組織之間的知識分工決策模型研究 [J]. 科研管理, 2011, 32（3）：9-14.
[6] 洪江濤, 黃沛. 企業價值鏈上協同知識創新的動態決策模型 [J]. 中國管理科學, 2011, 19（4）：130-136.
[7] 丁榮貴, 楊明海, 張體勤. 知識工作者的能力整合與企業效率 [J]. 文史哲, 2005（4）：154-159.

動性、默會性和內生性①,難以掌握和控制。所以,知識分工單元之間的互動成為知識創新效率的關鍵。知識分工條件下,彈性領導、決策權分散、橫向溝通能夠激發人的主動性、內在潛力和創造精神。與勞動分工不同,知識分工是基於分工單元之間互動的非線性分工,它以滿意為原則、以橫向協調為紐帶。

按照 Becker 和 Murphy 的觀點,知識累積效率的提高取決於知識分工,完成任務效率的提升取決於基於技能的勞動分工,二者統一於亞當·斯密在《國富論》中所闡明的「通過分工來提高效率」這一基本原則。隨著信息技術的採用和人工智能在生產領域的大面積推廣,生產經營過程中對於勞動技能的要求越來越低,而對於知識的要求越來越高,生產經營效率的提升越來越取決於某一領域的知識進展及其應用。勞動分工將日益被知識分工所取代,知識分工將逐漸成為專業化的重要趨勢,也是未來財富增長的重要來源。

4.1.2 知識分工協調理論綜述

4.1.2.1 組織內部知識分工協調

Grant(1996)指出企業中先後出現過規則、流程、程序及多任務小組四種協調機制,其中多任務小組是基於知識分工的協調機制②。汪丁丁(2002)指出知識分工會導致「知識分裂」,知識型企業需要 CKO 以緩解「知識分裂」③。多任務小組、CKO 等柔性協調機制的建立是組織在知識分工條件的組織變革。孫冰彬(2006)通過對 Becker-Murphy 分工模型的拓展,進一步指出知識分工與整合背後的協調成本的上升,是組織柔性化變革的主要原因④。而後,一些學者從知識分工的角度提出了研究經濟組織問題的初步分析框架。如張玉新(2008)從收益遞增的角度出發論證了勞動分工的本質就是知識的分工。他提出:知識分工由知識的異質性和分佈性所決定,知識協作是由知識的互補性引起的,知識經濟時代組織的重要功能就是通過分工利用分佈的異質知識、通過協調促進知識的整合。他還從知識分工的角度提出了研究經濟組織問題的初步分析框架⑤。雷國雄(2011)認為企業契約的本質是一種知識分工安

---

① 倪滬平. 分工演化過程中知識分工網路形成機制研究 [J]. 上海經濟研究, 2010 (7): 67-76.

② ROBERT M, Grant. Toward a knowledge-based theory of the firm [J]. Strategic management journal, 1996 (17): 152-160.

③ 汪丁丁. 知識分工與 CKO [J]. IT 經理世界, 2002 (2): 86.

④ 孫彬彬. 組織變革中的企業內分工——對 Becker-Murphy 分工模型的拓展 [J]. 中國工業經濟, 2006 (2): 106-112.

⑤ 張玉新. 知識分工與經濟組織的研究視域 [J]. 求索, 2008 (4): 36-38.

排，企業中的權威關係是基於差異化知識中具有最高產出效率的知識而形成的[①]。在前人研究的基礎上，戈黎華（2012）探討了基於知識分工與協調的組織模式：①分享性知識戰略（阻止擴散，樹立壁壘；協同行動，價值鏈分割）；②橫向扁平網路式組織結構；③共享式組織文化[②]。

4.1.2.2 組織之間知識分工協調

一些學者基於模塊化創新的範式，對產業鏈的知識分工和整合機制進行了研究。如芮明杰（2006）對模塊化生產為基礎的產業鏈的知識分工整合模式進行了研究[③]，他提出產業鏈整合的實質是知識的整合，產業鏈中資產關聯的內在原因是組織之間的知識聯繫，並對多層控制的知識整合模式及分散控制的知識整合模式中舵手企業的作用進行了分析[④]。劉明宇（2007）從知識的角度研究了模塊化產業鏈的分工結構及知識整合途徑[⑤]。駱品亮（2008）認為，網路化創新的一個重要運作機制就是：通過模塊化實現創新的知識分工和分層協調，通過知識的配置及整合實現知識集成，通過價值創造和選擇優化分工過程中的衝突，促進協調機制的演化及分工過程的優化，最終實現創新能力的提升[⑥]。楊豐強（2014）認為知識創新服務經歷了線性分工、並行分工和模塊化分工三種模式，提出了知識創新服務模塊化分工的基本方法[⑦]。產業鏈模塊化知識分工協調機制的實質是產業鏈基於知識的價值解構，強調市場體系的協調作用。

還有一些學者對產業集群的知識分工協調機制進行了研究。如苗文斌（2006）提出了基於集群知識分工和協調機制的理論模型，包括兩個協調體系——由市場主導的知識分工體系、由集群內生的非交易依賴體制主導的知識協

---

① 雷國雄. 企業的分工性質：非交易成本範式的分析 [J]. 華東經濟管理，2011，25（3）：79-84.

② 戈黎華. 企業開放型知識創造組織模式探析——立足內斂型模式與開放型模式的比較 [J]. 中國人力資源開發，2012（7）：11-14.

③ 芮明杰，劉明宇. 模塊化網路狀產業鏈的知識分工與創新 [J]. 當代財經，2006（4）：83-86.

④ 芮明杰，劉明宇. 網路狀產業鏈的知識整合研究 [J]. 中國工業經濟，2006（1）：49-55.

⑤ 劉明宇，翁瑾. 產業鏈的分工結構及其知識整合路徑 [J]. 科學學與科學技術管理，2007（7）：92-96.

⑥ 駱品亮，劉明宇. 模塊化創新的網路化知識集成模式 [J]. 科學學與科學技術管理，2009（3）：132-138.

⑦ 楊豐強，芮明杰. 知識創新服務的模塊化分工研究 [J]. 科技進步與對策，2014，31（19）：137-142.

調體系;三個協調層次——個人、企業、集群①。王發明(2009)指出知識分工促進了創意產業集群化形成與發展,創意產業集群化通過文化根植性、非正式交流優勢促進知識分工深化與創新效率的提高②,他還對創意產業集群的知識分工模式進行了研究③。齊謳歌(2011)通過對城市的聚集經濟的研究得出知識分工通過協作機制、結構匹配機制和循環累積機制促進知識的創造和累積④。這些學者通過對產業集群地理接近性和產業相關性的考察,將社會資本、非交易依賴體制、關係交易、基於信任的社會聯繫等社會協調方式納入知識分工協調體系中。

4.1.2.3 文獻評述

目前,知識分工協調理論的研究,主要集中在組織內部的知識分工和知識整合、產業鏈模塊化知識分工協調機制、產業集群的知識分工協作等方面,包括知識分工模式、知識整合機制、知識協調體系等內容。相關的研究以創新1.0為背景,以生產者為中心,以封閉式創新、合作創新理論為基礎,強調產業關聯或地理接近的相關企業的知識分工和協調,是較低層次的知識分工。隨著互聯網技術的飛速發展,創新進入了以用戶為中心、面向服務的協同創新時代,大學、科研院所、供應商、經銷商、員工、獨立的知識工作者、競爭對手、客戶參與創新,創新成為多層次主體的跨組織大規模知識分工與協作的過程。

4.2 開放式創新模式下知識網路的運行機制

4.2.1 開放式創新與知識的網路化流動

哈佛大學商學院教授Chebrough最先提出「開放式創新」的概念,認為開放式創新指的是企業在進行技術創新時,應將內部和外部的知識有機地結合起

---

① 苗文斌,吳曉波,李正衛.基於知識分工理論的集群機理研究[J].科學管理研究,2006,24(5):73-75,91.
② 王發明.創意產業集群化:基於知識分工協調理論分析[J].經濟學家,2009(6):26-32.
③ 王發明.創意產業集群化:基於知識的結構性整合視角[J].軟科學,2009,23(3):23-27.
④ 齊謳歌,趙勇,王滿倉.城市集聚經濟微觀機制及其超越:從勞動分工到知識分工[J].中國工業經濟,2012(1):36-45.

來，並同時利用內部和外部兩條市場化通道進行商業化推廣①。開放式創新的目的在於組織可以用較低的成本、較快的速度獲得比獨立創新更多的收益以及持續的競爭力。

開放式創新模式的特徵主要有三個：一是成員的多元離散分佈性。開放式創新強調開放組織邊界，充分利用外部異質的創新資源，將內部資源和外部資源進行深度融合進行創新。外部異質資源分佈在各個利益相關者手中，從分佈上看具有分散性，從內容上看具有異質性。二是要素的快速流動性。開放式創新的過程就是組織內部和外部知識進行頻繁互動、深度整合及跨組織協同的動態過程。在這個過程中，創新所需的資金、知識、人才等不斷跨組織流動。三是創新過程的非線性。開放式創新不再是簡單的線性過程，而是在技術、學習、生產、政策等要素之間進行交互作用的複雜過程，是跨組織間知識學習與交流的過程，是一個「干中學」的過程。此時，創新需要一個複雜的反饋調節機制，創新需要在其他主體的影響下進行創新活動。

表 4-1　　　　　　　三種創新模式的主要特徵

	封閉式創新	合作創新	開放式創新
創新來源	內部研發	內部研發為主，合作夥伴間部分資源共享	內部研發和外部創新資源並重
合作關係	競爭	競合	分工協作
級織邊界	完全封閉	合作夥伴間邊界可滲透，對外部封閉	邊界模糊，完全開放
組織方式	縱向一體化，內部嚴格控制	垂直非一體化，動態合作	鬆散的、非正式的

開放式創新模式下，企業與用戶交互選定創新任務，然後在其網路協作的範圍內進行任務分配以實現分佈式創新，最後將分散的創新知識進行整合，實現其商業價值。在開放式創新的過程中，網路成員之間通過交互實現知識整合與創新協同，包括知識分工、知識創造和知識整合三個階段，如圖 4-1 所示。

由於知識存量的差異、知識屬性的差別，知識在參與創新活動的不同主體之間擴散和轉移，形成了一個以創新企業為焦點的動態、開放的星系狀知識網路。

①知識分工包括知識建模、模塊化分解及知識眾包三個過程。用戶在創新

---

① HENRY CHESBROUGH. Open innovation: the new imperative for creating and profiting from technology [M]. Cambridge: Harvard business school press, 2003.

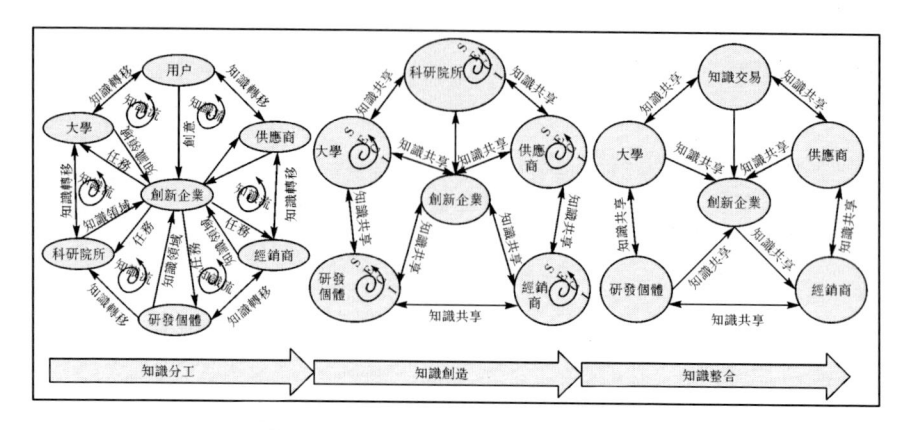

圖 4-1　開放式創新知識流動示意圖

社區分享自己的經驗、技巧，企業研發人員通過對用戶知識的吸收、整理，建立產品知識模型。創新參與者發布自己的領域知識，創新企業根據其各自的知識優勢將產品知識模型進行模塊化分解。最後，創新企業將分解後的模塊化任務眾包給各個創新參與者，分享技術標準，提供創新工具箱。

②創新參與者將吸收到的外部知識與現有知識的融合，並進行分佈式知識創造。分佈式知識創造，首先發生在組織內部，包括社會化（Socialization）、外部化（Externalization）、組合化（Combination）和內部化（Internalization）四個環節，簡稱 SECI 模型①。組織內部新創造的知識在知識網路內進行共享，創新參與者對新轉移的知識進行吸收和轉化，前後銜接，形成多次、反覆、持續不斷的 SECI 循環。

③分佈創新完成後，創新參與者向創新企業轉移知識成果。創新企業在獲取和吸收其他網路成員的創新成果後，通過知識的選擇、分類、聚合、重組和融合的連續過程進行知識整合。知識聚合是將創新參與者新創造的知識進行聯合和補充，形成一個完整的知識體系。然後，通過知識的整理和摒棄，對知識重新組合而生成新的知識。最後，通過知識的交流和分享，激活知識間相互碰撞的機會，將原有價值低的知識升級為價值高的知識，形成新的知識優勢。

4.2.2　知識網路的運行機制

開放式創新的實質是網路成員通過知識網路進行知識互動、知識整合與跨

---

① NONAKA I, TOYAMA R, KONNO N. SECI, ba and leadership: a unified model of dynamic knowledge creation [J]. Long range planning, 2000, 33 (1): 5-34.

組織協同的過程，包括知識分工、知識創造和知識整合三個階段，如圖4-2所示。

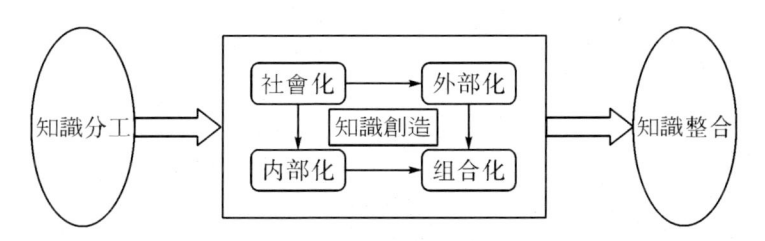

圖4-2 知識流動的三階段模型

4.2.2.1 知識分工

創新2.0時代，創新民主化使得知識呈現離散、非均勻分佈的特徵，不同創新主體可能擁有完全異質的知識。由於知識的嵌入性、默會性，創新所需的知識，尤其是隱性知識基本上無法通過市場交易進行獲取，基於創新主體所掌握的異質知識進行分工成為開放式創新的必然選擇。知識創新之所以分工，一方面是因為有限理性，單個組織在較短的時間內無法掌握創新所需的各種知識，組織只能在知識的生產、獲取、貯存等方面實行專業化分工。另一方面，是因為只有深入到特定的領域裡去發掘，才能獲得真正的、新的知識。因此，有限理性的知識分工單元只能沿著一定的技術方向獲取整體知識的一個片段，隨著分工的深化，不同技術方向的分工單元在不同的研發活動上的比較優勢越來越明顯。如果每個分工單元依據自身的比較優勢，將有限的工作時間投入到具有研發優勢的創新活動中，知識創新的總量和質量將會大大提高。

4.2.2.2 知識創造

知識創造是指創新主體在已有知識資源的基礎上開發、產生新知識的過程。新創造的知識不僅包括將已有知識應用於實踐過程而產生的新經驗、新規律等，而且包括將吸收的外部知識與現有知識的融合而產生的新知識。知識創造發生在組織內部，包括社會化（Socialization）、外部化（Externalization）、組合化（Combination）和內部化（Internalization）四個環節，簡稱SECI模型[1]。社會化是指個體隱性知識向群體隱性知識轉化的過程，它通過個體之間面對面互動分享經驗，而獲取隱性知識的方法是通過觀察、模仿和實踐這一「干中學」的過程。外部化是指通過隱喻、類比、概念和模型等方法，使得隱性知

---

[1] NONAKA I, TOYAMA R, KONNO N. SECI, Ba and leadership: a unified model of dynamic knowledge creation [J]. Long Range Planning, 2000, 33 (1): 5-34.

識逐步脫離其所嵌入的情境而逐漸轉變化為顯性知識的過程。組合化是指通過系統化和標準化的產品技術標準，按照一定的技術路線將零散分佈的顯性知識連結起來形成新的系統知識的過程。內部化則是讓組合化形成系統顯性知識，並被組織內部員工吸收、消化、昇華成自己的內部隱性知識的過程。社會化、外部化、組合化和內部化這四種轉化模式結合在一起，形成一個知識螺旋，完成企業的知識創造過程[①]。組織通過 SECI 模型中的四個環節，實現個人之間、個人與組織之間知識的流動，達到知識創造的目的。

4.2.2.3 知識整合

知識的整合是將組織獲取的外部異質知識與內部知識、原來的舊知識和新創造的知識，通過新的技術路線和標準進行排列組合、互補交叉、整合創造，產生新知識、創造新價值的過程[②]。為了創造性地應用既有知識，解決當前生產經營過程中面臨的問題，企業需要將現有知識進行整合創造出新的結構性知識。知識整合這一過程由知識選擇和知識融合兩個基本過程組成。其中，知識選擇包括知識盤點和知識過濾兩個過程。知識盤點是對企業現有知識進行掃描、梳理和歸納，以明確知識存量、合理歸類、實現知識的條理化。知識過濾是根據創新的目標對現有知識進行篩選，選擇出創新過程中所需要的現存知識。知識融合也包含知識重編碼和知識重組兩個子過程。知識重編碼是根據產品創新中功能的需要對知識進行解釋和提煉，通過知識黏性的削弱，使得知識實現顯性化和標準化的過程。知識重組是將編碼過後的知識按照一定的技術標準、沿著一定的技術實現路線進行「連接和交叉連接」，進而實現新知識建構的互補融合過程。

4.3　知識網路知識分工機理與實現方式

知識網路中，核心企業擁有從研發到生產再到銷售的系統知識，掌握著產品技術標準，可以為其他創新主體提供知識共享平臺，能夠找到最有效的價值創造及分享方式。而網路中其他創新主體只掌握著某一領域的異質知識，具有

---

① IKUJIRO, UMEMOTO KATSUBIRO, SENOODAI. From information processing to knowledge creation: a paradigm shift in business management [J]. Technology in society, 1996, 18 (2): 203-218.

② 鈴東華, 芮明杰. 基於模塊化網路組織的知識流動研究 [J]. 南開管理評論, 2007, 10 (4): 11-16.

局部知識優勢。開放式創新模式下，企業選定產品創新任務，然後選定合作夥伴並在其網路協作的範圍內根據創新參與者的知識優勢和研發條件進行知識分工。各創新參與者根據分配到的創新任務進行分佈式創新，然後企業將創新參與者新創造的知識進行整合併將其商品化、產業化，以實現其商業價值。如蘋果公司通過與美洲、歐洲和亞洲的六個主要的供應商進行知識分工，然後將供應商交付的產品組件進行集成創新，利用其強大的網路渠道進行市場化，從而快速地推出了 iPod 和 iPhone 兩種產品。蘋果公司的分工協調及其資源整合能力得到充分的展示。華為公司通過其知識網路，與全球 40 多個合作企業、子公司、研究機構進行合作，通過明確的分工協作，攻破了許多技術難題。

知識網路內的知識分工是通過設計模塊化的方式來實現的，模塊化的實質就是知識分工①。基於模塊化的知識分工方法，首先通過知識挖掘構建產品知識模型，然後通過模塊化對產品知識模型進行分解形成知識模塊，然後對知識模塊進行眾包②，進而實現創新的分佈協同。

4.3.1 知識網路知識分工機理

知識網路的知識分工包括三個過程：知識建模、模塊化分解及知識眾包。

4.3.1.1 知識建模

知識建模（Knowledge Modeling），是指在與用戶交互選定創新任務之後，通過系統化和標準化將知識脫離所嵌入的環境實現顯性化進而擬定功能結構，然後利用需求—功能—技術路徑相匹配的原理，尋求需求的技術求解路徑，最後按照產品技術標準進行系統化形成產品知識模型的過程③。產品知識模型（Product Knowledge Model），是指以產品結構樹為核心，把相關的元知識、域知識、客戶信息、事實、規則、設計方法知識和過程知識等關聯起來，並形成的知識體系。

參照 EBL（Explanation-Based Learning）系統理論，知識建模可以分為三個步驟：功能分析、知識盤點及知識求解。首先，在開放式創新模式下，現代產品的設計是面向用戶、功能驅動及基於新知識的設計。核心企業將分散於客戶中的零星知識盡可能地挖掘出來，通過知識的篩選、整理和融合形成定性的需求，進而創造出概念性產品。其次，對概念性產品的多層次功能分析，將顧

---

① 芮明杰，李想. 網路狀產業鏈構造與運行 [M]. 上海：上海人民出版社，2009：49-54.
② 「眾包」是指將原本由單個組織完成的任務，以自主選擇的模式進行分工，通過互動進行協作的方式外包給沒有清晰組織邊界的組織機構、社會群體去完成。
③ PAHL G, BEITZ W. Engineering design [M]. London：The Design Council，1984.

客定性的需求轉化成定量的功能值，形成滿足用戶需求的功能區間。然後，核心企業運用科學的方法對知識網路零散分佈的知識進行選擇、分類和盤點，以此明確知識的存量、優勢、聯繫及分佈狀況。最後，知識建模需要建立起功能空間到知識空間的映射關係，即知識求解。知識求解的過程可以看成是從某個知識點（S_0）經過多個中間狀態（S_1，S_2，…S_{n-1}），最後達到某個功能值（S_n）的推理過程，如圖4-3所示。

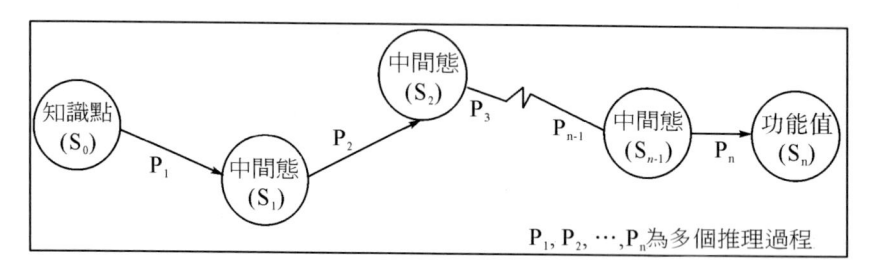

圖4-3　知識求解過程圖

知識模型由任務知識、推理知識和領域知識三個部分組成[①]。任務知識可以分解為任務目標、任務分解和人物控制，它描述了產品在創新方面要達到的目標、知識創新任務分解的方式和知識推理的邏輯方法。推理知識主要是描述使用領域知識的基本推理邏輯、路徑及步驟。領域知識主要是指用來實現創新的目標及產品功能所需要的知識，用來描述接口信息和功能知識，包括類型、功能及事實等知識。

4.3.1.2　產品知識模型的模塊化分解

為了進行高效的創新，核心企業需要將產品知識模型進行分解，如圖4-4所示。根據模型中的知識點的特徵和領域本體中的語義關係，將內容相關的知識點組合成為一個知識群。然後將每個知識群的結構、接口、標準等顯性知識進行濃縮、整合，形成設計規則。並將知識群難以轉化的隱性知識封裝成一個個知識模塊。設計規則將一些依賴關係盡可能地放到模塊內部，將相互依賴的部分統一到設計規則中，以減少模塊之間的依賴性。模塊內部的知識是隱含的，標準是公開的，這樣減少了知識顯性化的範圍，降低了知識流動成本，實現分工經濟。

產品知識模型的設計規則是可以逐層分解的，並且產品知識模型的知識模塊都有各自的設計及對話規則，模塊規則還可以進一步逐層深化下去。將產品

---

① 任紅波. 模塊化體系中的產業鏈整合研究［D］. 上海：復旦大學，2005.

知識模型按一定的技術標準和設計規則逐步細分下去，形成一個可以獨立設計研發創造的並且可以自行控制的半自律系統的過程，這個過程稱為「模塊的分解化」①。設計規則是產品知識模型進行模塊化細分的技術解決方案，依據這個方案，任務可以進行分解，每個網路成員根據各自的知識優勢分別負責一定的創新任務。除了遵守基本的原理框架，細分的創新任務如何完成，每個創新參與者可以自主設計、自由創新，具有充分的自主性和創造性。

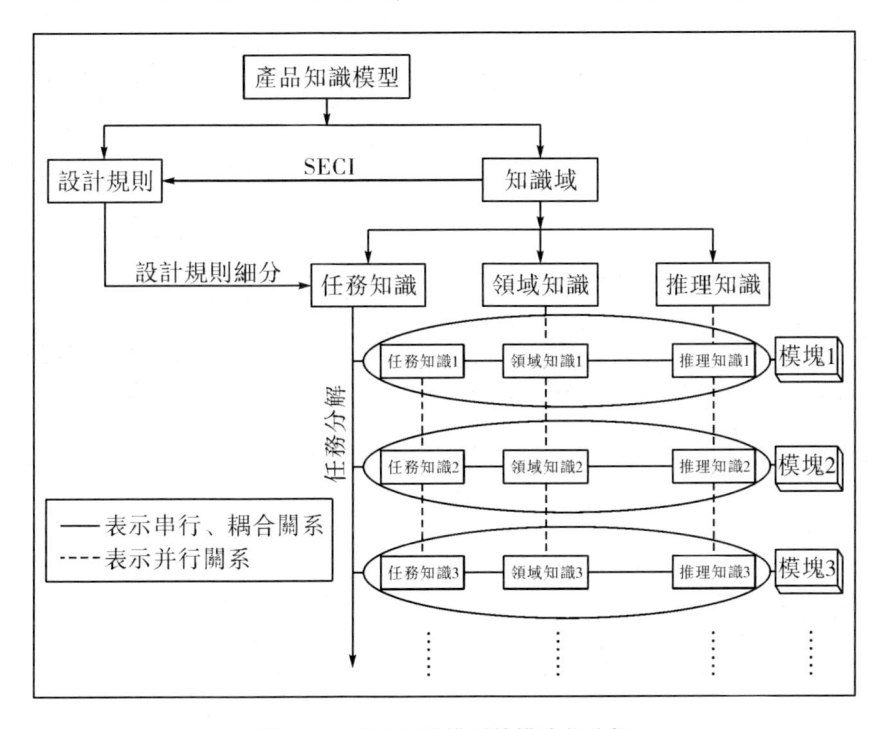

圖 4-4　產品知識模型的模塊化分解

4.3.1.3　知識眾包

「眾包」是指將原本由單個組織完成的任務，以自主選擇的模式進行分工，通過互動進行協作的方式外包給沒有清晰組織邊界的組織機構、社會群體去完成②。眾包有三個構成要素：發包者、接包方及眾包平臺。知識眾包就是核心企業利用知識網路將知識模塊外包給其他網路主體的過程。在這個過程中核心企業扮演著發包者的角色並提供眾包平臺，而其他網路主體如客戶、獨立

---

① 青木昌彥，安藤晴彥. 模塊時代：新產業結構的本質 [M]. 上海：上海遠東出版社，2003.

② HOWE J. Gannett to crowd source news [J]. Wired, 2006 (6): 1-2.

知識工作者、大學、科研機構、研發企業等都是接包方。

知識眾包包括三個流程：一是，知識模塊化外包。核心企業在產品知識模型模塊化的基礎上，將知識模塊外包給其他網路主體，並確保創新資源與創新任務的匹配。二是，設計規則共享。在知識眾包過程中，核心企業將設計規則免費向創新參與者傳送，通過知識互相幫助合作夥伴獲得相關知識，建立可供交流的技術體系，形成共同的技術標準，以實現在同一界面的協同創新。三是，提供創新工具箱。創新工具箱是網路成員能夠對產品進行重新設計、修正完善及漸進創新所使用的的標準工具，它為網路成員提供一個便捷有效的知識求解空間。核心企業提供創新工具箱，吸引利益相關者進行持續創新，實現創新的協同效應。

知識眾包的核心是知識模塊化外包，而知識模塊化外包首先需要創新參與者根據自身所掌握的異質性知識及資源，對自身進行不同的定位，選擇合適的生態位，做出知識分工決策，如圖4-5所示。

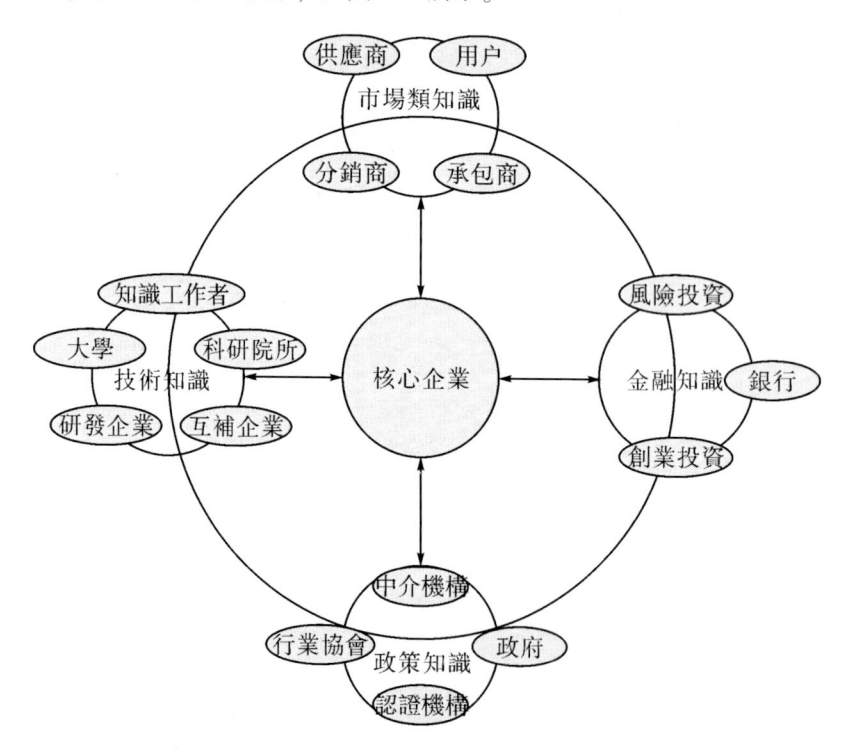

圖 4-5　知識網路知識眾包圖

（1）核心企業的內部研發人員與產品用戶通過交流溝通實現聯發。核心企業應該通過構建創意社區，將創新需求清單在社區上公布，鼓勵和引導企業

内部研發人員和產品用戶在創意社區進行交流，使產品研發逐漸走向聯發。一方面企業內員工可以利用自己在學習、工作中累積的經驗、訣竅、體會①等隱性知識提出創新合理化建議，還可以通過跨邊界活動通過自己的社會關係獲取外界的信息和創意。另一方面用戶作為創新的利益相關者，具有相關產品的使用經驗及需求信息，因此可以為開放式創新的企業提供用戶知識，引導創新以市場為導向。

（2）產、學、研依據各自的知識優勢進行知識分工，學研機構為核心企業提供專業的技術知識支持。高校在基礎知識研發具有優勢，科研院所在共性技術的研發具有優勢，企業在專利技術的研發上具有優勢②。高校學科體系完善、學術交流頻繁、人才密集、研發設備先進，在基礎知識的研發上具有優勢，在前沿技術的研究走在了前列。科研機構是知識技術的研發主體，擁有用於技術研發的關鍵設備和人才資源，在產業共性技術和關鍵技術的研發上具有優勢。而企業擁有充足的創新資金、生產試驗設備和場所、市場信息及行銷經驗，應用技術的研發上優勢明顯。產、學、研的知識分工能將前沿技術迅速轉化成產品，推動前沿技術向下一階段延伸，形成生產力，還能夠解決企業在創新過程中所面臨的共性技術難題，推動技術成果產業化，實現技術創新的價值。

（3）核心企業與其上游企業、供應商及下游企業之間主要基於產品知識的優勢而分工，供應商、分銷商等在市場類知識方面具有優勢。產品創新過程中需要相應零部件的創新與技術改進，還需要供應商一起解決產品創新過程中可能出現的工程問題。供應商參與創新，一方面有助於其瞭解最終產品創新中零部件需要改進的部分，從而提供更加合格的零部件；另一方面還可以和製造商一道共同創造出新的知識，提升產品的價值，實現互利雙贏。用戶的需求散落在不同的地方，呈碎片化分佈。而與市場直接接觸的分銷商、零售商能夠瞭解各細分市場的需求知識，包括產品的使用意見、客戶未來的市場需求、產品的改進建議等。企業外部行銷服務商，如網路行銷服務商、媒體、廣告商等，掌握科學系統的行銷知識。甚至企業外個體利用自己的社會資本及關係渠道通過微信、微博等互聯網工具參與創新產品的行銷活動。核心企業可以與分銷商、零售商、行銷服務商及微商等結成市場行銷網路，利用其獨特的市場知識，不斷深入挖掘用戶需求，實現創新產品的價值。

---

① 雷雪. 基於 Wiki 的創新機制研究 [J]. 情報科學, 2011, 29 (3)：346-349.
② 何鬱冰. 產學研協同創新的理論模式 [J]. 科學學研究, 2012, 30 (2)：165-174.

（4）核心企業與仲介機構、金融機構、政府進行分工。技術仲介機構，包括生產力促進中心、科技諮詢評估機構、科技情報信息機構等在技術情報的搜集、選擇、整理上具有優勢，解決技術的供需雙方信息不對稱的問題，為科技成果轉移轉化提供便捷的通道，為科技與經濟的融合發展提供科技服務支持。科技金融機構通過知識產權質押、風投創投等方式為企業技術創新的資本短缺問題提供市場化解決方案。政府是開放式創新活動的推動者，政府推動創新的主要任務是優化環境和提供政策導向。政府還可以通過創新基金，支持產業共性技術創新，引導和幫助企業技術創新活動，刺激企業增加研發投入。除此之外，政府還可以通過創新產品優先採購及稅收優惠等措施，扶持企業進行產品創新。

知識模塊化之後需要進行知識匹配，知識眾包的過程主要就是模塊創新所需的知識與接包方的知識優勢相匹配的過程，其關鍵環節如下：

（1）知識模塊由任務知識、領域知識及推理知識組成，代表著該模塊創新的知識需求，因此知識模塊可以進一步明晰為知識需求集合 Kd_i。Kd_i 可以用一個知識三元組 SK 來表示，Kd_i = SK =（domain，skill，level），其中 domain 是指知識領域，skill 是指具體技能，level 是指該技能的經驗。產品知識模型可以看作是由設計規則和若干知識模塊組成的知識需求集合（用 Kd 表示），Kd = $\{Kd_1, Kd_2, \cdots, Kd_n, S\}$，其中 S 表示設計規則，n 表示模塊個數。

（2）不同創新參與者對同一項目的熟悉程度是不同的，每一個創新參與者在不同模塊的創新上具有知識優勢。研究表明不同的人員在從事相同的任務時，他們的工作效率差距可達 10~40 倍[①]。每一個創新參與者可能在多個技能上具有優勢，因此用若干知識三元組組成的集合進行表示，則是 Ka_j = $\{SK_1, SK_2, \cdots, SK_s\}$。其中 j 表示技能的個數。例如，某個創新參與者在 web 領域具有三項技術能力：HMTL 開發，2 年研發資歷；JS 開發，5 年研發資歷；JSP 開發，3 年研發資歷。則其 Ka_j = $\{$（web，HTML，2），（web，JS，5），（web，JSP，3）$\}$。整個知識網路的知識優勢 NKa = $\{Ka_1, Ka_2\cdots, Ka_j\cdots, Ka_m\}$，其中 m 表示網路主體的個數。

（3）從知識需求出發，依次令 i=1，2，…，n，利用計算機搜索技術進行匹配。例如 Kd_i =（web 領域，JS 技術，4 年以上研發資歷），經過計算機匹配之後網路中第 j 個成員滿足條件。搜尋的結果可能會出現這樣的情況：一個創新者可以滿足多個創新模塊的需求、一個模塊有多個創新者滿足條件，此時按照「兩優取其甚」的原則進行分工。

---

① BROOKS F P. The mythical man-month addision [M]. Melbourne：Wesley Press，1975.

4.3.2 「互聯網+」背景下知識網路知識分工實現方式

雲計算、大數據、物聯網等信息通信技術的快速發展改變了知識的獲取、累積和創造的方式，也使得知識網路成員間跨組織大規模知識分工協作具備了實現的可能性。在這樣的背景下，越來越多的企業構建知識分工平臺，借助和發揮網路的開放性、自主性、交互性等特點[1]進行知識分工與協作，實現由傳統企業向平臺型企業的戰略轉型[2]。知識分工平臺，就是基於知識網路知識分工的機理，依託 Tag、RSS、Wiki、SNS 等 Web2.0 核心技術，整合社交分析、大數據、雲平臺、互聯網支付等新興信息技術，具備社區交互、創意轉化、技術匹配、任務智能分解及優化和眾包眾籌等功能的虛擬空間。知識分工平臺可以為知識建模、知識模塊化及知識眾包提供一個暢通、高效的解決渠道，提升不同分工單元間的溝通效率、降低協作成本[3]。

4.3.2.1 知識分工平臺的技術支撐體系

1. 創新社區

創新社區是在某一個特定的領域由相同專長和興趣的個體組成的非正式網路。社區成員來自不同的企業或組織，共同推動一個專門的創新項目[4]。基於互聯網的創新社區由三個主要的功能部分構成：Agent 技術、社交網路系統及知識挖掘系統。Agent 技術提供的信息，具備多種聲像媒體綜合、情境富於變化的特點。而其且提供的許多會話和協作工具，能夠實現用戶之間即時或非即時的交互。Agent 技術具有自治性、智能性、可移動性和自適應性的特徵，一般通過多個 Agent 的知識分工來完成創新任務，通過社區交互進行分佈式協調，增加創新的趣味性，提升創新的人性化，調動社區成員的積極性，實現創新的協同效應。社交網路系統由博客、論壇、維基等主要 Web2.0 先進技術構成。知識分工單元可以建立它們自己的檔案資料，在博客、論壇、維基上建立討論社區進行即時交流，還可以通過留言板、電子郵件等模塊進行非正式溝通與協作。知識挖掘系統是通過大數據爬蟲技術、深度學習等智能技術，將用戶的隱性知識轉化為顯性知識，將文本知識轉化為數據知識，進而建立產品知識模型。

---

[1] 杜曉靜，耿亞青，沈占波. 基於互聯網的開放式創新模式研究：背景、特點和組成系統[J]. 科技進步與對策，2014，31（8）：10-15.

[2] BOUDREAU K J. Open Platform Strategies and Innovation：Granting Access VS. Devolving Control [J]. Management Science, 2010, 56（10）：1849-1872.

[3] 龐建剛. 眾包社區創新的風險管理機制設計 [J]. 中國軟科學，2015（2）：183-192.

[4] Klaus Fichter. Innovation Communities：the Role of Networks of Promoters in Open Innovation [J]. R&D Management, 2009, 39（4）：357-371.

2. 智能分工系統

智能分工系統是通過特定的網格軟件，將產品知識模型分解為若干個彼此獨立的子任務，然後由各個計算節點進行匹配計算。其具體的功能算法分解步驟如下：首先輸入一級任務知識需求 FR_1, FR_2, …, FR_s；然後，根據任務搜索能與之匹配的相應知識；有則結束，沒有則分解任務，得到 FR_{i1}, FR_{i2}, …, FR_{im}，重新搜索映射知識，搜索成功則將相應的任務知識、領域知識及推理知識封裝成知識模塊，搜索失敗則繼續進行分解。

為將產品知識模型分解成可操作性更強、分配合理的知識模塊，需要利用設計結構矩陣（Design Structure Matrix, DSM）對知識模塊化整個過程進行優化。DSM 是關於項目或系統的緊湊矩陣表示，它包含了所有設計活動列表以及他們之間相應的信息交換和依賴關係[①]。如圖 4-6 所示，矩陣的維數代表了創新模塊的個數，圖中每一列中非零元素表示有哪些模塊需要該模塊輸出知識，而每一行中非零元素表示該知識模塊創新所需要輸入的知識。從知識流的角度，每一個矩陣對應一組模塊間的關係，各個模塊的關係依次為串行［圖4-6（a）］、耦合［圖4-6（b）］、並行［圖4-6（c）］。DSM 優化是通過行列變換，對相互關係矩陣進行重新排列[②]。在矩陣重置的過程中，極大減少了矩陣對角線上的元素，從而使得相互依賴因素得以減少。通過 DSM 優化方法對相互依賴的創新行為進行了整合，將相互聯繫並不是很密切的行為拆分開以減少相互依賴。具體過程如圖 4-6 所示。

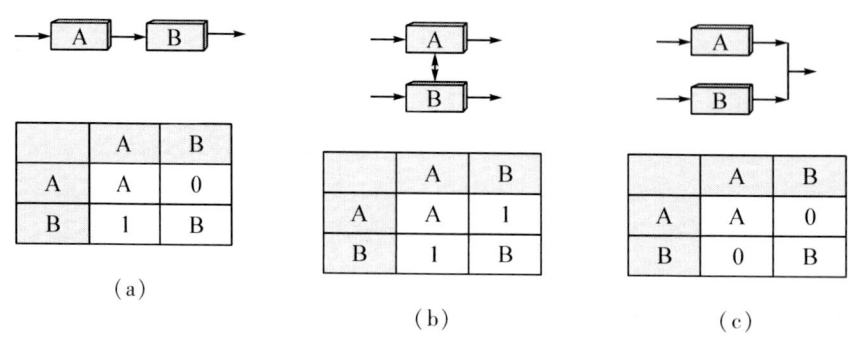

	A	B
A	A	0
B	1	B

(a)

	A	B
A	A	1
B	1	B

(b)

	A	B
A	A	0
B	0	B

(c)

圖 4-6　知識模塊間關係及 DSM 表示

[①] SHARMAN D M, YASSINE A A. Characterizing complex product architectures [J]. Systems engineering, 2004, 7 (1): 35-60.

[②] CHOO H J, HAMMOND J, TOMMELEIN I D, et al. De-plan: a tool for integrated design management [J]. Automation in construction, 2004, 13 (2): 313-326.

3. 雲眾包平臺

「雲眾包」是指在傳統眾包模式上，整合雲人脈、社交分析、大數據、雲平臺、基於位置服務、互聯網支付、O2O（Online To Offline）等趨向性技術，這些已經處於發展頂峰時期的技術在平臺化管理模式下實現新的商業模式，主要包括雙向眾包或多向眾包。雲眾包平臺由需求雲、作品雲及任務雲三部分組成，其中需求雲是組織或個人需求的集合，作品雲是經過整合的完整的創意解決方案的集合，任務雲是指研發項目被分解後的獨立的任務模塊集合。首先組織或個人提出並發布諸多項目需求，然後雲眾包平臺根據需求檢索作品雲，檢索出相同或相似的作品，和創作者協商後，即時反饋給需求方。如果滿意則通過互聯網支付進行交易，否則把研發項目分解為相對獨立的模塊化任務並上傳到任務雲。之後，將模塊化任務發布到創新社區，不同的知識分工單元結合自身的興趣和專長選取不同的任務模塊並進行研發，並將研發成果上傳到作品雲，以便知識整合、知識重用及知識交易。

4.3.2.2 知識分工平臺的運行模式與機制

1. 運行模式

基於 Web2.0 的知識分工平臺按照社區交互、創意轉化、技術匹配線上線下融合的模式運行。①社區交互。在創新社區中，用戶可以通過 Agent 技術迅速組成「話題」小組，來展示自己生活中的需求。企業研發人員通過「有問必答」的形式及時跟進並與之互動。在交互的過程中，用戶可以獲取相應問題的解決方案。企業研發人員通過與用戶積極互動吸收用戶知識，然後對其歸納提升，系統化、標準化為顯性知識，進而存儲於需求雲中。②創意轉化。通過社區交互，累積了一定的用戶流量之後，通過後臺數據分析與統計，挖掘出技術熱力圖和用戶痛點圖，然後進行匹配疊加實現創意轉化，從而制定出產品知識模型。③技術匹配。企業研發人員利用智能分工系統，同時結合線下技術評估，對產品知識模型的研發任務進行分解，並將分解後的子任務發布到任務雲中，通過後臺的大數據匹配，能夠快速精準地匹配到合適的解決方案。

知識分工平臺運行模式如圖 4-7 所示。

2. 運行機制

知識分工平臺運行的過程是一個跨組織大規模知識分工與協作的過程。這一過程需要與網路成員進行同儕研發、通過橫向監督進行質量控制及社區交互進行創意交換，進而促進知識創新與價值創造，最終實現組織之間的大規模分

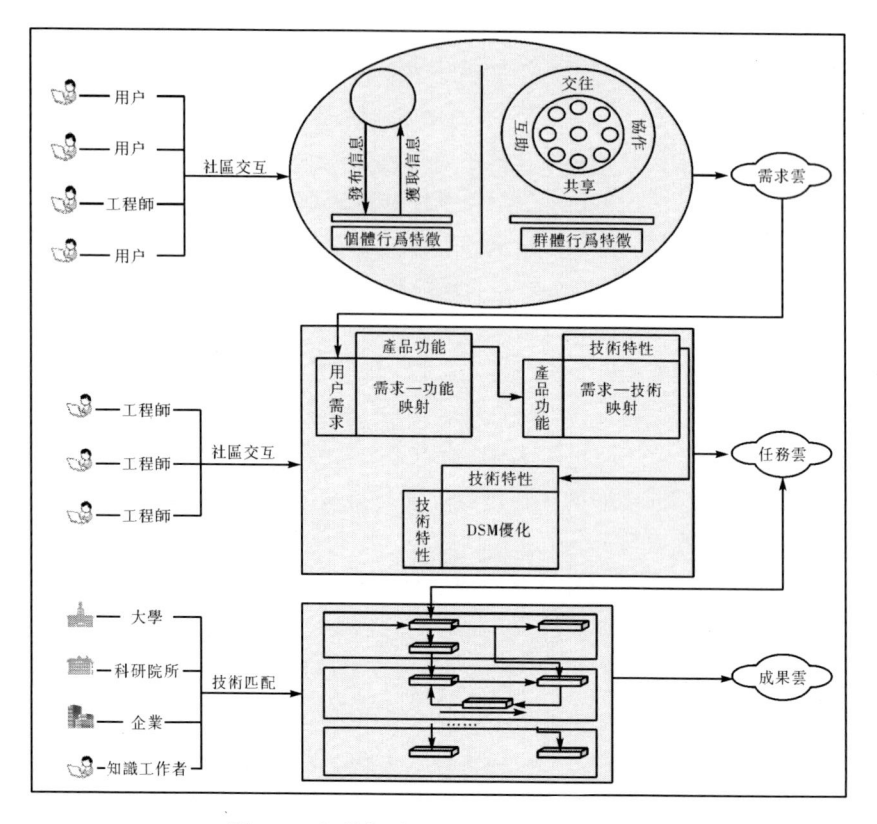

圖 4-7 知識網路知識分工平臺運行模式

工協作[1]。①同儕研發。知識分工平臺是一個無邊界虛擬組織，基於權力的命令及指示，網路成員的行為是一種自我激勵、自我約束的自組織行為。知識網路同儕研發有兩點優勢[2]：一是，網路成員能夠識別其自身的創造能力；二是，網路成員能夠在較少約束下，充分發揮其創造能力。②質量控制。基於「自我識別、自我發揮」的同儕知識分工機制，必然會導致知識創新的質量和速度參差不齊，需要一些相對應的調控機制來糾正錯誤，以保障知識分工的質量和效率。③創意交換。創意交換是知識分工平臺持續運行的動力保障。它使得創意者主動公布其構想並獲得收益，讓需要創意的公司快速搜尋創意並將其商品化。創意交換使得知識分工平臺具有眾包、增信、槓桿的作用。

---

[1] 羅珉, 王雎. 跨組織大規模協作：特徵、要素與運行機制 [J]. 中國工業經濟, 2007 (8)：5-14.

[2] 馮濤, 鄧俊榮. 從勞動分工到知識分工的組織間合作關係演進 [J]. 學術月刊, 2010, 42 (8)：92-98.

4.4 知識網路知識分工與創新績效的實證研究

4.4.1 研究假設

4.4.1.1 知識分工與開放式創新績效

在知識分工制度下，每個創新參與者沿著一定的專業方向獲取全部知識的一個片段，從而使得不同專業方向的創新參與者在不同的創新活動上具有知識比較優勢。每個創新參與者將優先的工作時間投入到具有比較優勢的創新活動中，知識創新的總量和質量將會大大提高，從而實現分工經濟。知識分工經濟來源於以下三個方面：一是，專業化導致知識累積效率的提高[1]；二是，知識分工減少知識顯性化的範圍，節約學習成本；三是，知識分工擴大了外部知識的利用範圍，提高了產品創新機會[2]。

基於此，提出如下假設：

H1：知識分工對創新績效具有正向作用。

知識分工制度下，創新的模式是分散的，知識網路成員在遵循設計規則的前提下進行自主創新，降低了網路組織之間知識共享的意願。隨著分工深入，知識的異質度增加，異質知識的默會性與嵌入性降低了知識共享的機會[3]。另外，由於信息不對稱及經濟理性使得網路成員在合作過程存在機會主義行為，帶來了各種風險[4]。然而在知識網路中：首先，每個知識分工單元可以專注某一方向的技術研究，然後將研究成果包括專利、一般性技術改進等與其他成員

---

[1] BECKER G S, MURPHY K M. The division of labor, coordination costs, and knowledge [J]. Quarterly journal of economics, 1992, 7 (4): 1137-1160.

[2] 葉江峰, 任浩, 陶晨. 分佈式創新過程中企業間知識治理——基於多重概念模型與相關命題的研究 [J]. 科學學與科學技術管理, 2013, 34 (12): 45-54.

[3] GALUNIC D C, RODAN S. Resource re-combinations in the firm: knowledge structures and the potential for schumpeterian innovation [J]. Strategic management journal, 1998, 19 (12): 1193-1201.

[4] GULATI R, SINGH H. The architecture of cooperation: managing coordination costs and appropriation concerns in strategic alliances [J]. Administrative science quarterly, 1998, 43 (4): 781-814.

進行共享①，平均成本隨著知識共享次數的增加而下降②③，實現了創新的規模經濟。其次，通過知識共享，知識分工單元能夠獲得同其他網路成員合作的機會以及創新所需要的知識，知識存量得以增加，這將進一步產生創新的累積效應④，使得網路成員的創新能力得到快速提升。知識種類的增加，有助於產生範圍經濟，進一步提高創新的績效。再次，網路成員的分工協作過程，互動機制可以促進知識的快速傳遞，交互學習機制提供了向外學習的機會，並刺激知識的創造及增強組織的創新能力，從而極大地促進企業的技術創新⑤⑥。

基於此，提出如下假設：

H2a：知識分工不利於知識共享。

H2b：從而對創新績效具有負向的影響。

知識分工制度下，知識網路成員之間通過彼此分享知識不能直接實現創新，需要將共享的知識進行整合，以實現創新的價值。Bore 等（1999）認為，單一的、片段式的知識並不能形成持續的競爭優勢，需要按一定的技術標準和技術路線將技術知識、用戶知識及市場知識進行深度整合，才能形成持續的競爭優勢⑦。

因此，較強的知識整合能力能夠快速、有效地獲取知識，並將獲取的知識與自身擁有的知識進行深度融合，使新知識和舊知識重新整理和組合形成全新的知識優勢⑧。在存量知識及外部獲取的知識總量一定的情況下，知識整合能

---

① 吳紹波，唐承林，劉敦虎. 知識鏈組織之間的合作夥伴關係研究 [M]. 北京：經濟科學出版社，2014.

② VOLKER MAHNKE. The economics of knowledge sharing: production and organization cost considerations [J]. California management review, 1998 (11): 22-49.

③ SPENCER J. Firms' knowledge-sharing strategies in the global innovation system: empirical evidence from the flat panel display industry [J]. Strategic management journal, 2003 (24): 217-233.

④ 柯江林，孫健敏，石金濤. 變革型領導對 R&D 團隊創新績效的影響機制研究 [J]. 南開管理評論，2009，12 (6): 19-26.

⑤ 簡兆權，劉榮，招麗珠. 網路關係、信任與知識共享對技術創新績效的影響研究 [J]. 研究與發展管理，2010 (2): 64-71.

⑥ TSAI W. Knowledge transfer in intra organizational networks: effects of network position and absorptive capacity on business unit innovation and performance [J]. Academy of management journal, 2001, 44 (5): 996-1004.

⑦ MD BOER, et al. Managing organizational knowledge integration in the emerging multimedia complex [J]. Journal of management studies, 2010, 36 (3): 379-398.

⑧ 陳靜. 基於過程視角的知識整合能力形成機理 [J]. 科技管理研究，2010，30 (22): 186-189.

力對知識創造、知識應用產生直接影響①②，進而影響到創新績效。然而，知識分工促進知識累積的同時，也造成了「知識分立」程度的提高、知識多元性的增強。知識的分立性、多元性導致知識異質性提升，知識獲取的難度加大、知識交換的成本增加，從而阻礙了知識的流動與整合。

基於此，提出假設：

H3a：知識分工不利於知識整合。

H3b：從而對創新績效具有負向的影響。

4.4.1.2 技術手段的調節效應

知識共享需要一定的技術支撐，因此知識網路成員之間存在知識共享的意願，並不一定會帶來知識共享行為。因為知識共享的便捷性也是網路成員知識共享的重要影響因素。知識網路中，組織之間知識共享的支撐技術包括即時通信技術及分佈式交流技術。先進的網路技術具有強大的信息儲存、數據處理功能，能夠為知識共享提供必要的物理平臺，促進分工單元間的知識共享。而分佈式交流系統使得分散的知識分工單元之間能以近乎零成本的方式，隨時隨地進行知識共享。正如 Albert 和 Dieter 所言，使用技術手段不僅提升了網路成員知識獲取的能力，而且提升了網路成員知識共享的能力，從而對組織之間的知識共享與知識轉移起到了很好的促進作用③。

哈佛大學商學院的 Macro lansiti 最先提出了技術整合（Technology Integration）的概念④。技術整合利用商業情報技術、知識挖掘技術和知識地圖技術等，為知識分工單元選擇最佳的知識源、制定最優的知識獲取路徑，從而提高知識整合的效率和彈性。另外知識分工單元利用即時通信、電子郵件、視頻會議等交流方式和途徑，以很低的成本和很快的速度匯總、整合所需要的分散知識。

基於此，提出如下假設：

H4：技術手段在知識分工與知識共享之間具有調節作用。

H5：技術手段在知識分工與知識整合之間具有調節作用。

---

① 孫永風，李垣. 基於組織內部溝通與整合能力的內外部知識整合與創新 [J]. 中國管理科學，2005，13（1）：56-61.

② GARUD R, NAYYAR PR. Transformative capacity: continual structuring by inter temporal technology transfer [J]. Strategic management journal, 1994, 15 (5): 365-386.

③ ALBERT Z Z, DIETER F. Knowledge management and intellectual capital: an empirical examination of current practice in Australia [J]. Management research and practice, 2003, 1 (2): 86-94.

④ MACRO LANSIT. Real world R&D: Jumping the product generation gap [J]. Harvard business review, 1993, 7 (3): 138-147.

4.4.1.3 界面規則的調節效應

界面規則（Interface Rules）是指處理知識網路中各分工單元之間的關係、解決界面各方在專業分工與寫作需求之間的矛盾、實現分工單元之間關係整體控制、協作與溝通，提高分工單元間關係效能的制度性、標準化規則[①]。界面規則作為分工單元間的「共同約言」，包括知識產權保護、激勵機制、利益分配，是知識網路的戰略、文化、行為規範等方面的體現。因此，界面規則既是保護組織間合作網路成員企業各自核心競爭力的有效制度安排[②]，也是通過組織間信任獲得相對優勢資源和實現企業報酬遞增的組織制度設計[③]。

界面規則是知識共享的保障性和推動性因素。明確的知識產權保護制度可以消除分工單元對知識共享後產生的替代效應所導致的核心競爭力喪失的擔心，從而提高知識共享的意願[④]。合理的激勵機制，可以提高分工單元的收益預期，激發知識，尤其是隱性知識的共享[⑤]。公平的利益分配機制有利於形成良好的網路氛圍，分工單元能夠更融洽地進行合作和交流，有利於提高知識共享的積極性。

合理的界面規則能夠激發分工單元間知識互動、培育交互式學習氛圍、形成共享心智模式。知識分工單元之間的知識互動可以激發知識分工單元搜尋、探討和實驗新知識的積極性[⑥]、降低知識整合的試錯時間。知識分工單元之間的交互式學習[⑦]有利於隱性知識的轉化轉移，有利於將新知識使用過程中的心得、體會以及對新知識的認識反饋給知識創造者[⑧]，提高知識整合的成功率。

[①] 羅珉，何長見.組織間關係：界面規則與治理機制［J］.中國工業經濟，2006（5）：87-95.

[②] ERIK DEN HARTIGH, FRED LANGERAK. Managing increasing returns［J］. European management journal, 2001, 19 (4): 278-291.

[③] JAY B BARNEY, MARK HANSEN. Trustworthiness as a source of competitive advantage［J］. Strategic management journal, 1994, 15 (WI).

[④] 胡漢輝，潘安成.組織知識轉移與學習能力的系統研究［J］.管理科學學報，2006，9（3）：81-87.

[⑤] WALTER J, LECHNER C, KELLERMANNS W F. Knowledge transfer between and within alliance partners: private versus collective benefits of social capital［J］. Journal of business research, 2007, 60 (7): 698-710.

[⑥] MARCH, J. Exploration and exploitation in organizational learning［J］. Organizational Science, 1991 (2): 71-88.

[⑦] TODTLING F, KAUFMANN A. SMEs in regional innovation systems and the role of innovation support-the case of upper austria［J］. Journal of technology transfer, 2002 (7): 15-26.

[⑧] 鄧勝利，胡吉明.Web2.0環境下基於群體交互學習的知識創新研究［J］.情報理論與實踐，2010，33（2）：17-20.

共享心智模式通過強化網路成員對彼此間的任務、合作關係和情景的共同理解和心理表徵，來避免多樣性所帶來的信息阻滯、衝突頻發風險，降低知識整合的協調成本。

基於此，提出如下假設：

H6：界面規則在知識分工與知識共享之間具有調節作用。

H7：界面規則在知識分工與知識整合之間具有調節作用。

整合上述理論分析與研究假設，建立知識網路知識分工影響創新績效的基本理論模型，如圖4-8所示。

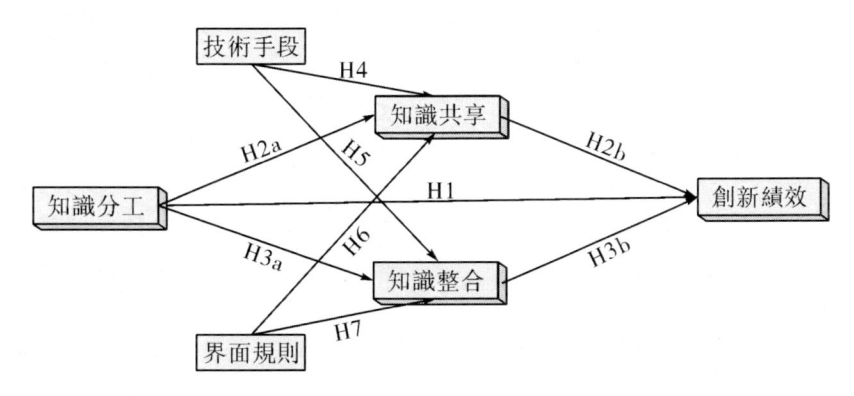

圖4-8　知識網路知識分工影響創新績效的基本理論模型

4.4.2　變量度量與問卷設計

本部分涉及的變量包括知識分工、知識共享、知識整合、創新績效、界面規則、技術手段。其中，知識分工是自變量，創新績效是因變量，知識共享、知識整合是仲介變量，界面規則、技術手段是調節變量。

變量測量作為樣本數據收集的工具，主要結合知識網路跨組織合作的特點，並參考相關成熟的量表，根據研究目的及實際情況進行適度的調整。實證方法採用多元線性迴歸的方法，以檢驗研究提出的理論假設。所涉及的變量測量均採用Likert七分量表進行測量。在進行實證檢驗之前，首先利用SPSS21.0進行樣本的信度分析和效度分析，保證測量數據收集方法的科學性及數據的有效性。

（1）模塊化的知識分工（D）參照Tiwana的成熟量表①，測量指標：①整個產品研發被分成很多子模塊，我們負責其中一個模塊；②子模塊之間有明確

---

① TIWANA A. Does interfirm modularity complement ignorance? A field study of software outsourcing alliances [J]. Strategic management journal, 2008, 29：1241-1252.

的技術接口規範或標準；③一個產品子模塊的變化會影響到客戶（供應商）的產品子系統。

（2）參照 Levinthal 和 March 對知識共享（S）測度的量表[①]，知識網路中知識共享的測度選取如下指標：①與網路成員交流的頻率；②與網路成員分享機密信息的程度；③向網路成員提供所需要知識的意願。

（3）參照 Kogut 和 Zander（1992）、Boer 等（1999）以及 Campbel（2003）關於知識整合（I）的量表中的設置，結合知識網路的特徵及運行的實際情況，選取知識整合的測度指標為：①與網路成員進行溝通，項目產品概念進行修訂的頻率；②對所獲取的各類知識，進行有效合成利用的程度及有效性；③從網路中所獲取的外部知識，集成到項目實施當中的程度。

（4）根據開放式創新的特點，創新績效（P）考慮了創新成功率、創新成本、創新速度三個方面，將具體測度指標設置為：①創新產品的成功率的變化；②新產品開發的成本降低率；③新產品開發的速度。

（5）知識網路知識分工的界面規則（R），實質上是分工單元間的協調制度，包括知識產權保護制度、創新激勵制度、利益分配制度。參照張寶生對虛擬科技創新團隊合作機制的測量[②]，將界面規則的測度指標設置為：①知識產權保護機制，使我們不用擔心技術信息的泄漏；②我們有明確制度鼓勵成員相互交流學習；③我們基本上能夠依據自己的研發任務，獲取相應的創新價值。

（6）借鑑曹霞對產、學、研合作創新知識整合技術手段（T）的測度[③]，將技術手段的測度指標設定為：①知識管理平臺是否得到及時維護和更新；②知識管理平臺使用了知識地圖、專家系統等多種工具輔助知識整合；③知識管理平臺線上知識互動方便快捷。

以上變量及其相關測度變量如表4-2所示。

[①] LEVINTHAL D, MARCH J G. The myopia of learning [J]. Strategic management journal, 1993, 14 (Special Issue): 95-112.

[②] 張寶生，王曉紅. 虛擬科技創新團隊知識流動意願影響因素實證研究——基於知識網路分析框架 [J]. 研究與發展管理，2012, 24 (2): 1-9, 57.

[③] 曹霞，付向梅，楊園芳. 產、學、研合作創新知識整合影響因素研究 [J]. 科技進步與對策，2012, 29 (2): 1-6.

表 4-2　　　　　　　　知識分工與創新績效關係量表

知識分工（D）	D1 整個產品研發被分成很多子模塊，我們負責其中一個模塊
	D2 子模塊之間有明確的技術接口規範或標準
	D3 一個產品子模塊的變化會影響到客戶（供應商）的產品子系統
界面規則（R）	R1 知識產權保護機制使我們不用擔心技術信息的泄漏
	R2 我們有明確制度鼓勵成員相互交流學習
	R3 我們基本上能夠依據自己的研發任務，獲取相應的創新價值
技術手段（T）	T1 知識管理平臺是否得到及時維護和更新
	T2 知識管理平臺使用了知識地圖、專家系統等多種工具輔助知識整合
	T3 知識管理平臺線上知識互動方便快捷
知識共享（S）	S1 與網路成員交流的頻率
	S2 與網路成員分享機密信息的程度
	S3 向網路成員提供所需要知識的意願
知識整合（I）	I1 與網路成員進行溝通，項目產品概念進行修訂的頻率
	I2 對所獲取的各類知識，進行有效的合成利用的程度及有效性
	I3 從網路中所獲取的外部知識，集成到項目實施當中的程度
創新績效（P）	P1 創新產品的成功率的變化
	P2 新產品開發的成本降低率
	P3 新產品開發的速度

4.4.3　數據分析結果

4.4.3.1　研究樣本與數據收集

根據統計學的相關理論，本次調查採用問卷調查的方式，調查對象為國內知名眾包網站、擁有開放式創新平臺的科技型企業。通過三種形式對調查問卷進行發放：①現場發放形式。請眾包網站管理層及技術中心負責人以調研走訪的現場發放形式填寫 17 份問卷；委託四川大學 EDP 培訓機構在課堂上發放問卷 45 份，回收 38 份。②電子郵件發放形式。通過電子郵件及電函邀請相關部門人員填寫問卷，共回收問卷 33 份。③網站發放形式。2014 年 11 月—2015 年 4 月，在一品威客網、威客中國、孫大聖、InnoCentive、iUserSurvey 社區、

豬八戒網站、任務中國和快活林威客網站的 BBS 討論區投放問卷 100 份，回收 63 份。

4.4.3.2　測量模型檢驗

（1）信度分析。採用 Cronbach 系數衡量其內部一致性。模型整體的 Cronbach 值為 0.893，各變量的 Cronbach 值均大於 0.7，表明本研究的各變量具有較好的信度，如表 4-3 所示。

表 4-3　知識分工影響創新績效實證研究樣本數據檢驗結果

變量	衡量項目數	Cronbach 值	整體 Cronbach 值
知識分工	3	0.936	0.893
知識共享	3	0.951	
知識整合	3	0.963	
創新績效	3	0.911	
技術手段	3	0.957	
界面規則	3	0.960	

（2）效度分析。利用 SPSS 21.0 統計軟件，首先對數據進行 KMO 檢驗和 Barlett 檢驗，其中 KMO 檢驗值為 0.941，Bartlett 統計值顯著異於 0（<0.001），見表 4-4。然後運用主成分分析方法進行探索性因子分析，提取 6 個公因子，共解釋了總體方差的 89.706%，說明量表題項的整體結構比較合理，效度較好，如表 4-5 所示。

表 4-4　知識分工影響創新績效實證研究 KMO 和 Bartlett 的檢驗

KMO 檢驗		0.941
Bartlett 的球形度檢驗	近似卡方	4,471.178
	df	153
	Sig.	0.000

註：①P：Barlett 球形度檢驗的 x^2 統計值的顯著性概率。
②顯著性概率：P^*<0.05；P^{**}<0.005；P^{***}<0.001。

表 4-5　知識分工影響創新績效實證研究整體探索性因子分析結果

	1	2	3	4	5	6
D1	0.943	0.129	−0.027	−0.142	−0.028	−0.210
D2	0.900	0.126	−0.008	0.400	−0.033	−0.023

表4-5(續)

	1	2	3	4	5	6
D3	0.923	0.141	-0.016	0.069	0.027	0.330
T1	0.072	0.944	0.071	0.015	0.108	-0.019
T2	0.075	0.957	0.035	0.046	0.065	0.062
T3	0.072	0.961	0.001	0.021	0.061	0.034
R1	0.143	0.103	0.960	0.023	0.009	0.056
R2	0.145	0.077	0.953	0.060	0.022	0.044
R3	0.181	0.011	0.933	0.081	0.060	-0.111
S1	-0.028	0.468	0.319	0.779	0.049	0.019
S2	-0.008	0.434	0.277	0.810	0.109	0.031
S3	-0.012	0.466	0.260	0.794	0.039	0.026
I1	-0.013	0.150	0.565	0.032	0.782	0.024
I2	-0.063	0.119	0.592	0.055	0.761	0.017
I3	-0.021	0.148	0.573	0.061	0.769	0.011
P1	0.062	0.272	0.507	0.067	0.357	0.700
P2	0.039	0.264	0.563	0.133	0.388	0.729
P3	0.077	0.267	0.524	0.031	0.367	0.774

註：主成分分析，該方陣取旋轉陣，旋轉方法為 Varimax 旋轉

(3) 結構模型檢驗

運用 AMOS21.0 軟件分析的結果表明，該結構方程模型具有較好的擬合度。CMIN（X^2）值為 162.717，P 值為 0.015（P>0.05），P 值偏小；CMIN/DF（X^2/df）值為 1.291，小於 3。GFI 為 0.902，大於 0.9。模型基本滿足擬合標準，因此我們可以根據此模型結果來檢驗前文的假設模型。檢驗結果如表 4-6 所示，各路徑係數臨界比（C. R.）大於 1.96，P 值有一定的統計顯著性（<0.05），表明模型擬合度較高且適配性較好。路徑關係及路徑係數見圖 4-9。

假設 H1 路徑係數為 0.193，表明知識分工對創新績效具有正向的作用，但作用有限。

假設 H2a、假設 H3b 路徑係數分別為 -0.735 和 0.345，表明知識分工降低了知識共享意願，不利於創新績效的提升。

假設 H3a、假設 H3b 路徑係數分別為 -0.726 和 0.762，表明知識分工增加

了知識整合的難度，同樣不利於創新績效的提升。

假設 H4、假設 H5 路徑系數為 0.595 和 0.299，表明技術手段對知識共享和知識整合具有正向的作用，並且技術手段對知識共享的作用更加明顯。

假設 H6、假設 H7 的路徑系數為 0.308 和 0.632，表明界面規則對知識共享和知識整合具有正向的作用，並且界面規則對知識整合的作用更加明顯。

表 4-6　知識分工影響創新績效實證研究標準化路徑系數和假設檢驗

假設路徑	假設關係	標準化路徑系數	S. E.	C. R.	P	支持程度
知識分工→創新績效	假設 H1	0.193	0.059	13.906	***	支持
知識分工→知識共享	假設 H2a	-0.735	0.040	-21.418	***	支持
知識共享→創新績效	假設 H2b	0.345	0.081	4.713	***	支持
知識分工→知識整合	假設 H3a	-0.726	0.059	4.128	***	支持
知識整合→創新績效	假設 H3b	0.762	0.081	4.713	***	支持
技術手段→知識共享	假設 H4	0.595	0.033	18.663	***	支持
技術手段→知識整合	假設 H5	0.299	0.024	13.906	***	支持
界面規則→知識共享	假設 H6	0.308	0.024	11.889	***	支持
界面規則→知識整合	假設 H7	0.632	0.023	26.509	***	支持
模型適配度評價		593.15 (P = 0.0) df = 267，RMSEA = 0.063，NFI = 0.94，NNFI = 0.96，IFI = 0.96，CFI = 0.96，GFI = 0.87，AGFI = 0.84				

註：顯著性概率 $P^* < 0.1$；$P^{**} < 0.05$；$P^{***} < 0.001$。

研究結果表明：知識分工對創新績效具有正向的作用，但也降低了創新參與者間知識共享的意願、提高了知識整合的難度。知識共享意願的降低和知識整合難度的提高，制約了知識分工對創新績效的正向作用。而清晰的界面規則、先進的技術手段則可以促進知識共享和整合，技術手段對知識共享、界面規則對知識整合的作用尤其明顯。

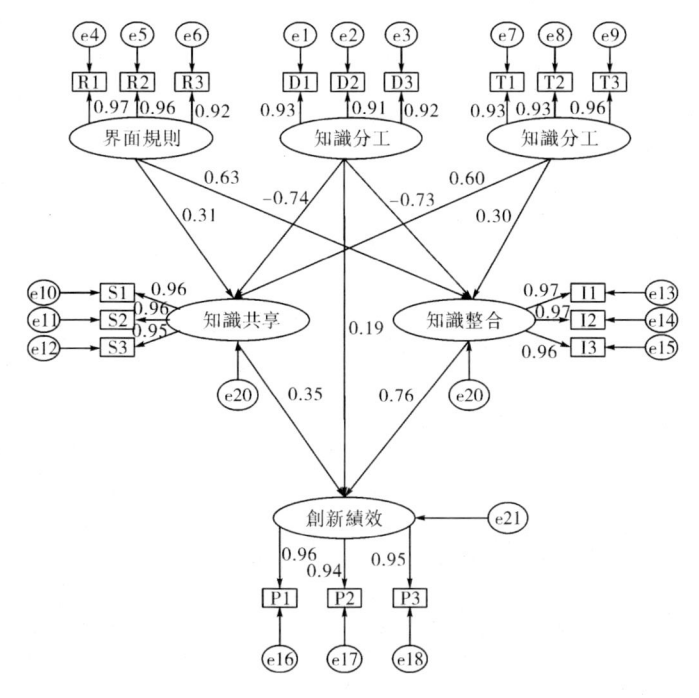

圖 4-9　開放式創新作用機理與路徑圖

4.5　互聯網背景下知識分工協同機制設計

　　根據實證結果，開放式創新在知識分工的同時，需要從技術手段、界面規則等方面入手構建相應的知識協同機制，促進創新參與者之間的知識共享和整合，從而獲得多主體、多目標、多任務的「1+1>2」的知識協同效應①。與知識協調不同，知識協同不再強調組織之間的多邊依賴關係，而是強調組織之間基於知識優勢的知識分工；不再強調組織之間任務邊界的割分，而是強調在同一平臺上實現互動與交融；不再強調組織之間的競爭與博弈，而是強調知識的共同創造。本節基於 RPV（Resource，Process，Value）模型，從知識配置、知識創造、知識佔有三個角度探討開放式創新知識分工協同機制的設計。

---

　　① ANKLAM P. Knowledge management：the collaboration thread［J］. Bulletin of the American society for information science and technology，2002，28（6）：8-11.

4.5.1 基於知識優勢的知識配置機制

開放式創新的實質是基於知識優勢的知識分工和分佈式創造，而合理的知識分工有賴於知識配置機制。知識配置機制是指，基於創新參與者的知識優勢，使創新資源與創新任務進行有效匹配，實現創新參與者的自動交互、自我增值。合理的知識配置機制，需要考慮兩個方面：

（1）知識模塊化。對於分佈式、大規模的開放式創新，知識模塊化可以給予參與者更多的創新自由，從而促進知識的流動和創造能力的有效配置。如果產品知識模型基於創新任務的依賴性及獨立性，對產品知識模型進行適度的分類、重組及分解，網路成員就可以基於自身的知識優勢自主選擇創新的任務、方式及自由進行時間安排，在知識網路分佈式創新過程中能夠基於自身的實際情況而體現出最大的自主性和靈活性，從而實現知識的跨組織協同創新。

（2）協作粒度的劃分。知識網路中，協作粒度代表著知識模塊的規模。網路成員間通過知識分工實現知識的非同步創造是建立在產品知識模型高度模塊化的基礎上的。根據有用性原理，知識整合的邊際成本必須低於其邊際價值，在此邊界上協作粒度決定著創新參與者專用資產投資的意願。且不同粒度對應著模塊的規模及創新任務的分配，直接決定著網路成員的動機，粒度的異質性及差異化使網路成員在不同的層次上進行分工協作。因此，知識分工協作必須考慮協作粒度的情況，只有達到最小有效率規模，才能實現參與者的有效匯聚，進而使價值的共同創造得以成功實現。

4.5.2 基於 Web2.0 技術的同儕研發機制

開放式創新源於知識和技術方面的異質性，強調網路成員基於異質性知識進行分工，基於共同的創新目標進行互動、交流和資源共享。由於經濟利益獨立，沒有科層的命令機制，知識網路成員就知識創造而言是一種同儕關係。同儕關係是指在沒有權力的指引和命令的約束機制下，網路成員之間基於共同的目標長期互動進行協調的一種自組織行為[1]。同儕研發機制下，網路成員之間彼此願意進行知識協作、知識互動、知識共享，並不意味著其行為的順利發生，還需要先進的網路技術、分佈式交流系統等技術的支持，來降低知識交流和共享的成本，提升研發效率。Tag、RSS、Wiki、SNS 等 Web2.0 核心技術，及大數據、雲計算、

---

[1] 羅珉，王雎. 跨組織大規模協作：特徵、要素與運行機制 [J]. 中國工業經濟，2007（8）：5-14.

互聯網支付等，可以有效地支持知識共享的各個組成部分相互作用、相互補充，建立起完善、合理的開放式創新平臺，促進網路成員間的知識共享。同儕研發是開放式創新平臺的有效運行機制，具有兩個優勢：一是，網路成員能夠對自身的知識優勢進行識別；二是，參與者能夠在較少約束下，充分發揮其創造能力。同儕研發機制一方面通過共同目標激勵網路成員之間進行知識交流與知識協作的意願，另一方面通過長期互動培育一種創新氛圍以激活更多的創新機會及創新動力。

4.5.3 基於關係產權的知識佔有機制

開放式創新通過知識分工得到了獲取知識累積效應、提升創新速度的機會，但實際效果還有賴於知識整合，而知識整合需要合理的知識佔有機制。依法的知識產權制度強調「產權是一束權利」。它通過針對模仿者的隔離機制來防止機會主義行為、留住創新價值，但不利於知識的共享和整合。而關係產權是一種強調「產權是一束關係」的共同佔有制度①。關係產權制度突出了社會規範在知識共享和整合中的作用，它通過信任和互惠營造出一個微觀價值生態圈。在這個生態圈裡，信任機制降低了知識保護的程度、提高了知識分享和創造的水準，而互惠機制促進了創新參與者間緊密互動、鼓勵了知識間不同組合的試驗以及增加了共同解決問題的知識協作行為。創新參與者在生態圈裡以「群居生存」的方式同生共存，它們無法單獨實現最終產品的製造與價值的實現。網路成員在知識分工協作過程中注重利益的間接獲取，而非短期的金錢交易、直接獲取。在網路成員知識互動過程中，互惠、利他的行為可以避免機會主義行為的發生，促進基於共同價值的創造，提升網路創新的效率。因此，關係產權作為一種聯結機制，通過妥協的知識產權、弱化的知識產權、交融的知識產權來推動知識在網路成員間的自由流動以促進更大價值的創造，在規避機會主義行為的同時促進成員的合作與分享。

4.6 本章小結

在知識網路中，知識的利用與創新超越了單個組織的邊界，成為跨組織的實踐。知識的高度精細化分工在促進知識快速累積的同時，也給知識的跨組織

---

① 周雪光.「關係產權」：產權制度的一個社會學解釋 [J]. 社會學研究，2005, 20 (2)：1-31.

流動與整合帶來阻力。

　　本章首先對開放式創新知識分工、知識創造、知識整合階段的知識流動進行了探討，然後基於知識流動視角利用 Amos21.0 軟件對知識分工與創新績效的作用機理進行實證，實證結果表明：知識分工對創新績效具有正向的作用，但也降低了創新參與者間知識共享的意願、提高了知識整合的難度。知識共享意願的降低和知識整合難度的提高，制約了知識分工對創新績效的正向作用。清晰的界面規則、先進的技術手段可以提升知識共享和整合的水準，技術手段對知識共享、界面規則對知識整合的作用尤其明顯。本研究最後根據實證結果，基於 RPV（Resource，Process，Value）模型提出了開放式創新知識分工協同機制，即基於知識優勢的知識配置機制、基於 Web2.0 技術的同儕研發機制和基於關係產權的知識佔有機制。資源協同、營運協同與價值協同，可以有效破解開放式創新模式下「知識的精細化分工與跨組織大規模協作」的難題，實現協同共治、群體智慧和集體價值塑造。

5 知識網路的風險機制

在知識網路合作框架下，因組織之間合作特性、知識特性以及知識網路所處環境的複雜性與不確定性等因素，知識網路成員乃至整個網路面對多種類型的風險，造成知識網路整體對成員以及組織成員對知識轉移、擴散的約束力不強，知識難以在組織之間形成穩定流動，且知識轉移效率低下，甚至組織的核心知識洩露，導致知識網路的合作破產。理論研究與生產實踐都要求對知識網路風險展開深入研究，以擺脫知識網路風險的管理困境。本章探討知識網路的風險機制，對知識網路風險進行識別與定量化評估，研究對知識網路中各類風險的防範，繼而思考有效的風險防範策略。

5.1 知識網路風險及其識別

5.1.1 知識網路風險的內涵與特徵

從系統工程角度看，風險被普遍定義為：因影響因素複雜性與不可預知的變動性造成結果與期望結果不一致，並導致利益受損的不確定與可能[1][2]。作為一種複雜系統，知識網路同樣面臨著合作成果價值的不確定、主體間關係的複雜性及網路資源分配不平衡等特點，以及網路外部環境複雜性等問題[3]。基於此，本研究認為，知識網路的風險，是指由知識網路外部環境的不確定性、組織之間合作特性以及知識本身特性等因素所引起的，導致知識合作失敗或知

---

[1] HUANG C, MORAGA C. A fuzzy risk model and its matrix algorithm [J]. International journal of uncertainty, fuzziness and knowledge-based systems, 2002, 10 (4): 347-362.

[2] 張延祿, 楊乃定. R&D 網路風險相繼傳播模型構建及仿真 [J]. 系統工程理論實踐, 2014, 34 (3): 723-731.

[3] 彭雙, 徐維新, 顧新, 等. 知識網路風險及其防範機制研究——基於社會網路視角 [J]. 科技進步與對策, 2013, 30 (20): 124-127.

識網路合作破產等不良結果的風險。

石琳娜 等（2011）研究認為[1]，知識網路風險具有傳遞性、多樣性、放大性和博弈性等特性：①傳遞性。該特徵作為知識網路顯著特徵，由知識網路結構屬性本質決定。由於知識網路是一個跨組織合作體，多個組織因知識需求而構建聯繫，彼此互相依賴、互相影響，無論其中哪個組織出現問題，信息將通過正式或非正式溝通渠道迅速傳遞至其他組織，進而影響知識網路整體的穩定。②多樣性。知識網路是一種典型的跨組織合作模式，自成立開始不但會面臨單一組織本來就要面臨的風險，如金融風險、市場風險、人力風險等，而且還要面對源於合作組織的風險，如文化差異風險與成員信用風險等。由此可知，相比其他跨組織合作的風險，知識網路風險構成更複雜，涉及範圍也更加廣泛。③放大性。知識網路的組織之間合作過程涉及多個組織，多個組織之間依靠關係契約存續知識供需與合作關係。關係在一定程度上不穩定，當其與外部環境的不確定性相互作用時，可能引起所謂「風險共振」現象，導致風險水準急遽增長，造成嚴重危害。④博弈性。知識網路中的構成合作組織本身是獨立自主的理性市場主體，擁有各異的利益價值取向，為實現自身利益的最大化，彼此之間會展開激烈的博弈。

5.1.2　知識網路風險的識別

風險是不良事件發生與否，不確定的客觀現象。在企業管理領域，已經就一致認為「風險規避較獲得額外收益更加重要」[2]。當下規避組織環境的風險及不確定的相關內容已成為管理者關注的緊要內容。目前，針對知識網路風險的研究剛剛起步，成果不多。Trkman 等（2012）[3] 從組織之間的合作特性（nature of collaboration）、網路本身的特性（nature of network）、臨近（proximity）、行為類型（type of action）、風險作用範圍（range of risk）等 5 個方面研究網路風險的作用機制；在此基礎上，Marabelli 等（2012）[4] 圍繞著知識是否

---

[1] 石琳娜，石娟，顧新. 知識網路的風險及其防範機制研究 [J]. 科技進步與對策，2011，28（16）：118-121.

[2] RUEFLI T W, COLLINS J M, LACUGNA J R. Risk measures in strategic management research: auld langsyne? [J]. Strategic management journal, 1999, 20（2）：167-194.

[3] TRKMAN P, DESOUZA K C. Knowledge risks in organizational networks: An exploratory framework [J]. The journal of strategic information systems, 2012, 21（1）：1-17.

[4] MARABELLI M, NEWELL S. Knowledge risks in organizational networks: the practice perspective [J]. The journal of strategic information systems, 2012, 21（1）：18-30.

應該共享，及由此引發的核心知識外溢問題來探討知識網路的風險。彭雙 等（2013）[1] 強調知識網路從本質而言，是一種特殊社會網路，呈現出「內緊外鬆」的形式，可根據主體間強弱關係劃分成三層，並因此將風險劃分為核心層風險、從屬層風險以及外部環境風險。與知識網路概念相似，Das 等（2000）[2] 在知識聯盟研究中，設計了關係性風險與績效風險相整合的概念架構。在該概念模型中，關係性風險屬於交互合作的核心風險，由成員互動形成，意味著合作失敗的可能性及其造成的不良結果；績效風險源於成員與環境的交互，意味著成員由於自身競爭力缺失或市場不確定導致的利益損失。對於關係性風險，Williamson（1983）曾將這類風險產生原因歸結於合作夥伴之間的機會主義行為[3]；唐登莉 等（2014）[4] 則認為，是知識溢出導致了合作雙方談判能力的改變，從而產生了關係性風險，並認為該類風險的產生歷經了醞釀、構建、改變到形成的過程，如圖 5-1 所示。張延祿 等（2014）則將研發網路的風險總結為外源性風險與內源性風險[5]，並根據不同風險的發生概率及損失大小兩個維度進行分類，得出研發網路風險，如圖 5-2 所示。外源性風險是指，外部環境的變化帶來損失的可能性主要由市場風險、經濟風險和政策環境風險構成，其中，市場風險主要由需求變動、市場競爭等因素造成。內源性風險則源於網路內部組織之間的複雜互動關係，主要由道德風險、工期風險、資金風險以及協作等風險所構成。此外，基於不同的視角或分類標準，道德風險、信任風險、契約風險、互補性[6]、風險信息不對稱風險等也常在討論之列。

---

[1] 彭雙, 餘維新, 顧新, 等. 知識網路風險及其防範機制研究——基於社會網路視角 [J]. 科技進步與對策, 2013, 30（20）：124-127.

[2] DAS T K, TENG B S. Instabilities of strategic alliances: An internal tensions perspective [J]. Organization science, 2000, 11（1）：77-101.

[3] WILLIAMSON O E. Credible commitments: Using hostages to support exchange [J]. The American economic review, 1983：519-540.

[4] 唐登莉, 李力, 羅超亮. 知識聯盟及其合作中的關係性風險研究 [J]. 情報雜誌, 2014, 33（2）：183-188.

[5] 張延祿, 楊乃定. R&D 網路風險相繼傳播模型構建及仿真 [J]. 系統工程理論實踐, 2014, 34（3）：723-731.

[6] 陸瑾. 基於演化博弈論的知識聯盟動態複雜性分析 [J]. 財經科學, 2006（3）：54-61.

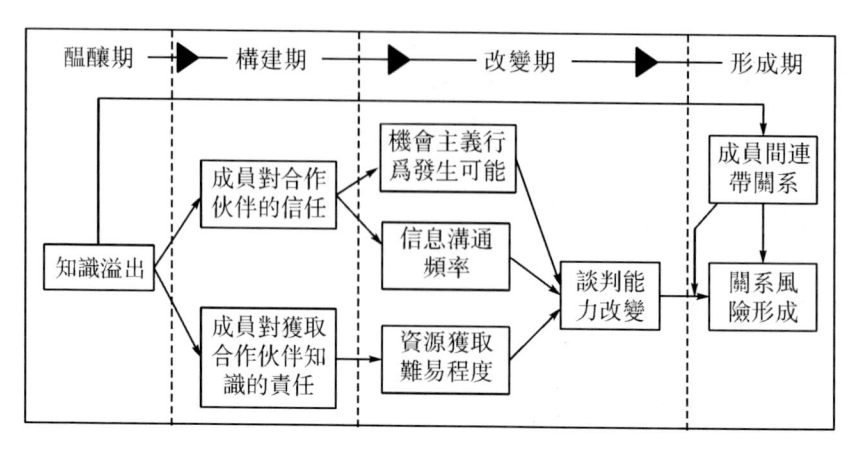

图 5-1 關係風險產生的機理模型

(資料來源: 唐登莉、李力、羅超亮的文獻, 載於《情報雜誌》, 2014 年第 2 期)

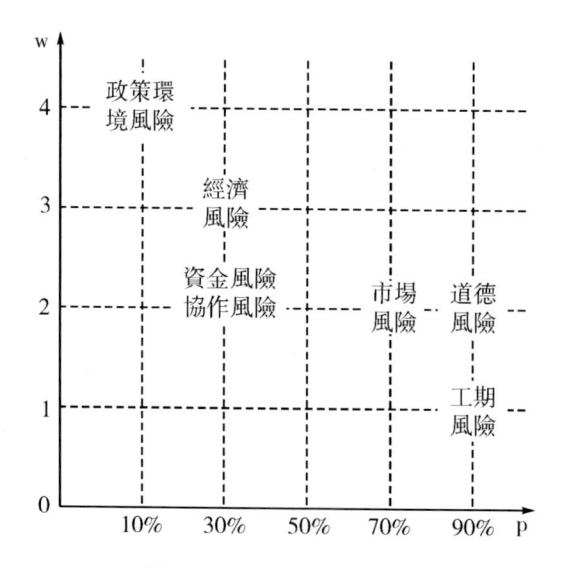

圖 5-2 研發網路風險分類

(資料來源: 張延祿、楊乃定的文獻, 載於《系統工程理論實踐》, 2014 年第 3 期)

本研究從 COSO (The Committee of Sponsoring Organizations of the Treadway Commission) 風險管理框架分析看①, 知識網路的風險來自外部環境不確定性、

---

① MOELLER R R. COSO enterprise risk management: understanding the new integrated ERM framework [M]. New Jersey, USA: John wiley & sons, 2007.

組織之間合作特性，以及知識本身的特性三部分。

5.1.2.1 外部環境不確定性

從系統的觀點看，知識網路也位於一定外部環境之中，並與外部環境不斷進行著「知識交互」，表現為網路知識通過特定傳播機制向環境中傳播，此外，根據一定途徑與渠道，外部知識被知識網路所吸收。網路結構與信息水準影響了知識由內而外的擴散程度及外部環境的知識反饋水準，並由此帶來了顯著的外生風險。由環境不確定性引致的這類風險，主要有政治環境風險與市場環境風險兩種。

（1）政治環境風險。在知識網路合作框架下，知識創新活動與政治環境密切關聯，在政府主導而非市場主導的知識網路中尤其明顯，政策的變更、新法律法規的出抬、制訂以及其他相關政策信息的變化，都會直接影響知識網路的內環境變化，帶來利好結果或破壞性影響。但因為知識網路整體內環境與外部政策的信息源「信息距離」通常較遠，導致知識網路與政府政策制定部門的關係較弱，所以信息無法順利傳遞到網路內的組織成員及個體成員，形成信息錯位，政策回應滯後，帶來不利影響。如因為沒有迅速獲知區域內支持技術創新活動的利好政策，或是沒有提前做好避免不利新政影響的應對措施，就會導致政治風險。

（2）市場環境風險。知識依靠跨組織流動促成知識共享與知識創造，實現知識增值。新創知識依靠知識的技術化「跳躍」而實現知識創新的溢出價值，即實現所謂技術創新。凝結著新技術的產品最終通過市場交換獲得原始知識收益。然而，這一流程順利進行的關鍵在於某種積極預期，即市場對待這一新技術開發出來的產品有較好的需求。當這種市場需求信息的傳遞呈現「時滯」時，市場需求與知識創新者利益需求的矛盾隨之形成。市場環境與知識網路內部主體之間的信息傳遞渠道較長，或者知識網路中的組織與外環境僅表現為弱聯繫的時候，就容易導致市場風險。比如市場需求的變化造成研發出來的新技術（產品）不符合市場需求，導致費時費力創造出來的知識當時價值卻不成比例。通常來看，政治環境風險、市場環境風險等，不為知識網路管理者控制，具有客觀性特徵，且難以完全規避。

5.1.2.2 組織之間合作特性

知識網路中組織之間多實施關係契約。在這種契約規約下，網路整體對成員的約束力不足，對於理性、自利的成員組織而言，存在實施機會主義行為、損害夥伴利益的可能性。在跨組織知識轉移中，存在著多種因組織間合作的特性引致的不良風險，雖然這種風險靈活、多元，但可為知識網路控制與規避。

知識網路的這類風險，主要包括利益分配風險、核心知識外溢風險以及文化差異風險等。

（1）利益分配風險。相比於組織內部門之間高約束程度的合作，知識網路成員間基於知識的合作更為鬆散。合作的「非對稱」性（Asymmetric）[①]導致核心成員有通過知識轉移利用、剝削其他成員的可能。對知識轉移的影響，表現在核心成員可借此迅速獲得所需知識，而其他成員的知識共享動機則逐漸減弱甚至喪失；對網路整體的影響，表現在核心成員無法真正參與到與其他成員的協同創新中，且網路整體會逐漸不穩定並呈現出投機的合作氛圍。在這樣的氛圍下，擁有信息優勢的成員一方面可以利用優勢增強自身議價能力[②]，從而在談判中占據主動地位，制定利己的收益分配方案；另一方面還可以隱藏一些機會主義行為，使得處於信息劣勢一方無法意識到問題並因此蒙受損失。這樣使得信息優勢一方獲得與投入不成比例的收益，為知識網路健康運行埋下組織間衝突的隱患。可見，公平地進行利益分配，是組織之間進行順利合作的前提，任何組織期間若感知到利益分配不合理，必將影響合作信心，從而影響合作的可能性和持續性。

（2）核心知識外溢風險。知識網路具有較高知識外溢程度，從整體看，是有益於知識網路發展的，然而，由於知識保護意識的缺乏以及機會主義行為的存在，核心知識的外溢對個體成員的傷害卻也是徹底的。「知識外溢」是網路成員極力避免與控制的。施琴芬 等（2003）[③]將這種現象歸結於知識的特殊性和壟斷性[④]，因為跨組織的知識合作容易使知識主體陷入二元結構矛盾[⑤]。知識資本屬於智力資本，是可以不斷進行價值轉化實現價值增值的資本。如果知識交互雙方尚未構建起完備的互利互惠機制，即主體價值無法充分實現並達到最大化，那麼知識外溢帶來的潛在負面影響將存在於知識網路中。而對於「核心」知識外溢，則更不能為當事成員所接受。目前很多的核心知識洩露都與被認為與機會主義行為密切相關。Trkman 和 Desouza（2012）在其研究中強

[①] TRKMAN P, DESOUZA K C. Knowledge risks in organizational networks: An exploratory framework [J]. The journal of strategic information systems, 2012, 21 (1): 1-17.
[②] 雷志柱. 知識網路組織構建與管理研究 [M]. 北京：北京理工大學出版社, 2012.
[③] 施琴芬, 郭強. 隱性知識主體風險態度的經濟學分析 [J]. 科學學研究, 2003, 21 (1): 80-82.
[④] 擁有隱性知識的人是不會主動傳播知識的，特別是可以帶來特別收益的隱性知識，也即隱性知識具有壟斷性。
[⑤] 施琴芬, 梁凱. 隱性知識主體價值最大化的博弈分析 [J]. 科學學與科學技術管理, 2003, 24 (3): 11-13.

調，網路成員在是否決定向其他組織共享知識時，不可避免需要考慮核心知識的外溢造成自身失去該核心知識唯一來源「競爭優勢」後的損害。但有時因為組織或個人的故意行為（deliberate）或無心之失（non-deliberate）導致的損失卻無法簡單由知識網路掌控。這種不確定、難以預見的特徵正是風險所在。這種現象被Quintas等（1997）稱為「邊界困境」①，即知識網路成員必須在知識網路的跨組織共享，以提升自身知識優勢、競爭實力和有效保護自身核心知識資產之間求得平衡。

（3）文化差異風險。組織文化是嵌入於正式及非正式人際關係中的信念、行為規範，引導個人、組織的思維傾向、價值觀念與行為方式。Blecker和Neumann認為，文化差異是組織之間進行知識共享的重要障礙因素②。在知識網路中，組織文化還影響網路主體的知識選擇，知識網路中的成員往往會不自覺地從文化角度去判斷知識的重要程度③。在一個結構固定的知識型組織中，往往存在統一的內部文化管理模式，由於知識網路的跨組織合作特點，知識網路不可能採用單一文化管理，更無法在短期內培育出上下統一的組織文化④。即便知識網路管理者做出努力，期望培育這樣的共性文化，但由於組織文化擁有的歷史延續性與穩定性⑤，這種組織文化的「覆蓋」「清除」性嘗試，特別是對組織精神與價值觀的否定，將會引起組織員工的失落、對抗心理，進而表現為各式衝突。另外，文化差異所導致的組織情感非理性反應，也更容易激發組織的「感情用事」，使成員之間難以耐心從差異文化背景中存異求同，造成合作不穩定，甚至引發衝突。而由於異質文化存在客觀的自我保護機制，也會降低彼此信任水準，直接增加契約的談判與維持成本。

5.1.2.3 知識本身的特性

知識本身特性一般包括知識模糊性、知識顯性、隱性不匹配、知識傳遞方式方法、知識的投入、產出不確定性及知識契約的不完備等[4]。知識本身具有

---

① QUINTAS P, LEFRERE P, JONES G. Knowledge management: a strategic agenda [J]. Long range planning, 1997, 30 (3): 385-391.

② BLECKER T, NEUMANN R. Interorganizational Knowledge Management: Some Perspectives for Knowledge Oriented Strategic Management [J]. Knowledge management and virtual organizations. 2000, 20 (2): 743-750.

③ 劉敦虎，陳謙明，高燕妮，等. 知識聯盟組織之間的文化衝突及其協同管理研究 [J]. 科技進步與對策，2010, 27 (7): 136-139.

④ 雷志柱. 知識網路組織構建與管理研究 [M]. 北京：北京理工大學出版社，2012.

⑤ 廖杰，顧新. 知識鏈組織之間的文化衝突分析 [J]. 科學管理研究，2009 (5): 54-57.

的這類特徵也將使網路跨組織合作，特別是組織之間的知識共享行為面臨一定風險[1]。且由於這類風險因風險發生來源客體較為穩定，因此很難被知識網路管理者所意識到。根據知識傳遞的過程，可以從三個方面對該類風險進行考察：

（1）知識編碼性風險。由於知識具有模糊、不確定性，促使組織或個人只能在一定程度上對知識進行概念認知，而無法精確窺探特定知識的本質特性及潛在價值。因此在知識傳遞發生之前，知識創新的組織難以對其進行完全編碼。此外，知識共享的範圍、程度以及具體目標也存在模糊性，形成了知識共享在共享始端的故障，造成了知識共享程度嚴重不如預期的後果。且作為交互的客體，知識擁有顯性、隱性兩個特徵。其中，顯性知識容易進行編碼和結構化形式表達，但隱性知識卻並不簡單，如組織員工的技術經驗、組織慣例等。因為它與編碼主體的能力高度相關，倘若缺乏相關技術基礎，則難以將客體知識進行編譯、轉換成為適合複製、轉移的樣式，增加了後續知識開展傳遞工作的困難程度。

（2）知識傳遞性風險。這類風險的產生與知識傳遞方式，知識的顯性、隱性特性匹配程度息息相關。顯性的知識借助依靠現代化技術手段進行快速傳遞；而對於未經編碼的隱性知識而言，卻難以依靠這種技術手段進行高效傳播[2]。隱性知識的傳播主要依靠組織之間頻繁的人際模仿與體驗式學習，可見兩者傳遞方式方法差異較大。在知識網路成員之間的合作中，共享的知識類型往往兩者兼有，且比例不同，無法為組織雙方明確掌握，造成知識傳遞的障礙以及知識共享效率的低下。另外，在知識共享過程中，由於位於中間節點的成員能力不足也將增加知識轉移成本，同時降低知識擴散效率。

（3）知識接收性風險。Lane等（1998）研究認為[3]，若知識接收方若沒有跟知識提供方匹配的處理流程，就難以順利吸收並利用來自知識提供方的知識；Simonin（1999）也同樣指出[4]，知識接收方的經驗與信息技術應用程度水準將對知識轉移產生顯著影響。知識接收方將知識進行學習、吸收、重構、內

---

[1] 魏奇鋒，顧新. 知識鏈組織之間知識共享的風險防範研究 [J]. 情報雜誌，2011，30（11）：120-124.

[2] 雷志柱. 知識網路組織構建與管理研究 [M]. 北京：北京理工大學出版社，2012：207.

[3] LANE P J, LUBATKIN M. Relative absorptive capacity and interorganizational learning [J]. Strategic management journal, 1998, 19 (5)：461-477.

[4] SIMONIN B L. Transfer of marketing know-how in international strategic alliances: an empirical investigation of the role and antecedents of knowledge ambiguity [J]. Journal of international business studies, 1999: 463-490.

化，以保證知識共享實現最終目標。然而由於知識的複雜度與接收方組織特性及其接收能力的錯位，容易造成「對牛彈琴」的局面，導致知識傳遞的線性過程在終端構成障礙，無法達成預期共享目標。

通過上述分析，構建出知識網路的風險來源框架，如圖 5-3 所示。

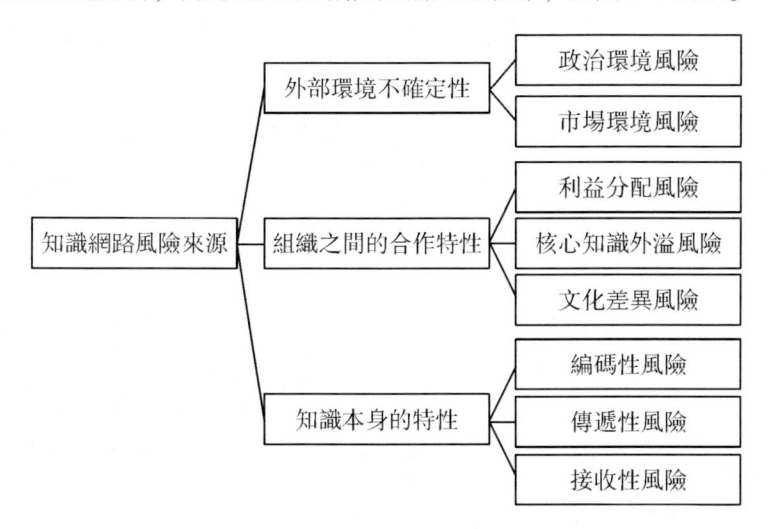

```
                              ┌── 政治環境風險
                   外部環境不確定性 ──┤
                              └── 市場環境風險

                              ┌── 利益分配風險
知識網路風險來源 ── 組織之間的合作特性 ──┤── 核心知識外溢風險
                              └── 文化差異風險

                              ┌── 編碼性風險
                   知識本身的特性 ──┤── 傳遞性風險
                              └── 接收性風險
```

圖 5-3　知識網路風險的來源框架

5.2　知識網路風險的評估——基於模糊風險矩陣

對風險進行評估，是在風險識別工作完成之後進行的又一項任務。通過評估知識網路前期識別出來的風險，分析、探討各類風險對知識網路及主體之間合作的影響程度，以及風險自身發生的可能性，據此提出風險的防範與控制策略，以期在更好地抓住市場機遇的同時也能有效對風險進行規避，從而提升合作效率與合作效益。作為傳統的風險管理理論主要內容之一，風險評估是其不可或缺的組成部分。本部分使用風險矩陣與模糊集理論，分析並評估各類知識網路風險，以求得各類風險對知識網路重要性水準的定量化排序。

評估知識網路風險的實現步驟為：①利用德爾菲法獲得有關專家對各類風險的評價初始數據；②使用模糊集理論方法對原始數據進行處理，降低專家調查結果的主觀依賴性；③使用風險矩陣方法進行定性評估，從而確定風險等級；④使用 Border 序值法，進而評估定性評估之後的風險值，獲得各類風險的重要性水準絕對排序。

5.2.1 構建風險矩陣

根據風險的定義①，提出知識網路風險值 R 的計算方法為：

$$R = I * P \qquad 公式5-1$$

其中 I 代表了風險發生後產生的損失量，P 代表風險發生的概率，其基本原理是評估風險發生的影響水準與其發生可能性，基於一定標準判斷風險發生的影響水準，從而確定對應風險的防範和預控措施，有效降低風險帶來的破壞性。借鑑風險矩陣的定義，將知識網路風險劃分為五個級別，如表 5-1 所示，其中，「極不可能發生」意味著 0~10%的發生概率，「不太可能發生」意味著 11%~40%的發生概率，「可能發生」意味著 41%~60%的發生概率，「很可能發生」意味著 61%~90%的發生概率，「極可能發生」意味著 91%~100%的發生概率；L 代表低度風險，M 代表中度風險，H 代表高度風險，相關解釋具體見表 5-2、表 5-3 所示。

表 5-1　　　　　　　　　知識網路的風險矩陣

概率 P 等級 I	0~10	11~40	41~60	61~90	91~100
災難	M	M	H	H	H
嚴重	M	M	M	H	H
中等	L	M	M	M	H
輕微	L	L	M	M	H
可忽略	L	L	L	M	M

表 5-2　　　　　　　　知識網路風險影響等級的解釋

風險影響等級	備註
災難	該類風險的發生，使得知識網路合作徹底失敗，合作目標難以達成
嚴重	該類風險的發生，使得知識網路的合作水準大幅度下降，嚴重影響合作目標的實現
中等	該類風險的發生，使得知識網路的合作水準有所下降，但跨組織合作的主要目標仍基本能夠實現

---

① HUANG C, MORAGA C. A fuzzy risk model and its matrix algorithm [J]. International journal of uncertainty, fuzziness and knowledge-based systems, 2002, 10 (4): 347-362.

表5-2(續)

風險影響等級	備註
輕微	該類風險的發生，使得知識網路的合作水準小幅度下降，但跨組織合作目標基本能夠達成
可忽略	該類風險的發生，對知識網路中的跨組織合作幾乎沒有造成什麼影響，因此可忽略不計

表 5-3　　　　　　　　知識網路風險發生概率的解釋

風險發生概率	發生概率範圍（%）
極不可能發生	0~10
不太可能發生	11~40
有可能會發生	41~60
很有可能發生	61~90
極有可能發生	91~100

5.2.2　風險評估數據的收集與處理

本部分研究參考了魏奇鋒和張曉青等（2012）的研究思路[1]，在評估數據的收集方面主要採用了 Delphi 法，根據本研究領域內有關專家的個人經驗、專業學識及優秀的判別能力等內隱知識，對所識別出的各類風險發生概率與對知識網路的影響等級進行調查。調查對象為研究型大學與科研院所中研究知識網路相關的博士研究生，以及知識型、科技型企業的管理層。本次總共發出問卷200份，歷時將近1個月，收回62份，其中有效問卷57份，問卷來源構成如表5-4所示。

表 5-4　　　　　　　　知識網路風險評估問卷來源構成

來源機構	數量（人）	所占比例
高等院校	31	54.39%
研究院所	9	15.79%
企業	16	28.07%
其他（如仲介服務機構等）	1	1.75%

---

[1] 魏奇鋒，張曉青，顧新. 基於模糊集與風險矩陣的知識鏈組織之間知識共享風險評估 [J]. 情報理論與實踐，2012，35（3）：75-78.

根據表 5-1、表 5-2 及表 5-3 來看，風險影響等級（I）及風險發生概率（P）兩項指標對風險等級的排序和評估產生了直接影響。不過，因為在知識網路評價中，兩類指標都隸屬定性指標，雖然前文已經解釋了其內涵並進行了一定說明，但顯然該「評價標準」仍欠缺細緻，存在較大「模糊性」，由此得到的研究結果難免受到專家主觀意志左右。因此，為降低專家評估過程中的主觀依賴性，本部分研究引入模糊集理論對原始數據進行進一步處理。

前文在文獻分析和實踐經驗的基礎上，已對知識網路風險進行了識別，這裡使用風險因素集 $U = (u_1, u_2, u_3, u_4, u_5, u_6, u_7, u_8)$，代表其中涉及的 8 種風險因素，使用 $V^1 = (v_1^1, v_2^1, v_3^1, v_4^1, v_5^1)$ 表示對風險影響等級的評語集，用 $V^2 = (v_1^2, v_2^2, v_3^2, v_4^2, v_5^2)$ 表示對風險發生概率的評語集。評語集則統一用 $V = (v_1, v_2, v_3, v_4, v_5)$ 表達。因此，各類風險的因素集 U 與其評語集 V 之間存在的模糊關係，可以使用隸屬度矩陣 R 來表達，即：

$$R = \begin{vmatrix} R_1 \\ R_2 \\ R_3 \\ R_4 \\ R_5 \\ R_6 \\ R_7 \\ R_8 \end{vmatrix} = \begin{vmatrix} r_{11} & r_{12} & r_{13} & r_{14} & r_{15} & r_{16} & r_{17} & r_{18} \\ r_{21} & r_{22} & r_{23} & r_{24} & r_{25} & r_{26} & r_{27} & r_{28} \\ r_{31} & r_{32} & r_{33} & r_{34} & r_{35} & r_{36} & r_{37} & r_{38} \\ r_{41} & r_{42} & r_{43} & r_{44} & r_{45} & r_{46} & r_{47} & r_{48} \\ r_{51} & r_{52} & r_{53} & r_{54} & r_{55} & r_{56} & r_{57} & r_{58} \\ r_{61} & r_{62} & r_{63} & r_{64} & r_{65} & r_{66} & r_{67} & r_{68} \\ r_{71} & r_{72} & r_{73} & r_{74} & r_{75} & r_{76} & r_{77} & r_{78} \\ r_{81} & r_{82} & r_{83} & r_{84} & r_{85} & r_{86} & r_{87} & r_{88} \end{vmatrix}$$

在這個過程中，運用模糊集理論處理數據時，需要考慮兩個問題，一是如何確定隸屬度函數，二是選擇何種方法進行模糊評價。

首先，確定隸屬度函數。用於確定該函數有不少方法，常用的有模糊統計、綜合判斷及二元對比排序法等。對後者通過德爾菲法得到的定性評價數據結果，本研究使用模糊統計方法，由此得出，就所識別得到的任意一個風險，通過德爾菲法得到樣本數量為 n，樣本隸屬評價指標 v_i 的頻數為 $m_i (i = 1, 2, \cdots, 5)$，那麼 $r_{ij} = m_i / n$ 就是這一指標隸屬評價指標 v_i 的隸屬度。

在本部分研究中，所識別出的八類知識網路風險，其影響等級按照可忽略、輕微、中等、嚴重、災難等五個評價等級進行模糊評價，得出的隸屬度矩陣如下所示：

$$R^1 = \begin{vmatrix} R_1^1 \\ R_2^1 \\ R_3^1 \\ R_4^1 \\ R_5^1 \\ R_6^1 \\ R_7^1 \\ R_8^1 \end{vmatrix} = \begin{vmatrix} 0.02 & 0.14 & 0.19 & 0.39 & 0.27 \\ 0.02 & 0.39 & 0.36 & 0.17 & 0.07 \\ 0.00 & 0.20 & 0.42 & 0.31 & 0.07 \\ 0.00 & 0.07 & 0.17 & 0.47 & 0.29 \\ 0.07 & 0.49 & 0.29 & 0.12 & 0.03 \\ 0.08 & 0.36 & 0.25 & 0.29 & 0.02 \\ 0.08 & 0.46 & 0.25 & 0.17 & 0.03 \\ 0.05 & 0.37 & 0.41 & 0.14 & 0.03 \end{vmatrix}$$

本部分研究識別出的八種風險的發生概率按絕不可能發生、不可能發生、可能發生、很可能發生、極可能發生五個等級進行模糊評價，得到的隸屬度矩陣為：

$$R^2 = \begin{vmatrix} R_1^2 \\ R_2^2 \\ R_3^2 \\ R_4^2 \\ R_5^2 \\ R_6^2 \\ R_7^2 \\ R_8^2 \end{vmatrix} = \begin{vmatrix} 0.08 & 0.10 & 0.46 & 0.29 & 0.07 \\ 0.00 & 0.05 & 0.25 & 0.37 & 0.32 \\ 0.02 & 0.03 & 0.46 & 0.29 & 0.20 \\ 0.02 & 0.02 & 0.44 & 0.39 & 0.14 \\ 0.02 & 0.20 & 0.59 & 0.12 & 0.07 \\ 0.00 & 0.10 & 0.59 & 0.25 & 0.05 \\ 0.37 & 0.31 & 0.19 & 0.12 & 0.02 \\ 0.22 & 0.31 & 0.24 & 0.21 & 0.02 \end{vmatrix}$$

接著，選擇合適的方法分析模糊評價結果。目前常用方法也有多種，其中包括最大接近、最大隸屬度、模糊向量單值化、模糊距離法與模糊關係綜合評價等。本部分研究選擇最大接近法進行後續研究。

假設 $r_{ij} = \max\limits_{1 \leq j \leq 5} r_{ij}$，計算 $\sum\limits_{j=1}^{l-1} r_{ij}$ 及 $\sum\limits_{j=l+1}^{5} r_{ij}$，確定評定等級的規則是：

(1) 若 $\sum\limits_{j=1}^{l-1} r_{ij} < \frac{1}{2}\sum\limits_{j=1}^{5} r_{ij}$ 且 $\sum\limits_{j=l+1}^{5} r_{ij} < \frac{1}{2}\sum\limits_{j=1}^{5} r_{ij}$，則評定等級為評語集 V 中的第 L 級；

(2) 若 $\sum\limits_{j=1}^{l-1} r_{ij} \geq \frac{1}{2}\sum\limits_{j=1}^{5} r_{ij}$，則評定等級為評語集 V 中的第 L-1 級；

(3) 若 $\sum\limits_{j=l+1}^{5} r_{ij} \geq \frac{1}{2}\sum\limits_{j=1}^{5} r_{ij}$，則評定等級為評語集 V 中的第 L+1 級。

(4) 若 $R_i = [r_{i1}, r_{i2}, r_{i3}, r_{i4}, r_{i5}]$ 當中有 q 個（$q \leq 5$）相等的最大數，根據計算規則先進行移位運算，若運算之後仍然表現為離散結果，則取移位後的中心等級實施評定；假若中心等級有兩個，則取權系數更大的那個值作為評定的最終等級。基於前文所述評價原則與經計算得出的數據，參考表 5-1 進行對照，以得到八類風險的評價結果，如表 5-5 所示：

表 5-5　　　　　　　　　知識網路風險評價結果

風險（R）	風險影響等級（I）	風險發生概率（P）	風險等級
政治環境風險	嚴重	可能發生	中度風險
市場環境風險	中等	很可能發生	中度風險
利益分配風險	中等	可能發生	中度風險
核心知識外溢風險	嚴重	很可能發生	高度風險
文化差異風險	輕微	可能發生	中度風險
編碼性風險	中等	可能發生	中度風險
傳遞性風險	輕微	不可能發生	低度風險
接收性風險	中等	不可能發生	中度風險

由表 5-5 可以看出，除了知識傳遞性風險較低外，其餘知識網路的風險等級都不低，相比其他跨組織合作模式而言顯得「危機四伏」，值得管理者警惕。

5.2.3　風險的 Borda 排序

因為理性組織擁有的人、財、物資源相對有限，考慮到經濟性，無法對所有識別到的風險進行全力的防範、治理與控制，因而就面臨一個「誰強誰弱」的疑問，通過對八類風險相對重要程度進行判別，幫助管理者優化決策，將有限成本投放到風險管理「性價比」最高的那些風險上。從表 5-5 顯示的評價結果來看，多個風險處於「高」「中」度風險等級當中，使得風險分類面臨著「風險結」（risk tie）。風險結意味著，處在相同等級下，其風險屬性相同卻仍可進一步區分的風險模塊，無法得到更細緻的區分，也即是說不同的風險類型被歸類到了同一級風險等級中。這種模糊的分類不利於科學風險管理，因此，為減少風險結使得風險等級劃分更合理。本部分研究使用 Borda 序值法對所識別出的知識網路八類風險根據重要程度進行絕對排序。具體算法如下：

$$b_i = \sum_{k=1}^{2} (N - R_{ik}) \qquad 公式\ 5\text{-}2$$

$$b_{ri} = \sum_{j=1,\ j \neq i}^{8} M(b_j > b_i) \qquad 公式\ 5\text{-}3$$

其中，

N：待評估風險數量；

K：評估準則(即上文中涉及的風險影響等級、風險發生概率)；

M：k 的個數，在本研究中 $m = 2$，$k = 1$ 表示風險影響等級 I，$k = 2$ 表示風險放生概率 P；

R_{ik}：在準則 k 下取值等級高於特定風險 i 的風險數量；

b_i：風險 i 的 Borda 值；

b_{ri}：風險 i 的 Borda 序值。

根據調研結果，使用公式（2）和（3）可以計算出，知識網路八類風險的 Borda 值及其序值見表 5-6 所示。

表 5-6　　　　　　　知識網路風險 Borda 序值的評估結果

R	等級 I	概率 P	R_{ik}（$K=$影響等級）	R_{ik}（$K=$發生概率）	b_i	b_{ri}
政治環境風險	嚴重	可能發生	0	1	15	2
市場環境風險	中等	很可能發生	1	0	15	2
利益分配風險	中等	可能發生	1	1	14	3
核心知識外溢風險	嚴重	很可能發生	0	0	16	1
文化差異風險	輕微	可能發生	2	1	13	4
編碼性風險	中等	可能發生	1	1	14	3
傳遞性風險	輕微	不可能發生	2	2	12	5
接收性風險	中等	不可能發生	1	2	13	4

根據上表中的 Borda 序值，對於知識網路而言，面臨最嚴峻的風險類型是核心知識外溢風險，接著則是政治環境風險和市場風險，其次是利益分配風險與編碼性風險，相對風險等級較低的風險是文化差異風險和知識接收性風險，知識傳遞性風險是知識網路面臨的風險等級最低的風險類型，結合知識網路的風險矩陣，繪製示意圖，如圖 5-4 所示。

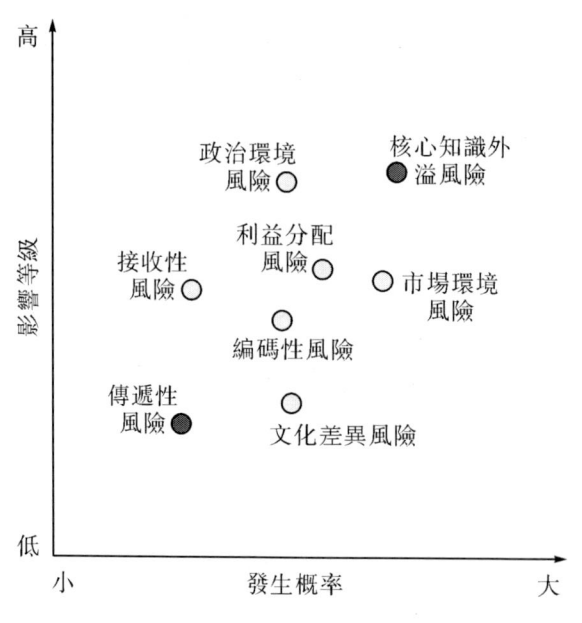

图 5-4　知識網路各類風險等級示意圖

　　知識網路運行過程中面臨著風險，儘管不能完全避免，然而通過採取一些優化措施可以盡量規避風險形成或降低相關風險引致的損害。因而，針對知識網路中的風險進行識別、評估，瞭解其產生原因，分析風險的運行規律，判斷每種風險的發生可能性以及對知識網路運行的影響程度，按照重要程度排序，可以提出更優的風險防範策略。基於此，本部分研究運用模糊理論、風險矩陣及 Borda 序值法，評估了知識網路的八類典型風險，得出了評估結果。

5.3　知識網路風險的防範

　　風險防範是知識網路構成主體科學、積極地採取一系列風險管理技術與工具，對知識網路中各類風險來源進行識別、評估、分析、監控、預警與處理等過程，以確保網路的順暢運行。一般地，風險防範的運作機制如圖 5-5 所示。
　　風險作為知識網路的固有屬性，對網路中跨組織創新的正常開展形成了障

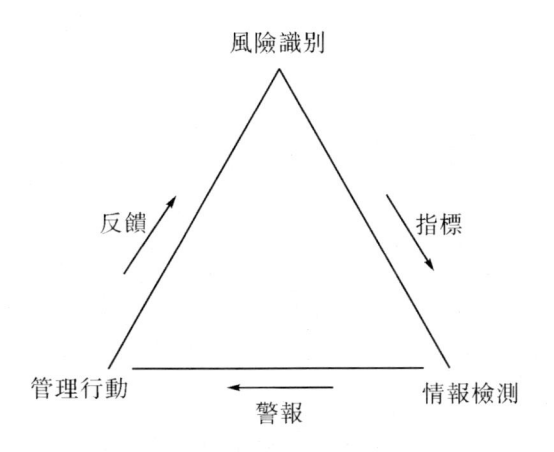

图 5-5　風險防範運作機制示意圖

資料來源：Benjamin Gilad（2003）①；李穎（2009）②

礙，不僅降低了創新速度以及創新質量和水準，甚至直接將知識創新引向失敗的終點③。「預防是解決危機的最好辦法，」因而「防患於未然」成為決策原則，採用事前控制防範知識網路風險的形成及擴散，可以有效降低過程控制及事後控制成本，通過事前監控與方案應對，最大限度降低因不確定性造成的潛在損失。如何實施知識網路風險的事前控制，已成為理論研究與實踐工作的重點，內容圍繞著風險防範體系結構、指標體系、評價方法及政策手段等幾個方面。另外，通過向網路組織傳達與風險相關的信息，也有助於幫助成員根據網路的整體目標導向，優化組織結構，瞭解網路運行的健康水準，並保證知識主體之間的協作，實現網路整體的協同效應。

目前研究中，風險防範、風險預警成果甚多，但大都集中在傳統的企業等主體的職能領域，與網路組織等新興領域相關甚少。在少有的關聯度較高的部分研究中，石琳娜和石娟等（2011）基於風險管理的時間過程邏輯④，認為知識網路的風險防範包含了預警預防、風險分析及應對三個機制，提出預防是風險防範的基礎，風險分析是風險防範機制的核心，風險應對機制是風險防範的關鍵。風險

---

① GILAD B. Early warning: using competitive intelligence to anticipate market shifts, control risk, and create powerful strategies [M]. New York: Amacom, 2003.

② 李穎，林聰穎. 知識資本的企業知識管理風險預警機制研究 [J]. 科學學與科學技術管理，2009，30（9）：97-102.

③ 彭雙，餘維新，顧新，等. 知識網路風險及其防範機制研究——基於社會網路視角 [J]. 科技進步與對策，2013，30（20）：124-127.

④ 石琳娜，石娟，顧新. 知識網路的風險及其防範機制研究 [J]. 科技進步與對策，2011，28（16）：118-121.

防範機制的順利實施得益於這三部分的有機結合。與時間邏輯不同的是，彭雙和餘維新等（2013）則基於社會網路視角，根據知識網路的空間層次，以及不同空間層次中的具體風險類型，探討不同的風險防範機制。如圖 5-6 和圖 5-7 所示。

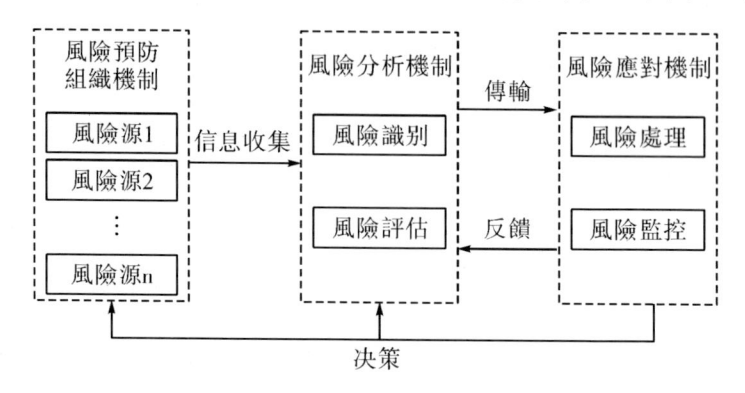

圖 5-6　基於時間邏輯的知識網路風險防範機制

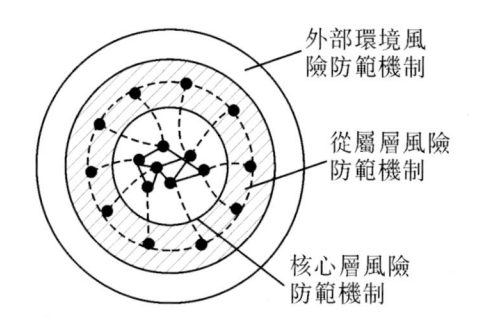

圖 5-7　基於空間邏輯的知識網路風險防範機制

［資料來源：圖 5-6 基於石琳娜等（2011）文獻描述修改繪製；圖 5-7 基於彭雙等（2013）文獻描述設計繪製］

戚守峰（2006）[①] 曾以戰略聯盟為研究對象，認為風險來自聯盟內、外兩個方面的作用，並因此將風險防範體系劃分為內生、外生與風險預控體系三部分。內生體系主要指聯盟內部設立的相關風險管理機構、策略、技術和方法的總和。外生體系是與風險防範相關的法律法規與社會信用體系之和。風險預控則是指通過機構調查與監控對各類風險指標的預測跟蹤從而達到減少損失的目的，從而提出如下風險防範體系框架（如圖 5-8 所示）。基於該管理框架可知，前文中對知識網路風險的識別、評估及風險等級排序，正是屬於風險預控

---

① 戚守峰. 企業戰略聯盟風險防範體系的架構研究 [J]. 管理學報，2006，3（1）：19-23.

環節，是風險防範工作的重要構成。張青山和曹智安（2004）① 提出了類似針對聯盟的風險防範體系與控制方法，根據聯盟的生命週期，識別出包括組建階段、運作階段、解散階段、傳遞性與全程性等階段或特性風險類型，構建包括內生與外生兩個部分在內的風險防範框架；在預控方面，提出了不同觀點，認為預控的表現形式是核心企業（組織）之間的預控合同的訂立，涉及風險投資、利益分配協議、技術投資與利用協議等。

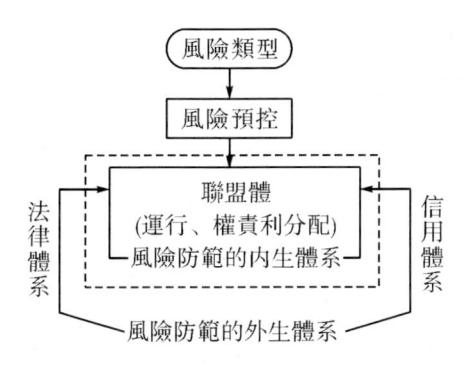

圖 5-8　戰略聯盟的風險防範體系框架

[資料來源：基於戚守峰（2006）文獻修改繪製]

　　基於以往研究分析，結合思考知識網路自身以及風險管理特點，本課題組認為在知識網路的風險防範機制構建中，也可分為內生體系與外生體系兩部分，如圖 5-9 所示。內生體系主要指知識網路內構建的相關風險防範機構、機制、過程等的總和；外生體系則指規避與防範知識網路風險的政策、法律、市場監測系統的總和，二者缺一不可，互為補充。通過知識網路內部建立的風險防範機構運行與相應對策、方法與措施的落實使用，以及外部法規、信用和傳媒體系的約束，為知識網路順暢運行提供風險管理工具以及系統支持。

---

① 張青山，曹智安. 企業動態聯盟風險的防範與預控研究 [J]. 管理科學，2004，17（3）：8-15.

```
                          ┌─ 利益分配風險防範
                          ├─ 核心知識外溢風險防範
                   ┌─內生體系─┼─ 文化差異風險防範
                   │      ├─ 知識編碼性性風險防範
知識網路風險      │      ├─ 知識傳遞性性風險防範
防範體系   ──────┤      └─ 知識接收性性風險防範
                   │      
                   └─外生體系─┬─ 政治環境風險防範
                          └─ 市場環境風險防範
```

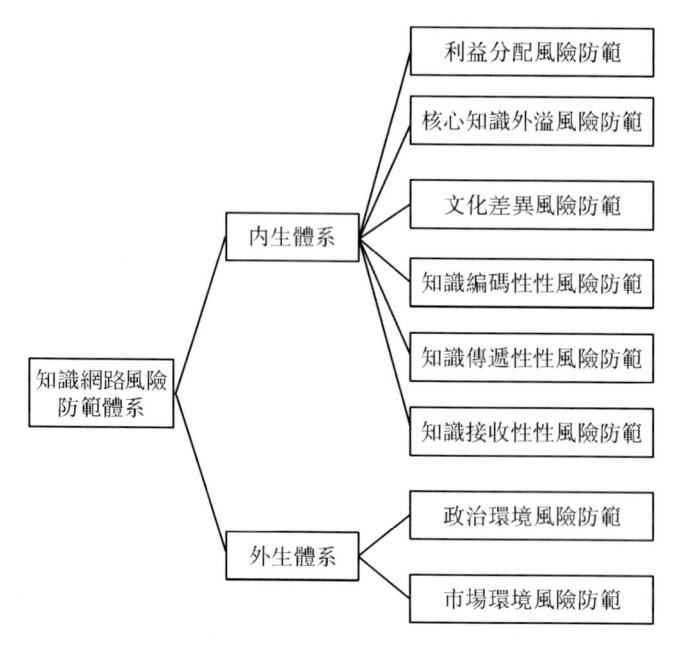

圖 5-9　知識網路風險防範體系結構

5.3.1　內生風險防範機制

5.3.1.1　利益分配風險防範機制

在知識網路合作框架下，傳統利益分配理論基礎是邊際生產率分配理論，強調市場在利益分配的規範作用[①]。前文已經提到，利益分配風險來源於知識網路成員間合作的「非對稱性」合作特徵，由此可能造成的核心成員知識權力擴張，擠占其他成員的準租收益[②③]。針對該風險可有以下策略：

（1）增強成員之間依賴性。根據克萊因（Benjamin Clein）的描述，主動履約機制主要依靠交易方的違規行為實施懲罰來保證。處於自我履約範圍中的個體條款造成的個體損失，要高於任何每個交易者潛在「敲竹杠」所得。如果因為信息非對稱，某個成員實施「敲竹杠」行為，則必然會遭到夥伴懲罰從而造成資本方面的損失，由此便會鞏固其履約動機。可見，防範此類風險的核心要點在於提升合作的「對稱性」，加強核心成員對於其他成員的依賴性

---

① 雷志柱. 知識網路組織構建與管理研究 [M]. 北京：北京理工大學出版社，2012.
② 路易斯·普特曼，蘭德爾·克羅茨納. 企業的經濟性質 [M]. 孫經緯，譯. 上海：上海財經大學出版社，2000.
③ 喻衛斌. 不確定性和網路組織研究 [M]. 北京：中國社會科學出版社，2007.

（dependency）[1]，正是因為彼此強烈的依賴，使得任何一方都不敢輕易做出有損對方利益的行為。

（2）構建合理的利益分配方案。增強組織之間依賴性的最終目的在於制定出公平、透明、和諧的利益分配方案。對於如何構建這樣的利益分配方案，需要考慮知識網路背後的「權責利險」對等原則[2]，繼而進行契約設計。參與利益分配需要考慮的要素，應從資源投入、貢獻值、風險損失三方面進行考察，即契約設計需要考慮對成員投入資源的補償、對成員貢獻尤其對於創新活動的額外分配、對合作創新活動的風險補償。

5.3.1.2 核心知識外溢風險防範機制

從交易成本理論的角度看，核心知識的外溢，原因在於知識網路成員的機會主義行為，而知識網路合作形式下的關係契約雖然能較好抑制成員組織的機會主義行為[3]，但由於無法實現完全規避，以及無法對組織內部的群體或個體實施完全監控，導致因某些團隊集體離職或個人離職，帶走本單位關鍵技術，從而造成幾乎不可逆轉的核心知識風險。針對該風險可有以下策略：

（1）明確並完善知識產權制度。合理的知識產權管理方式利於有效抵禦組織員工離職而引起的知識產權洩露，是創新的基本保障，是產權制度的優化，在激發知識網路成員知識創新積極性、避免創新惰性方面起到決定作用。知識網路成員有必要根據產權保護的有關規定，採取適當措施強化組織知識產權保護與管理，以防知識流失或被非法侵占，從而促進知識網路組織的知識共享與創造，保證知識在網路成員知識資本運行中的活力與良好狀態，實現理想的知識資本效益。

（2）構建多層次人員控制機制。知識網路中高層管理者、網路關係協調者及負責人力資源管理者職責、功能有較大差異。在防範核心知識外溢風險方面，高層管理者主要負責識別組織核心能力；從上到下強調保護核心知識的價值，使組織內員工對知識保護重要性達成一致意見；制訂知識與產權保護的規章制度，為員工保護提供依據。網路關係協調者直接涉及網路事務的日常營運，在該方面的職責在於確保網路成員涉及的核心知識已進行精確分類；確保

---

[1] TRKMAN P, DESOUZA K C. Knowledge risks in organizational networks: An exploratory framework [J]. The Journal of Strategic Information Systems, 2012, 21 (1): 1-17.

[2] 蘭天，徐劍. 企業動態聯盟利益分配的機制與方法 [J]. 東北大學學報（自然科學版），2008, 29 (2): 301-304.

[3] 喻衛斌. 網路組織的契約關係與機會主義行為的防範 [J]. 山東社會科學，2007 (7): 81-84.

員工遵守知識保護的規定；為員工解答有關組織、個人知識保護的相關疑問。人力資源管理者則需要在人員調動安排、培訓等多個方面，以不同形式輔助知識保護工作。

（3）提升網路信任。信任作為社會資本核心維度，培育創新網路中社會資本，可有效提升網路信任水準。基於網路信任的社會資本可以有效消除網路組織對機會主義行為的防範心理，降低交互學習的交易成本。知識網路成員一方面應增加合作創新的專用性資產投入，以提升機會主義行為的轉置與退出成本，利用組織間不可撤回性投資鎖定各方；另一方面則應實施開放式溝通，提高資源透明度，以提升知識共享水準，降低核心知識外溢風險。

（4）構建長期穩定的關係。基於博弈論理論①，單次博弈極有可能激發機會主義行為產生，然而合作方若基於長期合作的預期認知，便可知機會主義行為會顯著增加成本，不利於自身利益獲得，從而有效降低機會主義風險。此外，長期的穩定關係也有利於知識網路組織建設清晰的「知識地圖」，降低決策風險。Jones（1997）強調②③，相比一般的組織間契約而言，網路契約在防範機會主義行為方面更為有效，原因在於「結構嵌入」通過限制性進入、道德制約、集體認可制約與品牌聲譽制約，使得知識網路形成了一套高效治理方式，協調組織間合作關係與行為。

5.3.1.3　文化差異風險防範機制

文化差異風險防範關鍵在於，保障知識網路中的組織間文化上的「求同存異」。針對該風險可有以下策略：

（1）預先考察文化差異。在構建、參與知識網路前，成員們需要歷經特定程序來考察彼此文化的兼容性④，如確定文化原型、測定文化距離等，基於夥伴狀況思考自身組織文化剛性，以及在適當時候做出調整，增強文化兼容性。此外，為避免夥伴之間在語言、法規、習俗等方面造成可能的誤解，可在訂立合作協議前專門就文化差異相關的內容有所規定，為可能出現的文化衝突初步擬定一個解決框架。

（2）構建合理的溝通渠道。在成員間構建合適的正式、非正式溝通渠道

---

① 彭雙，餘維新，顧新，等．知識網路風險及其防範機制研究——基於社會網路視角［J］．科技進步與對策，2013，30（20）：124-127．

② JONES C, HESTERLY W S, BORGATTI S P. A general theory of network governance: exchange conditions and social mechanisms［J］. Academy of management review, 1997, 22（4）：911-945.

③ 喻衛斌．不確定性和網路組織研究［M］．北京：中國社會科學出版社，2007．

④ 雷志柱．知識網路組織構建與管理研究［M］．北京：北京理工大學出版社，2012．

是文化交流關鍵，有利於促進成員間的學習與交流，從而避免「無意識困境」，培養文化認知與交互信任，防範文化差異風險。

（3）進行文化敏感性訓練。知識網路中隸屬不同組織的員工需要與其他不同領域的專家展開合作，因此有必要進行一定的跨文化訓練，其內容包括人際關係的處理與衝突的解決方式方法等。在知識合作中，對於因為人員文化背景差異導致的信息失真，通過文化敏感性培訓，可以讓知識員工清楚知識網路中文化差異現狀以及潛在問題，彼此認可對方的組織文化，尊重他人的行為慣例，從而降低文化差異風險發生的可能性。顯而易見的是，防範文化差異風險需要知識網路成員的共同參與，而非單方的規定與遵從，本著求同存異、相互理解與尊重的基本原則，是有效防範該類風險，實現靈活文化適應的關鍵。

5.3.1.4 知識編碼性風險防範機制

知識編碼性風險源於知識特性導致的知識編碼過程不完善。知識的模糊、不確定性導致編碼過程信息失真，知識的隱性特性又直接影響編碼難度。針對該風險可有以下策略：

（1）合理選擇編碼形式。Simonin（1999）認為[1]，知識模糊性源於知識的默會性（tacitness）、專用性（specificity）以及複雜性（complexity）。複雜性指的是和既定知識資產互相依賴的技術工具、制度慣例與資源。若某種競爭力的信息涉及眾多個體及部門，就很難為知識編碼人員所整合、理解[2]。對於不同知識，如戰略、行銷以及技術知識等，以及不同知識存在的不同信息強度及模糊性，其編碼應選擇不同編碼形式[3]。從戰略、行銷到技術知識，信息強度不斷增加，模糊性卻不斷減弱。基於媒介理論，信息強度越高，其傳播越依賴於高度簡潔的編碼形式，反之則依賴於低度簡潔的形式，即要實現知識信息強度與編碼形式簡潔度的匹配。韓新偉 等（2004）提出了如圖 5-10 所示的知識與編碼形式匹配關係，依靠知識類別與編碼形式的匹配，有效防範因知識模糊性引發的知識編碼性風險。

（2）重點關注隱性知識編碼。知識編碼過程漸進發生，隱性知識高度依賴附著的主體，隱性知識編碼化，從某種角度上來說也就是顯性化，使之具備

---

[1] SIMONIN B L. Ambiguity and the process of knowledge transfer in strategic alliances [J]. Strategic management journal, 1999, 20 (7): 595-623.

[2] 肖小勇. 組織間知識轉移研究——基於企業網路的視角 [M]. 成都：電子科技大學出版社，2009.

[3] 韓新偉，陳良猷. 知識管理的編碼化策略 [J]. 北京航空航天大學學報（社會科學版），2004, 17 (3): 57-61.

可共享性，可脫離原生產者存在與傳遞。這種伴隨性的、依靠擁有者既有知識及生產者直覺、思維慣例等因素的知識，通常可以採用4種編碼方式①：數字化方式、程序化方式、定義分類方式以及隱性傳播方式。知識網路的管理者，應對隱性知識的編碼進行針對性研究，作為知識生產者的一方——大學與科研院，尤其要注意隱性知識，相對顯性而言，要更著重於知識解釋，並非完全不可編碼，關鍵是選擇合理的方式方法。

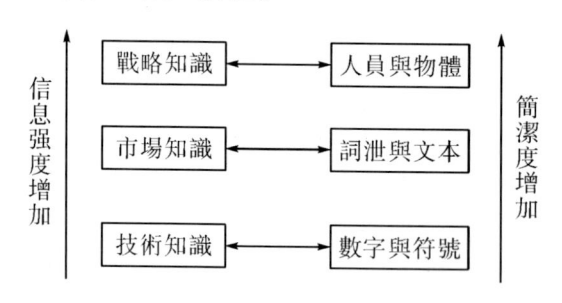

```
           ┌──────┐      ┌──────────┐
信         │戰略知識│◄────►│人員與物體│       簡
息         └──────┘      └──────────┘       潔
強         ┌──────┐      ┌──────────┐       度
度         │市場知識│◄────►│詞泄與文本│       增
增         └──────┘      └──────────┘       加
加         ┌──────┐      ┌──────────┐
           │技術知識│◄────►│數字與符號│
           └──────┘      └──────────┘
```

圖 5-10　知識與編碼形式的匹配關係

[資料來源：基於韓新偉和陳良猷（2004）文獻修改繪製]

5.3.1.5　知識傳遞性風險防範機制

防範知識傳遞性風險，重點在於明確傳遞媒介類型、結構對不同特性知識傳播的影響，因此在防範機制設計上，需考察傳遞媒介與知識特性（尤其是隱性知識）的匹配程度。針對該風險可有如下策略：

（1）優化組織結構設計。由於組織設計對隱性知識傳遞存在顯著影響（牛松，2009）②，設計優化有利於隱性知識傳遞的組織結構及其他相關因素，是防範知識傳遞性風險的重要手段。在組織設計中，應注意三個方面不同因素對隱性知識傳遞與擴散存在的作用。從結構性維度看，信息鏈主要對情境與途徑構成影響，在隱性知識的傳遞中，主體關聯性與傳遞途徑選擇存在密切聯繫，知識網路成員間知識分工造成的差異則影響著知識傳遞內容、傳遞主體與傳遞情境因素，構成不利影響；從控制性維度看，成員組織權力水準將影響隱性知識傳遞方法與手段，規範程度則與知識特性及傳遞主體緊密關聯，造成不利影響；從協調維度看，組織結構協調水準對隱性知識傳遞和傳遞途徑密切關聯，組織文化的作用則集中表現在對傳遞主體聯繫與人際情境的影響，與組織文化類似，組織激勵所造成的變化促進了隱性知識地傳遞，即存在正向促進

---

① 匡輝. 內隱知識的編碼 [J]. 自然辯證法研究, 2005, 21 (1)：21-23.
② 牛松. 組織設計對隱性知識傳遞影響的實證研究 [D]. 廈門：廈門大學, 2009.

作用。

（2）知識特性與傳遞媒介的匹配。由於隱性知識通常採用隱喻、類比與概念模型等非顯性方式表徵，或根據實地研究方式進行傳遞與擴散，與顯性知識根據精確編碼方式直接選擇傳遞媒體的方式有較大差異，可見知識的不同特性直接影響著傳遞媒介選擇與傳遞有效性。鄺寧華等（2003）認為①，知識的歧義性是決定傳遞媒介選擇的首要因素。通常來看，知識隱性程度越強則表明歧義性程度越高。知識特性與傳播媒體富裕程度的匹配，有效解釋了知識網路組織間知識傳遞中的媒介選擇。Lengal（1983）② 提出了媒體富裕概念，表示媒體傳遞信息的數量及內容的能力，媒體富裕度如下表 5-7 所示，其中媒體富裕程度從上到下逐步降低。

表 5-7　　　　　　　　　　媒體富裕度示意圖

媒體	反饋	通道	來源	語言
面對面傳播	及時反饋	視聽兩可	個人方式	主體自然
視聽會議	幾乎及時	視聽兩可	個人方式	主體自然
電話	快速反饋	只可聽	個人方式	自然表達
語音郵件	基本適當	有限可聽	個人方式	自然表達
傳真	基本適當	只限文本	個人方式	自然表達
電子傳播	基本適當	只限文本	人化方式	自然表達
正式書面文本	較為緩慢	只限文本	個人、非人化	自然表達
數字輸出	較為緩慢	只限文本	非人化方式	數字表達

Lengal 認為，當隱性程度較高的知識，需選擇較高富裕度媒體進行傳遞與擴散，反之則選擇低富裕度的媒體。鄺寧華等還進一步就知識類型和媒體選擇進行了總結，如表 5-8 所示，通過知識特性和媒介的匹配選擇，有效防範並降低知識傳遞性風險。

---

① 鄺寧華，胡奇英，杜榮. 知識特徵與知識傳遞媒體的選擇 [J]. 軟科學，2003，17（6）：2-5.

② LENGEL R H. Managerial information processing and communication-media source selection behavior Unpublished PhD dissertation [D]. Texas A&M University, College Station, 1983: 178-180.

表 5-8　　　　　知識類型與傳遞媒體選擇的匹配

知識類別	隱性程度	知識傳遞方式	具體手段	媒體選擇	媒體富裕度
隱性知識	強	潛移默化	師徒制 在職培訓 人員流動	面對面傳播	高
		外部明示、 內部昇華	對話方式 「干中學」 群體會議	面對面傳播 視聽會議 電話方式	
顯性知識	弱	外部明示、 內部昇華	函數命名規範 操作指南 操作手冊	正式文本	低

5.3.1.6 知識接收性風險防範機制

防範知識接收性風險，重點在於增強接收方的知識接收動機與學習能力。Gupta 和 Govindarajan（2006）[1] 強調了知識接收方從知識源處獲得知識的主觀願望與學習能力，對知識轉移效果起著決定性影響。他們認為接收方對知識所形成的個體價值判斷決定了個體乃至組織成員的學習動機的強度及知識的轉移效果；知識接收水準的干擾因素主要包括接收方的經驗儲備、學習慾望及吸收能力三方面[2]。因而防範該類型風險也可以圍繞這三個方面進行落實。

（1）培養組織間知識共性。先前經驗包括組織在生產、營運、研發及其他相關方面累積起來的經驗，若缺少必要新技術知識經驗與知識基礎，那麼將可能難以理解傳遞過來的知識，更不用說掌握了。對此，Nonaka 提出了「知識重疊」概念[3]，即知識提供者與接收者兩者之間重疊部分的知識，為更好地進行知識吸收奠定了基礎。因此，知識網路的管理者應採取措施提升知識共享主體之間的知識重疊性。

（2）激發學習動機。學習意圖表達了知識接收方學習知識的積極性與主動性，是知識轉移的一個重要驅動力。激發知識接收方的學習動機，提高其知識接收願望，有助於知識接收方克服知識在轉移過程中可能遇到的障礙，避免接收性風險地發生。

---

[1] GUPTA A K, GOVINDARAJAN V. Knowledge management´s social dimension: Lessons from nucor steel [A] //Laurence Prusak & Eric Matson (eds.), Knowledge management and organizational learning: A reader [M]. Oxford: Oxford University Press, 2006.

[2] 蘇卉. 知識接收方特性對知識轉移效率影響的實證研究 [J]. 情報雜誌, 2009, (5): 138-142.

[3] NONAKA I. A dynamic theory of organizational knowledge creation [J]. Organization science, 1994, 5 (1): 14-37.

(3) 改善吸收能力。許多知識傳遞失敗的案例表明，知識接收方的知識吸收能力是決定知識傳遞效果的關鍵要素之一，而努力提高接收方組織的知識吸收能力，成為防範知識接收性風險的又一個重要方式。由於這種能力和接收方組織的行為動機、先前知識、研發投入水準、與合作夥伴技術能力互補性以及該組織自身的知識整合機制緊密相關，因此這些方面便成為知識網路管理者干預的重點。

5.3.2 外生風險防範機制

外生風險防範主要從政治環境風險防範與市場環境風險防範兩方面展開，儘管外生體系內的風險不可控，但通過增強風險應對的靈活性，有助於知識網路規避相關風險或在一定程度上降低風險損失。

5.3.2.1 政治環境風險防範機制

對政治風險的防範，需要考慮三個方面內容：①知識網路如何評估政治、政策環境變化的可能性；②知識網路如何估算政治、政策環境變化對自身利益造成的影響；③知識網路如何保護自己的利益，避免政治、政策環境變化造成的不利影響，或者從某些特殊的政治政策環境改變中獲利。針對該風險可有以下策略：

(1) 增強環境感知。通常情況下，對於政治風險，知識網路無法主動去治理，而只有被動去適應或提前規避，因為知識網路本身無法左右國家、地區政策地制訂與執行。基於此，為更快、更好地感知外部政治環境變化，知識網路管理者應致力於擴大網路規模，並增加與外環境的接觸點[1]。隨著知識網路規模的增加，網路成員的多樣性也將隨之增加，分屬於各個產業的主體不但可以向知識網路提供更為豐富的異質性知識，而且可以潛在構建更多信息交換渠道。這有利於政策、法規等信息在知識網路內外的傳播，從而增強知識網路外環境敏感水準。

(2) 建立政府聯繫。對於許多政府主導型的知識網路而言，知識網路發展的政治導向性明顯，因此此類風險較小；而對於市場主導型的知識網路而言，就需主動與政府部門構建正式或非正式的溝通渠道，進行信息的動態交互，使知識網路掌握當下及未來一定時期內國家、地區的發展政策導向與產業政策變更趨勢。如果能同時集成有關社會關係網路節點，如知識網路成員中包

---

[1] 彭雙，徐維新，顧新，等.知識網路風險及其防範機制研究——基於社會網路視角 [J]. 科技進步與對策，2013，30 (20)：124-127.

含著一些與地區政府部門、研發機構及其他政策制訂集團有密切聯繫的組織或個體，知識網路就能顯著提升其政治敏銳性，提前預知政府政策與市場環境變化，並在一定程度下影響政策變化，以防範政治風險發生。

5.3.2.2　市場環境風險防範機制

市場是一只看不見的手，由這只無形的手所引發的風險，也難以捉摸。市場環境風險防範要注意辨識、度量、監測與前饋控制四個方面。風險防範目標是，將市場風險嚴格控制在知識網路可承受範圍當中，同時實現經過風險調整後的收益率最大。針對該風險可有以下策略應對：

（1）縮短與市場的距離。與防範政治風險類似，構建市場風險防範機制，也需著力提升知識網路的市場環境敏感度，在一定程度下影響市場政策變化。因此，知識網路管理者可通過構建扁平化的知識網路組織結構，縮短知識網路核心組織與外部市場環境之間的距離。縮短與市場環境距離，可以有效降低信息傳遞失真與時滯，有助於知識網路及時跟蹤市場信息反饋，動態調整應對措施，規避市場風險。縮短與市場環境距離的有效手段是設立專門的市場監測部門，動態收集、整理、匯報與創新產品未來市場價格（利率、匯率、股票價格與商品本身價格等）相關的情況和市場需求情況。扁平化的組織結構也能抵禦複雜環境變化帶來的不確定性負效應，降低市場風險。

（2）做好預案。市場與金融變化的有關政策變更等造成的市場風險，在知識網路生命週期內不同階段都有可能發生，其性質並不隨知識網路運行狀況而發生改變。因此，在知識網路構建初期進行機會識別及相關預先評估，率先擬定各個機遇備案方案、應變計劃及應對方案，或是採用一些風險轉移措施，如擔保等①，均可有效防範潛在的市場風險。

5.3.3　全面風險管理原則在知識網路風險防範中的應用

增強知識網路風險管理有效性，進行全方位的管控是一種優選策略。全面風險管理（Comprehensive Risk Management）是一種行之有效的管理原則（魏奇鋒 等，2011）②。這是一種目前較為流行的管理流程與原則，形成於20世紀

---

①　張青山，曹智安．企業動態聯盟風險的防範與預控研究［J］．管理科學，2004，17（3）：8-15．

②　魏奇鋒，顧新．知識鏈組織之間知識共享的風險防範研究［J］．情報雜誌，2011，30（11）：120-124．

90年代中期的金融行業風險管理①。COSO委員會（The Committee of Sponsoring Organizations of the Treadway Commission，簡稱COSO）② 在《全面風險管理框架》中提出，「全面風險管理，是一個風險管理過程，受到組織中的管理者與其他相關人員影響，運用於戰略制定，貫穿於組織運行當中。」這一原則制定的目的在於完整地識別出組織可能面臨的潛在影響因素並進行管控，使風險發生概率控制在組織風險偏好範圍內，為組織或跨組織聯合體實現既定目標提供有效保障。由此，本書提出，實施知識網路的全面風險管理，即以知識網路運行為對象，對運行過程中涉及組織、團隊、個體等利益相關者及其相互關係綜合使用各類知識管理和風險管理控制技術，構建合理、高效的風險防範系統，對知識網路運行過程中存在的各類外生與內生風險進行主動防範與內控，以實現知識網路預期的構建目標，實現組織之間高水準合作績效與創新水準，促成知識網路知識優勢形成。

全面風險管理過程涵蓋知識網路運行過程的多個方面，需要構成知識網路的各個組織主體與其個體成員的全員參與。基於COSO提出的風控框架，結合知識網路合作模式的特點，在對知識網路中風險展開全面風險防範過程中，應在網路整體層面制定風險管理戰略，成立完善的內部控制制度；同時開展風險內部控制與防範措施，構建長效機制，提升組織之間合作創新效率，以保障知識網路達成跨組織合作目標，激發知識創造，形成知識優勢，繼而轉化為知識網路的競爭優勢，提高相對實力。具體而言，該過程涉及的要點主要包括：

（1）對知識網路展開的全面風險管理，必須考慮知識網路外部政治（宏觀政策、法律法規等）、市場（金融體系、產業佈局等）等多方面因素，而不是僅僅著眼於知識網路內部。

（2）全面風險管理原則，規定在對知識網路跨組織合作風險的管控與防範中，要深入知識網路整體戰略制定與成員組織細節制度地制訂落實以及實施過程，而非僅僅關注一些獨立的生產、交換、研發、信息共享等環節。

（3）全面風險管理過程，貫穿知識網路組織間進行知識共享的各個階段，

---

① 吳亞男. 全面風險管理理念與模式——中國商業銀行全面風險管理體系研究 [D]. 北京：對外經濟貿易大學，2006：1.

② COSO是全國反虛假財務報告委員會下屬的發起人委員會（The Committee of Sponsoring Organizations of the Treadway Commission）的英文縮寫。1985年，由美國註冊會計師協會、美國會計協會、財務經理人協會、內部審計師協會、管理會計師協會聯合創建的反虛假財務報告委員會，旨在探討財務報告中的舞弊產生的原因，並尋找解決之道。兩年後，基於該委員會的建議，其贊助機構成立COSO委員會，專門研究內部控制問題。1992年9月，COSO委員會發布《內部控制整合框架》，簡稱COSO報告，1994年進行了增補。

包括知識共享夥伴的選擇、知識傳遞發生、知識傳遞技術選擇、人員配置、知識接收與整合、知識創造與知識向技術產品的轉化等。這些階段都可能隱藏著相關風險，切不可遺漏。其概念過程，如圖 5-11 所示。

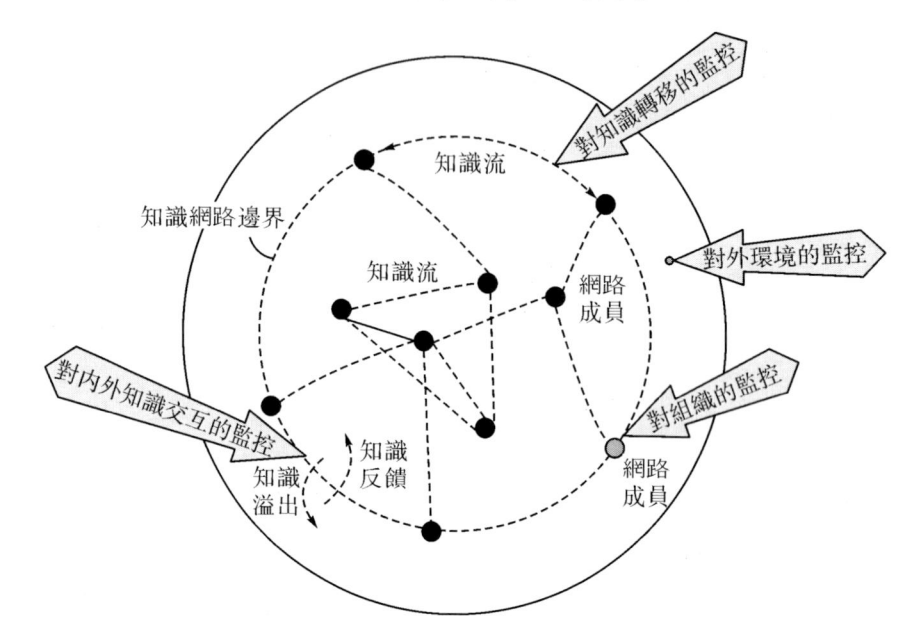

圖 5-11　知識網路的全面風險監控示意圖

針對知識網路中識別出來的一系列風險，利用全面風險管理理念總結以下風險防範的措施和實施要點，有助於知識網路管理人員科學、有效地進行開展各項工作[①]。

（1）強化宣傳與培訓，創造理想風險管理氛圍。針對知識網路運行中存在的各類風險要素進行全面風險管理，應加強對合作創新中涉及的組織、團隊、個體成員進行風險防範動員培訓，激發並調動知識網路中主體之間知識共享積極性，創造一個有利於知識共享的和諧的風險管理環境。風險管理是涉及全體成員的系統工程，因而需要採用各類宣傳方式、方法，加深網路成員對全面風險管理知識的瞭解，構建與之適應的文化氛圍，倡導、強化知識網路上下統一的風險防範意識，由此提高知識網路的風險感知敏感度。

（2）注重內外結合，全面實施風險管理。要更好地開展知識網路中各類風險的防範與控制，應著力加強知識網路的內部控制，具體涉及組織之間的知

---

① 魏奇鋒，顧新. 知識鏈組織之間知識共享的風險防範研究 [J]. 情報雜誌，2011，30 (11)：120-124.

識轉移、風險評估、預警、監督、評審與治理等工作內容，特別需強化知識網路構成主體對擁有資源的掌控力。另外，增強知識網路對外部環境的監控和干預能力，應致力構建外部環境風險水準預警與應對機制，積極處理外部環境引發的一系列外生風險。

（3）集成風險源要素，構建風險管理系統。將由網路外部環境引致的政治環境風險、市場環境風險，和由組織之間合作特性引起的利益分配風險、核心知識外溢風險、文化差異風險，以及由知識本身特性引起的知識編碼性風險、知識傳遞性風險、知識接收性風險等包含在內的各類風險形式進行集成考慮，構建一套包含風險識別、評估、控制與處理在內的完整可靠的風險管理系統，輔助知識網路進行風險管理。

（4）嚴格控制風險防範成本，提高風險管理成效。知識網路的風險管理，和單一企業的風險管理有共通之處①，也非常注重成本－收益比例。在風險防範與管理控制過程中，各成員所付出的成本，必須不高於風險引致的現實損失和機會損失之和，否則風險防範便得不償失。此外，我們無法真正規避所有所面臨的管理系統風險。在改善安全措施層面的投入也遵從邊際效益遞減規律，最終趨向於零甚至嚴重虧損。因而知識網路管理者需認真評估各類風險防範的成本與價值，在這個過程中，對各類風險值的量化便成為風險防範的基本工作。

（5）結合定性與定量評估，合理實施風險管理。對於知識網路而言，多種原因造成了不同的風險，且多數風險不能真正避免，只能通過採取優化舉措降低相關風險引致的損害。因而，可以結合運用定量、定性評估方法，科學地評估知識網路風險（特別是包括因組織之間合作特性引起的風險與因知識本身特性引起的內生風險）對知識網路合作創新效率及效果的影響程度，對各類風險的重要程度進行排序，根據實際情況制定出科學、合理、有效的風險控制策略。

5.4 本章小結

由於知識網路這一合作模式的複雜性、知識網路外部環境因素的不確定

---

① 運懷立. 現代企業全面風險管理的測度與策略選擇［J］. 現代財經，2007，4（27）：32-35.

性、知識網路中組織之間的合作特性以及知識本身的屬性等,知識網路面臨著各種風險,使得知識網路運行效率低下、難以達到預期合作創新目標,甚至造成合作中止、合作破產等嚴重後果。因此,瞭解知識網路的風險構成,掌握風險發生的強度與危害性,使用相關風險管理技術、方法,預警、防範並對其進行控制,成為知識網路管理理論與實踐探討的重要內容。

　　本章基於 COSO 風險管理框架,分析、識別知識網路中存在的典型風險類型,構建知識網路風險來源框架;基於模糊風險矩陣與 Borda 序值法對知識網路風險進行評估與排序,繼而提出包括內生風險防範體系與外生風險防範體系兩個方面在內的知識網路風險防範體系。

6 知識網路的內部控制機制

知識網路建立的目的,在於通過成員組織之間隱性知識的獲取和交換,實現知識創造。然而,這種不同利益主體間合作創新的新模式,由於組織間目標差異、信息不完全和非對稱性相互依賴等多種原因,知識的獲取和交換過程中存在著一些問題,如創新動力不足,隱性知識轉移效果不佳、逆向選擇、道德風險等機會主義風險,以及利益、知識、結構、文化等方面的衝突等。知識網路成員基於自身利益最大化的角度往往會採取單邊行動,從而與網路整體目標相悖。

本章對知識網路的內部控制機制進行研究,從契約和關係兩個角度構建知識網路內部控制框架,以此促進成員間知識共享、化解成員利益衝突、抑制成員的機會主義行為,促使個體理性轉化為集體理性,從而達到合作的目的。

6.1 基於契約的知識網路內部控制機制設計

6.1.1 契約的控制功能

6.1.1.1 契約的激勵性

創新租金是知識網路組織間合作的根本動力,只有預期的創新租金大於非合作的收益時,合作創新的行為才可能產生。根據 Peterraf(1993)租金的劃分方法[①],創新租金可以劃分為兩部分:李嘉圖租金和帕累托租金。李嘉圖租金是基於異質知識的佔有而獲得的租金。帕累托租金是指知識在特定的環境中與互補性知識相結合而產生的租金,其產生與交易成本理論中的資產專用性緊密相連。網路成員依據事前約定的線性契約獲取創新租金,即根據知識的投入

---

① PETERAF M A. The cornerstones of competitive advantage: a resource-based view [J]. Strategic management journal, 1993, 14 (3): 179-191.

量及其貢獻程度獲取李嘉圖租金，根據約定的分配比例獲取帕累托租金。在線性契約條款中，帕累托創新租金可以採取動態分配機制。例如，契約條款「如果你方能實現產品的××功能，才能獲取上一期的帕累托租金」。帕累托租金將激勵網路成員加強知識協作與知識共享等合作行為，以實現產品的「××功能」，從而自動抑制自身採取機會主義行為的動機，降低監督成本。否則，產品的功能就沒法實現，網路成員都不能獲取上一期的帕累托租金。線性契約條款與動態帕累托租金分配機制可以激發網路成員創新動力，規範網路成員的預期行為，進而降低機會主義行為帶來的網路不穩定性；並營造一個可預期的合作環境氛圍，從而減少交易障礙並誘導合作行為。

推論1：線性契約中，根據約定的分配比例分配創新租金可以激勵知識網路成員的合作行為。

6.1.1.2 契約的約束性

約束本質上是對行為實施的控制，是為了提高合作成功率、增加合作過程的可預測性，在事前設置一些需要達到的條件或標準，來減少合作過程的機會主義行為[1][2]。契約約束性主要體現在行為控制和結果控制兩個方面[3]。

(1) 行為控制。合作過程中，成員行為的可觀測性是行為控制的前提條件。詳細的契約條款可以描述合作關係中的適當行為、成員的角色和義務，並說明自力行為所導致的懲罰來限制機會主義行為，進而為網路成員提供一個行為框架，利用正式的規則和流程來維持合作關係。違反契約設定的行為框架的行為，需要支付相應的違約金。契約對行為的規制體現在如下幾個方面：①契約條款能明確知識網路組織的角色和責任邊界。角色的清晰界定能夠減少契約義務的模糊性，最大限度地減少灰色地帶，以阻止利用契約的不完全性及模糊性來謀取自身利益的機會主義行為；角色清晰界定使得決策/控制權力進一步明晰化，從而激勵網路成員積極合作，減少「偷懶」行為。責任邊界的清晰描述，可以防止網路組織之間在合作過程中的結構性功能紊亂現象，如「撞車」和「扯皮」等現象，使邊緣性工作無縫銜接、配合良好，從而實現知識的合理分工及協同效應的實現。②契約條款能夠建構起信息流通的通道。信息

---

[1] 黃勁松，鄭小勇. 是契約，信任還是信心促成了產學研合作？——兩個產學研聯盟案例的比較研究 [J]. 科學學研究，2015 (5)：734-740.

[2] LEIFER R P K, MILLS. An information processing approach for deciding upon control strategies and reducing control loss in emerging organizations [J]. Journal of management, 1996, 22 (1): 113-137.

[3] OUCHI W G. A conceptual framework for the design of organizational control mechanisms [J]. Management science, 1979, 25 (9): 833-848.

既包括知識網路組織間人、財、物配置的消息及數據，也包括產、供、銷等各環節的信號及指令。信息是知識網路組織間跨組織合作的不可或缺的要素，組織之間是靠信息溝通來協調行為的。如果缺少信息渠道，容易造成信息不對稱及信息不完全，引致組織間衝突。契約條款中詳細的交流程序有利於組織間的信息分享，提高組織間協作的效率。靈活的應急計劃可以使得信息得到及時的反饋，並做出適當的修正，避免意外事件的衝擊，使彼此之間的行動協調一致。

（2）結果控制。合作績效的可評估性是結果控制的基礎，結果控制的保障在於契約條款的「質押」特徵。契約「質押」對結果控制的作用體現在兩個方面：一是，契約條款中所規定的專用性資產的投資（如人力資本、專用設備），可以提升退出壁壘，從而抑制機會主義行為。隨著知識網路組織間基於彼此的知識優勢的專用化創新投資的增加，退出壁壘逐漸提升，從而實現彼此之間合作關係的綁定。二是，隨著合作實踐時間的延長、合作頻率的增加，可以增加彼此的關係資本。關係資本也是一種專用資產，具有質押特徵，這種資本可以使合作創新的交易成本得以分攤。如果知識網路解體，關係資本將隨之消失，網路組織尋找新的合作夥伴將導致成本提升。所以，契約的質押特徵可以自動抑制機會主義的行為傾向，使知識網路的跨組織合作關係更加穩定。

推論 2：線性契約中，明確的契約條款通過行為控制和結果控制約束知識網路成員的行為。

6.1.2 契約機制下知識網路組織進化博弈模型

6.1.2.1 契約機制下知識網路組織合作收益矩陣

知識網路合作創新要求網路成員之間進行信息、知識共享。然而知識網路成員仍然是獨立的市場主體，它們之間是一種競爭合作關係。以非正式控制為主要特徵的知識網路在運行過程中，網路成員為了實現自身利益最大化，成員之間就自身利益進行博弈。在博弈的過程中，必然會存在著信息不對稱、目標不一致、能力不匹配和文化相互衝突等現象。這些現象都會導致知識鏈的不穩定性。如果在合作過程中利益分配不當，很可能導致個體利益目標與整體利益目標的偏離，知識網路成員在利益最大化的驅使下可能會採取機會主義行為，導致合作創新失敗。

因此，知識網路中，需要設計相應的契約來激勵和約束網路成員的行為。契約機制通過明確網路成員的權利、義務和責任，設定成員的成本支付與收益獲取，進而為其提供一個合法的利益分享模式和行為框架，以調整成員的行為

偏好和收益預期，實現激勵相容的均衡的結果。

（1）參與主體。知識網路的參與主體包括企業、大學、科研機構、仲介機構、供應商、經銷商及用戶等[①]。為了便於分析，本部分只考慮其中兩個合作組織參與博弈的情況，即假設知識網路中存在成員1和成員2兩個組織，網路成員1和網路成員2是有限理性的[②]，有限理性意味著成員1、成員2不會一開始就找到最優策略，而是在博弈過程中不斷地學習和改進，通過試錯尋找較好的策略。與此同時，這也表明契約激勵約束下的合作均衡是不斷調整和改進的，而不是一次性選擇的結果。

（2）策略空間。網路成員1的合作策略空間為｛合作，不合作｝，網路成員2的合作策略空間也為｛合作，不合作｝。為了實現知識創造以及知識網路整體價值最大化[③]，「合作策略」下，雙方履行契約進行合作創新。這也意味著雙方完全知識共享，利用自身的知識優勢彼此協作。「不合作策略」下，網路成員可能獨立進行研發，或在已經合作的過程中採取機會主義行為，如不完全共享自身知識，而是利用合作的機會，竊取其他成員的知識，在學習到對方核心技術後單方面終止合作關係進行獨立研發[④]。假設網路成員1採取「合作」策略的概率為x，則採取「不合作」策略的概率為$1-x$；網路成員2採取「合作」策略的概率為y，則採取「不合作」策略的概率為$1-y$。$x, y \in [0, 1]$。

（3）收益函數。假設知識網路成員1和成員2分別投入異質知識a、b，其成本函數滿足邊際成本遞減規律，呈現U型曲線特徵。據此，分別假設網路成員1和網路成員2的成本函數分別為$\frac{a^2}{2}$和$\frac{b^2}{2}$。

①當成員1和成員2都選擇不合作時，各自收益分別為$k_1 a - \frac{a^2}{2}$，$k_2 b - \frac{b^2}{2}$。其中，k_1為成員1所投入知識a的產出系數，k_2為成員2所投入知識b的

---

① JONGWOOK KIM. Formal and informal governance in biotechnology alliance: board oversight, contractual control, and repeated deals [J]. Industrial and cooperate change, 2013, 23 (4): 903-929.

② POPPO L, ZENGER T. Do formal contracts and relational governance function as substitutes or complements? [J]. Strategic management journal, 2002, 23 (8): 707-725.

③ 高映紅，劉國新. 網路權力與創新網路的治理 [J]. 科技管理研究, 2011 (1): 194-196.

④ 曹休寧. 企業網路的治理機制研究——基於非正式制度的視角 [J]. 學海, 2006 (5): 138-142.

產出系數。收益函數中 k_1、k_2 為大於 0 的常數,表示知識網路成員 1、成員 2 的知識投入分別對知識鏈的貢獻程度,k_1、k_2 越大,網路成員 1、2 對知識網路的創新貢獻就越大。

②當成員 1 和成員 2 都選擇合作時,知識網路會產生協同效應,成員 1 和成員 2 因合作創新獲得總收益為 $k_1a + k_2b$。按照事先約定的契約條款,成員 1 和成員 2 對這一超額收益進行分配,其分配的比例分別為 θ 與 $1-\theta$,其中 $0<\theta<1$。線性契約機制下,成員 1 和成員 2 都選擇合作時,成員 1 獲得的收益為 $\theta(k_1a + k_2b) - \dfrac{a^2}{2}$。線性契約機制下,成員 1 和成員 2 都選擇合作時,成員 2 獲得的收益為 $(1-\theta)(k_1a + k_2b) - \dfrac{b^2}{2}$。

③當網路成員 1 選擇合作,而網路成員 2 選擇不合作時,根據事先約定的契約條款,成員 1 所獲得的收益為 $\theta k_1a - \dfrac{a^2}{2}$,成員 2 獲得的收益為 $(1-\theta) k_1a$。

④當網路成員 2 選擇合作,而網路成員 1 選擇不合作時,根據事先約定的契約條款,成員 1 所獲得的收益為 θk_2b,成員 2 獲得的收益為 $(1-\theta) k_2b - \dfrac{b^2}{2}$。

其 2×2 博弈收益矩陣如表 6-1 所示。

表 6-1　　契約機制下知識網路成員 1 和成員 2 合作收益矩陣

		成員 2 合作 (y)	成員 2 不合作 ($1-y$)
成員 1	合作 (x)	$\theta(k_1a + k_2b) - \dfrac{a^2}{2}$, $(1-\theta)(k_1a + k_2b) - \dfrac{b^2}{2}$	$\theta k_1a - \dfrac{a^2}{2}$, $(1-\theta) k_1a$
成員 1	不合作 ($1-x$)	θk_2b, $(1-\theta) k_2b - \dfrac{b^2}{2}$	$k_1a - \dfrac{a^2}{2}$, $k_2b - \dfrac{b^2}{2}$

6.1.2.2　契約機制下知識網路進化博弈模型的建立

(1) 根據知識網路中成員 1 和成員 2 合作創新博弈收益矩陣(表 6-1),對於網路成員 1,「合作策略」期望收益為:

$$U_{11} = y\left[\theta(k_1a + k_2b) - \dfrac{a^2}{2}\right] + (1-y)\left(\theta k_1a - \dfrac{a^2}{2}\right)$$

$$= (\theta k_2b)y + \left(\theta k_1a - \dfrac{a^2}{2}\right)$$

網路成員1採取「不合作策略」的期望收益為：

$$U_{12} = y(\theta k_2 b) + (1-y)\left(k_1 a - \frac{a^2}{2}\right)$$

$$= \left(\theta k_2 b - k_1 a + \frac{a^2}{2}\right) y + (k_1 a - \frac{a^2}{2})$$

網路成員1採取「混合策略」，即「合作策略」與「不合作策略」的平均期望收益為：

$$U_1 = x\left[(\theta k_2 b) y + (\theta k_1 a - \frac{a^2}{2})\right] + (1-x)\left[\left(\theta k_2 b - k_1 a + \frac{a^2}{2}\right) y + (k_1 a - \frac{a^2}{2})\right]$$

成員1的複製動態方程為：

$$\frac{dx}{dt} = x(U_{11} - U_1) = x(1-x)(U_{11} - U_{12})$$

$$= x(1-x)\left\{\left(k_1 a - \frac{b^2}{2}\right) y + [(\theta - 1) k_1 a]\right\}$$

（2）對於網路成員2，「合作策略」期望收益為：

$$U_{21} = x\left[(1-\theta)(k_1 a + k_2 b) - \frac{b^2}{2}\right] + (1-x)\left[(1-\theta) k_2 b - \frac{b^2}{2}\right]$$

$$= (1-\theta) k_1 a x + [(1-\theta) k_2 b - \frac{b^2}{2}]$$

網路成員2採取「不合作策略」的期望收益為：

$$U_{22} = x[(1-\theta) k_1 a] + (1-x)\left(k_2 b - \frac{b^2}{2}\right)$$

$$= \left[(1-\theta) k_1 a - \left(k_2 b - \frac{b^2}{2}\right)\right] x + k_2 b - \frac{b^2}{2}$$

網路成員2採取「混合策略」，即「合作策略」與「不合作策略」的平均期望收益為：

$$U_2 = y\left\{(1-\theta) k_1 a x + [(1-\theta) k_2 b - \frac{b^2}{2}]\right\}$$

$$+ (1-y)\left\{\left[(1-\theta) k_1 a - \left(k_2 b - \frac{b^2}{2}\right)\right] x + k_2 b - \frac{b^2}{2}\right\}$$

成員2的複製動態方程為：

$$\frac{dy}{dt} = y(U_{11} - U_1) = y(1-y)(U_{21} - U_{22})$$

$$= y(1-y)\left\{\left(k_2 b - \frac{b^2}{2}\right) x - \theta k_2 b\right\}$$

令 $\dfrac{dx}{dt} = 0, \dfrac{dy}{dt} = 0$

可以得到知識網路成員 1、成員 2 合作創新博弈動態系統的五個平衡點為 $(0, 0)$、$(0, 1)$、$(1, 1)$、$(1, 0)$ 和 $(\dfrac{\theta k_2 b}{k_2 b - b^2/2}, \dfrac{(1-\theta) k_1 a}{k_1 a - a^2/2})$。

6.1.2.3 契約機制下知識網路進化穩定性分析

（1）知識網路成員 1 的策略的進化穩定性分析

令 $F_1(x) = \dfrac{dx}{dt}$。根據微分方程穩定性定理和進化穩定策略的性質，當 $F_1'(x^*) < 0$ 時，x^* 為進化穩定策略。

① $0 < \dfrac{\theta k_2 b}{k_2 b - b^2/2} < 1$ 時，

若 $y > \dfrac{(1-\theta) k_1 a}{k_1 a - a^2/2}$，$F_1'(0) < 0$，於是 $x^* = 0$ 為進化穩定策略。

博弈的結果為：當成員 2 選擇「合作策略」的概率大於一定值時，有限理性的成員 1 最終選擇「不合作策略」。

若 $y < \dfrac{(1-\theta) k_1 a}{k_1 a - a^2/2}$，$F_1'(1) < 0$，於是 $x^* = 1$ 為進化穩定策略。

博弈的結果為：當成員 2 選擇「合作策略」的概率小於一定值時，有限理性的成員 1 最終選擇「合作策略」。

若 $y = \dfrac{(1-\theta) k_1 a}{k_1 a - a^2/2}$，$F_1(x) = 0$，所有 x 都為穩定狀態。

② $\dfrac{\theta k_2 b}{k_2 b - b^2/2} > 1$ 時，總有 $F_1'(1) < 0$，於是 $x^* = 1$ 為進化穩定策略。

博弈的結果為：當成員違約成本增加，直至成員 1 採取「不合作策略」下所獲得的額外淨收益小於「合作策略」下所獲得的超額收益時，無論成員 2 採取何種策略，有限理性的成員 1 最終選擇「合作策略」。

③ $\dfrac{\theta k_2 b}{k_2 b - b^2/2} < 0$，總有 $F_1'(1) < 0$，於是 $x^* = 1$ 為進化穩定策略。

博弈的結果為：當合理收益分配導致成員 1 採取「不合作策略」下所獲得的額外淨收益小於「合作策略」下所獲得的超額收益時，無論成員 2 採取何種策略，有限理性的成員 1 最終選擇「合作策略」。

（2）知識網路成員 2 的策略的進化穩定性分析

令 $F_2(y) = \dfrac{\mathrm{d}y}{\mathrm{d}t}$。根據微分方程穩定性定理和進化穩定策略的性質，當 $F_2'(y^*) < 0$ 時，y^* 為進化穩定策略。

① $0 < \dfrac{(1-\theta)k_1 a}{k_1 a - a^2/2} < 1$ 時，

若 $x > \dfrac{\theta k_2 b}{k_2 b - b^2/2}$，$F_2'(0) < 0$，於是 $y^* = 0$ 為進化穩定策略。

博弈的結果為：當成員 1 選擇「合作策略」的概率大於一定值時，有限理性的成員 2 最終選擇「不合作策略」。

若 $x < \dfrac{\theta k_2 b}{k_2 b - b^2/2}$，$F_2'(1) < 0$，於是 $y^* = 1$ 為進化穩定策略。

博弈的結果為：當成員 1 選擇「合作策略」的概率小於一定值時，有限理性的成員 2 最終選擇「合作策略」。

若 $x = \dfrac{\theta k_2 b}{k_2 b - b^2/2}$，$F_2(y) = 0$，所有 y 都為穩定狀態。

② $\dfrac{(1-\theta)k_1 a}{k_1 a - a^2/2} > 1$，總有 $F_2'(1) < 0$，於是 $y^* = 1$ 為進化穩定策略。

博弈的結果為：當成員違約成本增加，直至企業 2 採取「不合作策略」下所獲得的額外淨收益小於「合作策略」下所獲得的超額收益時，無論成員 1 採取何種策略，有限理性的成員 2 最終選擇「合作策略」。

③ $\dfrac{(1-\theta)k_1 a}{k_1 a - a^2/2} < 0$，總有 $F_2'(1) < 0$，於是 $y^* = 1$ 為進化穩定策略。

博弈的結果為：當合理收益分配導致成員 2 採取「不合作策略」下所獲得的額外淨收益小於「合作策略」下所獲得的超額收益時，無論成員 1 採取何種策略，有限理性的成員 2 最終選擇「合作策略」。

將 $0 < \dfrac{\theta k_2 b}{k_2 b - b^2/2} < 1, 0 < \dfrac{(1-\theta)k_1 a}{k_1 a - a^2/2} < 1$ 時，成員 1 和成員 2 的相位圖放在同一個坐標平面上表示，如圖 6-1 所示。

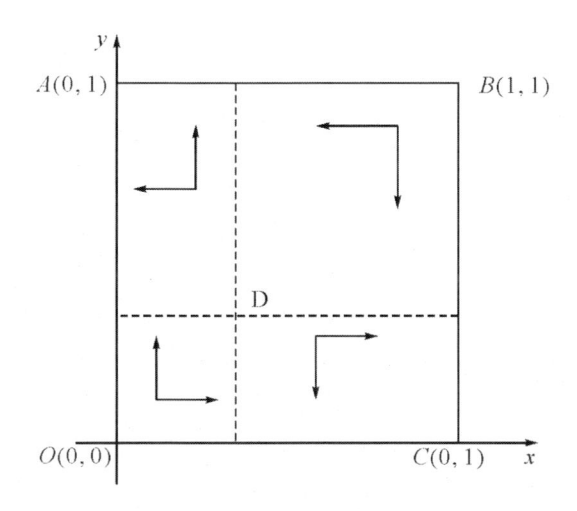

圖 6-1　契約機制下知識網路成員 1 和成員 2 的複製動態和穩定性

由圖 6-1 可知，該博弈的 5 個平衡點中，點 O 和點 B 為不穩定出發點，點 D 為鞍點，點 A 和點 C 為進化穩定點。也就是說，如果成員採取「不合作策略」下所獲得的額外淨收益大於「合作策略」下的超額收益，且「不合作策略」下所獲得的額外收益大於「合作策略」下的超額收益時，成員可能採取合作策略的概率較低。由於成員合作中違約所獲得的額外淨收益大於履行契約的超額收益可能破壞合作創新關係，知識網路在運行過程中存在著風險。

將 $\dfrac{\theta k_2 b}{k_2 b - b^2/2}$ 小於 0 或大於 1 和 $\dfrac{(1-\theta) k_1 a}{k_1 a - a^2/2}$ 小於 0 或大於 1 的相位圖放在同一個坐標平面圖上標示，如圖 6-2 所示。

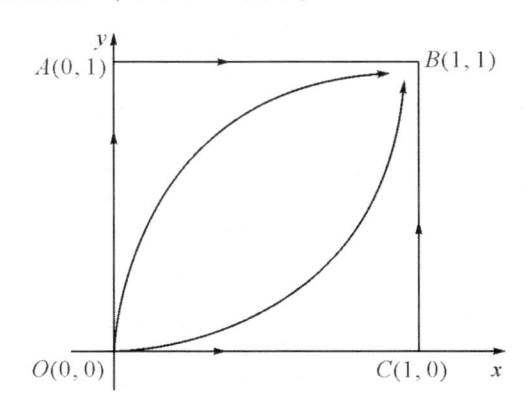

圖 6-2　合理收益與違約成本增加下知識網路成員 1 和成員 2 的策略進化圖

由圖 6-2 可知，點 O 為不穩定源出發點，點 A 和點 C 為鞍點，點 B 為進化穩定狀態。也就是說，如雙方企業採取「不合作策略」下所獲得的額外收益大於「合作策略」下所獲得的超額收益，但違約成本增加或合作創新所分配的超額收益增加導致雙方成員採取「不合作策略」下的額外淨收益小於「合作策略」下所獲得的超額收益時，成員合作創新長期最終進化結果為雙方均採取合作創新策略，繼續履行契約，知識網路得以健康運行。

6.1.3　信息不對稱條件下知識網路組織合作最優契約設計

契約機制下，知識網路的健康運行的關鍵在於設計合適的分配比例 θ 來激勵約束網路成員的行為。契約機制通過設計合適的分配比例 θ，設定成員的成本支付與收益獲取，進而為其提供一個合法的利益分享模式和行為框架，以調整成員的行為偏好和收益預期，實現激勵相容的均衡的結果。

合理的創新收益比例設計依賴於不同的信息結構。知識網路運行的信息結構包括兩類，信息對稱和信息不對稱。在信息對稱的條件下，成員 1 和成員 2 彼此之間能夠觀察到彼此的知識投入及其貢獻，創新收益的分配即按照彼此對創新的貢獻分配即可，即 $\theta = \dfrac{k_1}{k_2}$。然而，在信息不對稱條件下，成員 1 和成員 2 彼此之間能夠觀察到彼此的知識投入難以觀測，其對知識網路的貢獻程度也很難進行測量，所以成員 1 和成員 2 在創新過程中可能存在機會主義行為。在信息不對稱的條件下，成員 1 和成員 2「背對背」地選擇知識投入量，選擇的標準是自身利益最大化。

因此，成員 1 最大化確定性創新收益面臨兩個約束條件：一是激勵相容條件。當成員 1 不能觀察到成員的行為時，對於任何給定的激勵約束契約，成員 1 總是基於自身獲取的利益最大化來選擇投入的知識量 a。二是參與約束條件。成員 1 最大化創新收益的決策是在成員 2 選擇「合作」策略下實現的，因此成員 2 從合作中所得到的期望收益大於或等於不合作時的最大期望收益，也就是其採取不合作策略時的機會主義成本 $(1-\theta)k_1 a$。成員 1 所面臨的問題轉化為如下規劃問題：

$$\text{s.t.} \begin{cases} \max_{a} R_1 = \theta(k_1 a + k_2 b) - \dfrac{a^2}{2} \\ \max_{b} R_2 = (1-\theta)(k_1 a + k_2 b) - \dfrac{b^2}{2} \\ (1-\theta)(k_1 a + k_2 b) - \dfrac{b^2}{2} \geq (1-\theta)k_1 a \end{cases}$$

解得 $a^* = \theta k_1$

同理解得成員 2 利益最大化的知識投入量 $b^* = (1-\theta) k_2$

$$\text{s.t.} \begin{cases} a^* = \theta k_1 \\ b^* = (1-\theta) k_2 \end{cases}$$

$$\max_{\theta} (R_1 + R_2) = \theta(k_1 a^* + k_2 b^*) - \frac{a^{*2}}{2} + (1-\theta)(k_1 a^* + k_2 b^*) - \frac{b^{*2}}{2}$$

$$= k_1 a^* + k_2 b^* - \frac{(a^{*2} + b^{*2})}{2}$$

$$= \frac{\theta k_1^2}{\mu} + \frac{(1-\theta) k_2^2}{\mu} - \frac{\theta^2 k_1^2 + (1-\theta)^2 k_2^2}{2}$$

$$\frac{\mathrm{d}(R_1 + R_2)}{\mathrm{d}\theta} = k_1^2 - k_2^2 - \frac{2\theta k_1^2 - 2k_2^2 + 2\theta k_2^2}{2} = k_1^2 - k_2^2 - (\theta k_1^2 - k_2^2 + \theta k_2^2)$$

$$= k_1^2 - k_2^2 + k_2^2 - (k_1^2 + k_2^2)\theta = 0$$

$$\theta^* = \frac{k_1^2 - k_2^2 + k_2^2}{(k_1^2 + k_2^2)}$$

在信息不對稱的條件下，契約約定的創新收益分配比例設定為 θ^*，可以為知識網路成員提供一個合法的利益分享模式和行為框架，以調整成員的行為偏好和收益預期，實現激勵相容的均衡的結果。

6.2 契約機制下的知識溢出效應

6.2.1 知識協作與知識溢出

6.2.1.1 知識協作

開放創新的合作環境下，市場需求快速變化，這需要知識網路組織進行跨組織知識協作。知識網路的成員組織來自不同的研究領域，具有各自的知識優勢，如大學、科研機構、企業、仲介組織分別在基礎研究、應用研究、產業研究和科技服務上優勢明顯，其專業知識具有互補性、異質性和機密性。知識網路組織的知識優勢是其競爭優勢的來源，因而被視為自己的核心能力而加以保護。開放式創新模式下，通過嚴格保護知識產權來提高知識存量的做法已經不合時宜，這種傳統知識管理模式並不能維護其競爭優勢，使得知識價值悖論進

一步放大①。

知識產權的擁有，不是知識網路組織的最終目的，其真正的目的是建立基於知識和信任的跨組織的合作關係。通過跨組織合作關係獲取外部異質性知識資源，通過關係渠道共享自身知識，以實現知識在更大範圍內的流動與整合，使知識能在整個知識網路內得到高效利用，進而獲取創新價值和競爭優勢。顯然，知識協作能夠提高企業間的協同運作效率，使知識創新能快速回應用戶的需求。同時，合作的深入使網路成員之間的關係由雙邊變為共生。專業分工實質是以雇傭關係為基礎的業務分工；而知識協作是在知識優勢基礎上的深度合作，強調從長期互惠的穩定合作關係中實現共贏。因此，知識協作是知識網路合作創新的關鍵所在，網路成員的行為邏輯應由利己主義轉變為利他主義，在利他的同時考慮自利，在知識共享和網路成員之間的合作互惠關係中獲得更多利益②。

6.2.1.2 知識溢出

知識協作是知識網路創新優勢的來源，而知識協作過程中必然會產生知識溢出現象。知識網路中，知識溢出包括兩類：一是以產品開發知識、製造技術為主的產品知識，二是以品牌推廣和銷售服務為主的市場知識。知識溢出既可以是顯性知識溢出，也可以是隱性知識溢出。其中，顯性知識是可以用規範化和系統化的語言進行保存、處理和傳播知識，易於模仿，包括專利、圖紙、流程及標準等。隱性知識難以簡單複製，需要通過培訓、交流、指導等面對面的方式傳播，包括經驗、訣竅、技能、信念、心智模式等。

知識網路中，知識溢出所產生的創新優勢體現在三個方面：

（1）知識溢出降低了知識獲取的成本。知識創新依賴於異質知識的累積。組織累積知識的途徑有兩種：一是自身累積，即在解決問題過程中不斷獲取知識和經驗；二是外部獲取，不斷吸收外部異質知識實現知識累積和技術創新。依靠自身累積知識實現創新的速度緩慢，而通過市場手段獲取外部知識成本較高。知識網路中，網路組織間正式和非正式交流的渠道多，彼此間密切交往、互動頻繁，知識溢出效應明顯。網路組織通過「干中學」吸收知識網路中溢出的知識，從而降低了知識獲取的成本。

---

① POPPO L, ZENGER T. Do formal contracts and relational governance function as substitutes or complements? [J]. Strategic management journal, 2002, 23 (8): 707-725.

② POPPO L, ZHOU, KEVIN ZHENG, et al. examining the conditional limits of relational governance Specialized assets performance ambiguity and long-standing ties [J]. Journal of management studies, 2008, 45 (7): 1195-1216.

（2）知識溢出有利於異質知識整合。知識網路中，知識分散分佈於各網路成員，具有異質性。為了知識創新，網路組織需要將自身的知識和存在於其他組織的外部知識進行整合。通過知識溢出效應縮短組織間的認知距離，認知距離的縮短有利於知識互動。在知識溢出和知識互動過程中，網路成員能夠認識到彼此的知識優勢，網路成員就更容易通過知識整合實現知識創新。

（3）知識溢出有利於發現創新的機會。知識網路實質上是知識分工協作的創新生態圈。在這個生態圈中，網路成員基於自身的知識優勢佔據相應的生態位，在這個生態位上進行知識創新和價值獲取。通過知識溢出，網路成員可以發現並避開較窄的生態位，進入空白或較寬的生態位，從而發現和利用新的創新機會。

6.2.2　知識溢出效應下知識網路成員組織合作收益分析

知識網路中，在存在知識溢出效應的作用下，網路成員1在知識網路中所獲取的利益主要來自兩個方面：一是來自事前契約中約定的知識網路所創造價值的分配；二自成員2在知識協作過程中的知識溢出。成員1在知識協作過程中通過知識溢出獲得的收益，與成員1自身的知識投入 a 和吸收能力 α 有關。其中 α 是網路成員1的吸收能力係數，它受彼此間的文化差異或知識異質性程度的影響。成員1在知識協作過程中通過知識溢出獲得的收益，不僅與成員1自身的知識投入和吸收能力有關，還受成員2的知識投入 b 的影響。基於此，成員1在知識網路組織中知識溢出的獲得收益可以表示為 αab。同理，成員2在知識網路組織中知識溢出的獲得收益可以表示為 βab，其中 β 為網路成員2的吸收能力係數。

知識網路在知識協作的過程中，知識溢出效應還會導致網路成員部分核心競爭力的損失，也就是網路成員所投入知識喪失的專有性的那部分知識的產權。網路成員1知識溢出損失與其所投入的知識量有關，其知識溢出效應的損失為 $\omega_1 a$，其中 ω_1 為網路成員2的知識溢出損失係數，它與其重要程度有關。同理，成員2在知識網路組織中知識溢出的損失可以表示為 $\omega_2 b$，其中 ω_2 為網路成員2的知識溢出損失係數。

基於前文知識網路的合作收益矩陣和上述假設，可以得到在不同的策略組合下網路成員1和網路成員2的收益函數。

①當成員1和成員2都選擇合作時，在不考慮知識溢出效應的作用下，其各自的收益為 $\theta(k_1 a + k_2 b) - \dfrac{a^2}{2}$，$(1-\theta)(k_1 a + k_2 b) - \dfrac{b^2}{2}$。在考慮知識溢出

效應的作用下，其各自的收益在原來的基礎上加上因知識溢出而獲得的收益，並且減去因知識溢出所帶來的損失。因此，在知識溢出效應的作用下，網路成員 1 和網路成員 2 的合作收益分別為 $\theta(k_1 a + k_2 b) - \dfrac{a^2}{2} + \alpha ab - \omega_1 a$，$(1 - \theta)(k_1 a + k_2 b) - \dfrac{b^2}{2} + \beta ab - \omega_2 b$。

②當成員 1 和成員 2 都選擇不合作時，知識網路不存在知識溢出效應，其各自的收益函數為 $k_1 a - \dfrac{a^2}{2}$，$k_2 b - \dfrac{b^2}{2}$。

③當網路成員 1 選擇合作，而網路成員 2 選擇不合作時，網路成員 1 不能獲取網路成員 2 的知識溢出收益，只存在自身知識溢出所帶來的損失。網路成員 2 可以獲取網路成員 1 的知識溢出收益，卻不用損失知識溢出所帶來的損失。因此，其各自的收益函數分別為 $\theta k_1 a - \dfrac{a^2}{2} - \omega_1 a$ 和 $(1 - \theta) k_1 a + \beta a$。

④當網路成員 2 選擇合作，而網路成員 1 選擇不合作時，網路成員 1 可以獲取網路成員 2 的知識溢出收益，卻不用承受知識溢出所帶來的損失。網路成員 2 不能獲取網路成員 1 的知識溢出收益，只存在自身知識溢出所帶來的損失。因此，其各自的收益函數分別為 $\theta k_2 b + \alpha b$，$(1 - \theta) k_2 b - \dfrac{b^2}{2} - \omega_2 b$。

知識溢出效應的作用下網路成員 1 和網路成員 2 的合作收益矩陣表 6-2 所示。

表 6-2　知識溢出效應的作用下知識網路成員 1 和成員 2 合作收益矩陣

		企業 2 合作	企業 2 不合作
企業 1	合作	$\theta(k_1 a + k_2 b) - \dfrac{a^2}{2} + \alpha ab - \omega_1 a$，$(1 - \theta)(k_1 a + k_2 b) - \dfrac{b^2}{2} + \beta ab - \omega_2 b$	$\theta k_1 a - \dfrac{a^2}{2} - \omega_1 a$，$(1 - \theta) k_1 a + \beta a$
企業 1	不合作	$\theta k_2 b + \alpha b$，$(1 - \theta) k_2 b - \dfrac{b^2}{2} - \omega_2 b$	$k_1 a - \dfrac{a^2}{2}$，$k_2 b - \dfrac{b^2}{2}$

6.2.3　考慮知識溢出的知識網路組織合作最優契約設計

基於上文知識網路收益矩陣，可以得到在知識溢出效應的作用下知識網路成員 1 和知識網路成員 2 的合作收益函數 R_1、R_2 分別為：

$$R_1 = \theta(k_1 a + k_2 b) - \frac{a^2}{2} + \alpha a b - \omega_1 a,$$

$$R_2 = (1 - \theta)(k_1 a + k_2 b) - \frac{b^2}{2} + \beta a b - \omega_2 b$$

在知識網路組織合作創新過程中，獲取網路成員知識溢出的價值是網路成員參與知識網路組織間合作的重要動因；同時，合作創新過程中的知識溢出損失也導致了網路成員利益衝突的產生。在信息不對稱的作用下，當其中一個成員投入比較多的異質知識，而另一個成員投入較少時，投入較少的成員就會獲得較多的知識溢出價值，甚至可能獲取其部分涉及其核心競爭力的價值。在信息不對稱的條件下，成員1和成員2「背對背」地選擇知識投入量，選擇的標準是自身利益最大化，其利益最大化的條件可以表示為：

$$\frac{\partial R_1}{\partial a} = \theta k_1 - a + \alpha b - \omega_1$$

$$\frac{\partial R_2}{\partial b} = (1 - \theta) k_2 - b + \beta a - \omega_2$$

令 $\frac{\partial R_1}{\partial a} = 0, \frac{\partial R_2}{\partial b} = 0$，可得知識網路成員的最優的反應函數為：

$$a = \theta k_1 + \alpha b - \omega_1$$

$$b = (1 - \theta) k_2 + \beta a - \omega_2$$

由網路成員1和網路成員2的最優反應函數可知，網路成員1投入的知識量取決於網路成員2所投入的知識量，網路成員2投入的知識量越多，網路成員1所投入的知識量也越多，反之亦然。因此，知識溢出效應的影響下，知識網路跨組織合作的關係非常不穩定。

將網路成員1和網路成員2的最優反應函數聯立，可以得到在信息不對稱和知識溢出的雙重作用下彼此的知識投入量。

$$\begin{cases} b^* = \dfrac{(1 - \theta) k_2 + \theta \beta k_1 - \beta \omega_1 - \omega_2}{1 - \alpha \beta} \\ a^* = \dfrac{\theta k_1 + (1 - \theta) \alpha k_2 - \alpha \omega_2 - \omega_1}{1 - \alpha \beta} \end{cases}$$

由於成員1與成員2對稱，所以我們僅分析成員1即可，其分析結果同樣適用於成員2。把式a^*與b^*的表達式代入其各自的收益函數，可得，

$$R_1 = \theta(k_1 a + k_2 b) - \frac{a^2}{2} + \alpha a b - \omega_1 a,$$

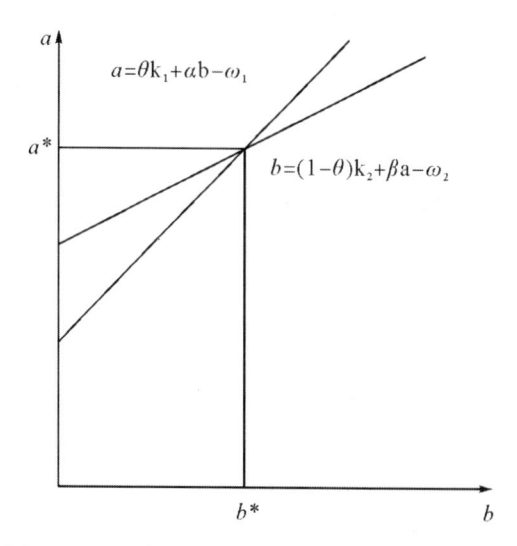

图 6-3 知識網路成員 1 和成員 2 的最優反應函數

$$R_2 = (1 - \theta)(k_1 a + k_2 b) - \frac{b^2}{2} + \beta ab - \omega_2 b$$

令知識網路的總收益為 $R = R_1 + R_2$，

$$\frac{dR}{d\theta} = \frac{dR_1}{d\theta} + \frac{dR_2}{d\theta}$$

$$\frac{dR_1}{d\theta} = (k_1 a^* + k_2 b^*) + \theta\left(\frac{dk_1 a^*}{d\theta} + \frac{dk_2 b^*}{d\theta}\right) - a^* \times \frac{da^*}{d\theta} + \alpha b^* \frac{da^*}{d\theta} + \alpha a^* \frac{db^*}{d\theta} - \omega_1 \frac{da^*}{d\theta}$$

$$\frac{dR_2}{d\theta} = -(k_1 a^* + k_2 b^*) + (1-\theta)\left(\frac{dk_1 a^*}{d\theta} + \frac{dk_2 b^*}{d\theta}\right) - b^* \times \frac{db^*}{d\theta} + \beta b^* \frac{da^*}{d\theta} + \beta a^* \frac{db^*}{d\theta} - \omega_2 \frac{db^*}{d\theta}$$

令 $\frac{da^*}{d\theta} = \frac{k_1 - \alpha k_2}{1 - \alpha\beta} = T$，$\frac{db^*}{d\theta} = \frac{-k_2 + \beta k_1}{1 - \alpha\beta} = S$，則

$$\frac{dR_1}{d\theta} = (k_1 a^* + k_2 b^*) + \theta(k_1 T + k_2 S) - a^* T + \alpha b^* T + \alpha a^* S - \omega_1 T$$

$$\frac{dR_2}{d\theta} = -(k_1 a^* + k_2 b^*) + (1-\theta)(k_1 T + k_2 S) - b^* S + \beta b^* T + \beta a^* S - \omega_2 S$$

$$\frac{dR}{d\theta} = [k_1 + \alpha b^* + \beta b^* - a^* - \omega_1]T + [k_2 + \alpha a^* + \beta a^* - b^* - \omega_2]S$$

化簡，得

$$[S^2 - (\alpha+\beta)ST](1-\alpha\beta)\theta + [T^2 - (\alpha+\beta)ST](1-\alpha\beta)\theta = (1-\alpha\beta)\theta[T^2 + S^2 - 2(\alpha+\beta)ST]$$

$$\frac{(k_1 - k_1\alpha\beta + \beta k_2 - \beta^2\omega_1 - \beta\omega_2)T + (\alpha^2 k_2 - \alpha^2\omega_2 - \alpha\omega_1)S}{(1-\alpha\beta)[T^2 + S^2 - 2(\alpha+\beta)ST]} = \theta^*$$

在存在知識溢出效應的作用下，契約約定的創新收益分配比例設定為 θ^*，可以為網路成員提供一個合法的利益分享模式和行為框架，以調整成員的行為偏好和收益預期，實現激勵相容的均衡的結果。

6.2.4 知識溢出效應對知識網路的影響分析

6.2.4.1 知識溢出效應下知識網路進化博弈模型的建立

（1）根據成員1和成員2創新博弈收益矩陣，對於成員1，「合作策略」期望收益為：

$$U_{11} = y\left[\theta(k_1a + k_2b) - \frac{a^2}{2} + \alpha ab - \omega_1 a\right] + (1-y)\left(\theta k_1a - \frac{a^2}{2} - \omega_1 a\right)$$

$$U_{11} = (\theta k_2 b + \alpha ab)y + \left(\theta k_1 a - \frac{a^2}{2} - \omega_1 a\right)$$

成員1採取「不合作策略」的期望收益為：

$$U_{12} = y(\theta k_2 b + \alpha b) + (1-y)\left(k_1 a - \frac{a^2}{2}\right)$$

$$= \left(\theta k_2 b + \alpha b - k_1 a + \frac{a^2}{2}\right)y + \left(k_1 a - \frac{a^2}{2}\right)$$

成員1採取「混合策略」，即「合作策略」與「不合作策略」的平均期望收益為：

$$U_1 = x\left[(\theta k_2 b + \alpha ab)y + \left(\theta k_1 a - \frac{a^2}{2} - \omega_1 a\right)\right]$$

$$+ (1-x)\left[\left(\theta k_2 b + \alpha b - k_1 a + \frac{a^2}{2}\right)y + \left(k_1 a - \frac{a^2}{2}\right)\right]$$

成員1的複製動態方程為：

$$\frac{dx}{dt} = x(U_{11} - U_1) = x(1-x)(U_{11} - U_{12})$$

$$= x(1-x)\left\{\left(\alpha ab - \alpha b + k_1 a - \frac{a^2}{2}\right)y + [(\theta-1)k_1 a] - \omega_1 a\right\}$$

（2）對於成員2，「合作策略」期望收益為：

$$U_{21} = x\left[(1-\theta)(k_1a + k_2b) - \frac{b^2}{2} + \beta ab - \omega_2 b\right]$$
$$+ (1-x)\left[(1-\theta)k_2b - \frac{b^2}{2} - \omega_2 b\right]$$
$$= \left[(1-\theta)k_1a + \beta ab\right]x + \left[(1-\theta)k_2b - \frac{b^2}{2} - \omega_2 b\right]$$

成員2採取「不合作策略」的期望收益為：

$$U_{22} = x\left[(1-\theta)k_1a + \beta a\right] + (1-x)\left(k_2b - \frac{b^2}{2}\right)$$
$$= \left[(1-\theta)k_1a + \beta a - \left(k_2b - \frac{b^2}{2}\right)\right]x + k_2b - \frac{b^2}{2}$$

成員2採取「混合策略」，即「合作策略」與「不合作策略」的平均期望收益為：

$$U_1 = y\left\{\left[(1-\theta)k_1a + +\beta ab\right]x + \left[(1-\theta)k_2b - \frac{b^2}{2} - \omega_2 b\right]\right\} +$$
$$(1-y)\left\{\left[(1-\theta)k_1a + \beta a - \left(k_2b - \frac{b^2}{2}\right)\right]x + k_2b - \frac{b^2}{2}\right\}$$

成員2的複製動態方程為：

$$\frac{dy}{dt} = y(U_{11} - U_1) = y(1-y)(U_{21} - U_{22})$$
$$= y(1-y)\left\{\left[\beta ab - \beta a + \left(k_2b - \frac{b^2}{2}\right)\right]x - \theta k_2b - \omega_2 b\right\}$$
$$= y(1-y)\left\{\left[\beta ab - \beta a + \left(k_2b - \frac{b^2}{2}\right)\right]x - \theta k_2b - \omega_2 b\right\}$$

(3) 令 $\frac{dx}{dt} = 0$, $\frac{dy}{dt} = 0$,

可以得到成員1、成員2協同創新博弈動態系統的五個平衡點為 $(0, 0)$、$(0, 1)$、$(1, 1)$、$(1, 0)$ 和 $\left(\dfrac{\theta k_2 b + \omega_2 b}{k_2 b - \dfrac{b^2}{2} + \beta ab - \beta a}, \dfrac{(1-\theta)k_1 a + \omega_1 a}{k_1 a - \dfrac{a^2}{2} + \alpha ab - \alpha b}\right)$。

將上文求得的

$$\begin{cases} a^* = \dfrac{\theta k_1 + (1-\theta)\alpha k_2 - \alpha\omega_2 - \omega_1}{1-\alpha\beta} \\ b^* = \dfrac{(1-\theta)k_2 + \theta\beta k_1 - \beta\omega_1 - \omega_2}{1-\alpha\beta} \\ \theta^* = \dfrac{(k_1 - k_1\alpha\beta + \beta k_2 - \beta^2\omega_1 - \beta\omega_2)T + (\alpha^2 k_2 - \alpha^2\omega_2 - \alpha\omega_1)S}{(1-\alpha\beta)[T^2 + S^2 - 2(\alpha+\beta)ST]} \end{cases}$$

$$\begin{cases} b^* = \dfrac{(1-\theta)k_2 + \theta\beta k_1 - \beta\omega_1 - \omega_2}{1-\alpha\beta} \\ a^* = \dfrac{\theta k_1 + (1-\theta)\alpha k_2 - \alpha\omega_2 - \omega_1}{1-\alpha\beta} \\ \theta^* = \dfrac{(k_1 - k_1\alpha\beta + \beta k_2 - \beta^2\omega_1 - \beta\omega_2)T + (\alpha^2 k_2 - \alpha^2\omega_2 - \alpha\omega_1)S}{(1-\alpha\beta)[T^2 + S^2 - 2(\alpha+\beta)ST]} \end{cases}$$

代入，五個平衡點轉化為 $(0,0)$、$(0,1)$、$(1,1)$、$(1,0)$ 和

$$\left(\dfrac{\theta^* k_2 b^* + \omega_2 b^*}{k_2 b^* - \dfrac{b^{*2}}{2} + \beta a^* b^* - \beta a^*},\ \dfrac{(1-\theta^*) k_1 a^* + \omega_1 a^*}{k_1 a^* - \dfrac{a^{*2}}{2} + \alpha a^* b^* - \alpha b^*} \right)$$

。這 5 個平衡點分別代表著一個演化博弈均衡策略。

6.2.4.2 知識溢出效應下知識網路關係進化穩定性分析

令 $F_1(x) = \dfrac{\mathrm{d}x}{\mathrm{d}t}$，$F_1(x) = \dfrac{\mathrm{d}x}{\mathrm{d}t}$，$F_2(y) = \dfrac{\mathrm{d}y}{\mathrm{d}t}$。根據微分方程穩定性定理和進化穩定策略的性質：當 $F_1'(x^*) < 0$ 時，x^* 為進化穩定策略；當 $F_2'(y^*) < 0$ 時，y^* y^* 為進化穩定策略。

1. 成員 1 策略的進化穩定性分析

對於成員 2 來說，由於知識網路協同創新的收益大於不合作時的收益，故

$\dfrac{\theta^* k_2 b^* + \omega_2 b^*}{k_2 b^* - \dfrac{b^{*2}}{2} + \beta a^* b^* - \beta a^*} < 1$。又因為成員 2 採取機會主義行為的收益、協同創新的收益都是正值，故 $\dfrac{\theta^* k_2 b^* + \omega_2 b^*}{k_2 b^* - \dfrac{b^{*2}}{2} + \beta a^* b^* - \beta a^*} > 0$。因此，$0 < \dfrac{\theta^* k_2 b^* + \omega_2 b^*}{k_2 b^* - \dfrac{b^{*2}}{2} + \beta a^* b^* - \beta a^*} < 1$。

同理可以得到, $0 < \dfrac{\theta^* k_2 b^* + \omega_2 b^*}{k_2 b^* - \dfrac{b^{*2}}{2} + \beta a^* b^* - \beta a^*} < 1$。

(1) 若 $y < \dfrac{(1-\theta^*) k_1 a^* + \omega_1 a^*}{k_1 a^* - \dfrac{a^{*2}}{2} + \alpha a^* b^* - \alpha b^*}$, $F_1^{'}(1) < 0$, 於是 $x^* = 0$ 為進化穩定策略。

博弈的結果為：當成員2選擇「合作策略」的概率小於一定值時，有限理性的成員1最終選擇「不合作策略」。

(2) 若 $y > \dfrac{(1-\theta^*) k_1 a^* + \omega_1 a^*}{k_1 a^* - \dfrac{a^{*2}}{2} + \alpha a^* b^* - \alpha b^*}$, $F_1^{'}(1) < 0$, 於是 $x^* = 1$ 為進化穩定策略。

博弈的結果為：當成員2選擇「合作策略」的概率大於一定值時，有限理性的成員1最終選擇「合作策略」。

(3) 若 $y = \dfrac{(1-\theta^*) k_1 a^* + \omega_1 a^*}{k_1 a^* - \dfrac{a^{*2}}{2} + \alpha a^* b^* - \alpha b^*}$, $F_1(x) = 0$, 所有 x 都為穩定狀態。

2. 成員2策略的進化穩定性分析

(1) 若 $x < \dfrac{\theta^* k_2 b^* + \omega_2 b^*}{\beta(a^* b^* - 1) + \left(k_2 b^* - \dfrac{b^{*2}}{2}\right)}$, $F_2^{'}(0) < 0$, 於是 $y^* = 0$ 為進化穩定策略。

博弈的結果為：當成員1選擇「合作策略」的概率小於一定值時，有限理性的成員2最終選擇「不合作策略」。

(2) 若 $x > \dfrac{\theta^* k_2 b^* + \omega_2 b^*}{\beta(a^* b^* - 1) + \left(k_2 b^* - \dfrac{b^{*2}}{2}\right)}$, $F_2^{'}(1) < 0$, 於是 $y^* = 1$ 為進化穩定策略。

博弈的結果為：當成員1選擇「合作策略」的概率大於一定值時，有限理性的成員2最終選擇「合作策略」。

(3) 若 $x = \dfrac{\theta^* k_2 b^* + \omega_2 b^*}{\beta(a^* b^* - 1) + \left(k_2 b^* - \dfrac{b^{*2}}{2}\right)}$, $F_2(y) = 0$, 所有 y 都為穩定

狀態。

將成員 1 和成員 2 的相位圖放在同一個坐標平面上表示，如圖 6-4 所示。

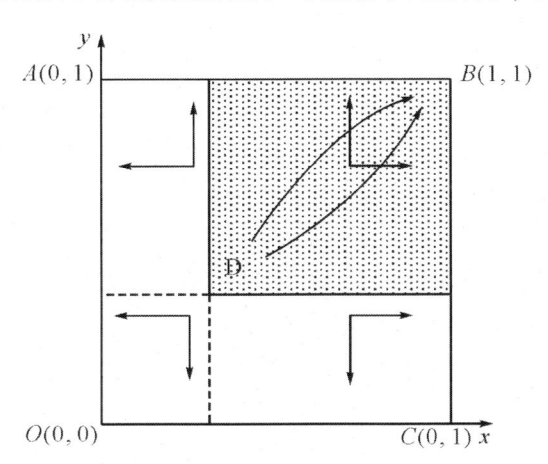

圖 6-4 知識溢出效應、契約激勵系數與網路成員合作行為

由圖 6-4 可知，當 $x > \dfrac{\theta^* k_2 b^* + \omega_2 b^*}{\beta(a^* b^* - 1) + \left(k_2 b^* - \dfrac{b^{*2}}{2}\right)}$，$y > \dfrac{(1 - \theta^*) k_1 a^* + \omega_1 a^*}{k_1 a^* - \dfrac{a^{*2}}{2} + \alpha a^* b^* - \alpha b^*}$ 時（圖中陰影部分），成員 1 和成員 2 最終趨於合作。這也意味著在存在知識溢出效應的作用下，關係產權激勵系數設定為 θ^*，可以為知識網路協同創新提供一個合法的利益分享模式和行為框架，以調整成員的行為偏好和收益預期，實現激勵相容穩定均衡的結果。成員在預期到別人採取合作策略的概率較高時，提升自己的合作傾向，形成一個良性的自循環，進而促使知識網路各個成員組織在長期穩定的合作互惠關係中共同進化，實現協同效應。

6.3 基於關係的知識網路內部控制機制設計

知識網路的內部控制機制不僅包括契約等正式機制，還包括關係等非正式機制①。契約具有不完全性的特點，當同時存在信息不對稱以及專有投資發生鎖定的情況下，很容易使參與者產生機會主義行為。而關係機制源於交易的慣例和道德規範，是建立在社會規範的基礎之上的，主要通過參與者之間的信任、聲譽、聯合制裁等手段②來發揮作用。這種重視信任和承諾的治理方式對規範組織的行為起到了不可忽視的作用，能有效規避參與者的機會主義行為③。因此知識網路的內部控制機制僅有契約機制是不夠的，還需要關係機制作為重要補充。很多學者都對關係機制進行了研究。如曹休寧（2006）便認為，可以依靠關係控制等非正式治理方式來治理創新網路④。白鷗等人（2015）在實證研究後指出，關係控制機制有利於創新網路中對知識的獲取，是契約治理的重要補充⑤。Morrar（2015）從社會資本的角度進行研究，認為關係控制機制對創新網路組織之間的知識交易有促進作用⑥，Sarasini（2015）分析後指出，關係控制機制將對組織間的合作創新起到決定性作用⑦。

本部分探討由知識網路成員的機會主義行為帶來的知識協作困境，從關係控制的視角提出相應的非正式治理機制。

---

① JONGWOOK KIM. Formal and informal governance in biotechnology alliance: board oversight, contractual control, and repeated deals [J]. Industrial and cooperate change, 2013, 23 (4): 903-929.

② POPPO L, ZENGER T. Do formal contracts and relational governance function as substitutes or complements? [J]. Strategic management journal, 2002, 23 (8): 707-725.

③ 高映紅, 劉國新. 網路權力與創新網路的治理 [J]. 科技管理研究, 2011 (1): 194-196.

④ 曹休寧. 企業網路的治理機制研究——基於非正式制度的視角 [J]. 學海, 2006 (5): 138-142.

⑤ 白鷗, 魏江, 斯碧霞. 關係還是契約：服務創新網路治理和知識獲取困境 [J]. 科學學研究, 2015, 33 (9): 1432-1440.

⑥ MORRAR R. Technological Public-Private Innovation Networks: A Conceptual Framework Describing Their Structure and Mechanism of Interaction [J]. Technology innovation management review, 2015, 5 (8): 25-51.

⑦ SARASINI S. (Failing to) create eco-innovation networks: The Nordic Climate Cluster [J]. Technology analysis & strategic management, 2015, 27 (3): 283-299.

6.3.1 契約控制下知識網路的知識協作困境

正式契約控制下，由於知識的無形性、知識價值的難評估性及合作關係的動態性，契約只能對顯性知識、確定性價值及靜態合作關係進行詳細說明。因此，知識網路在運行的過程中必然會存在著信息不對稱、目標不一致、能力不匹配和文化相互衝突等現象。這些現象都會導致知識網路的不穩定性，加之環境的不確定性、信息的不完全性和知識的默會性，都會產生機會主義行為，導致知識網路解體，產生知識協作障礙。知識協作障礙，是指由於知識網路外部環境的不確定性、一般合作組織的特性和知識自身的特性等因素而導致知識不能在知識網路成員組織間有效流動、共享和創造，從而導致知識網路成員組織發生損失的可能。

在知識網路中，知識溢出一方面可以實現知識的低成本和快速傳播，提高網路的創新能力；另一方面，知識溢出也會導致「搭便車」行為的發生，挫傷網路成員協同創新的積極性，導致創新失敗。因此，在不良的知識協作關係下，知識溢出效應在信息不對稱的作用下，容易產生事前的機會主義行為和事後的道德風險，從而使知識網路陷入知識協作困境。

首先，知識網路組織間知識的異質性和默會性以及彼此間的利益衝突，使知識資源難以在網路內實現快速流動和合理配置。在知識協作過程中，知識共享悖論又降低了網路成員的積極性，網路成員面臨著雙重風險，一種風險來自投入知識的產權的流失，另一種風險來自新知識獲取的失敗。在這樣的心理預期下，網路成員會逆向選擇，產生事前的機會主義行為。

其次，一方面由於缺乏相應的激勵約束機制，另一方面由於難以計量網路成員關於知識資源的投入與產出，同時，具體的知識資源投入產出量很難被第三方（如法院）證實。因此，在知識協作過程中，網路成員會出現敗德風險。

不難發現，知識網路事前的機會主義行為和事後的道德風險產生的根源在於知識溢出效應缺乏相應的激勵約束機制。因此，知識網路如何設計激勵約束機制來提升知識協作關係成為解決問題的關鍵。

為了便於研究，做如下假設：

1. 博弈方及理性假設

本部分假設知識網路中僅有兩個成員，即成員 1 和成員 2 參與博弈，博弈雙方均為有限理性。有限理性表示，博弈雙方的博弈過程是一個不斷試錯的過程，在不斷調整和改進之後，才可能實現均衡。

2. 策略選擇

成員 1 和成員 2 對是否開展合作創新的策略集都為 {合作，不合作}。假設成員 1 採取「合作」策略與「不合作」策略的概率分別為 x、$1-x$；成員 2 採取「合作」策略與「不合作」策略的概率分別為 y、$1-y$。$x, y \in [0, 1]$。

3. 收益函數

假如知識網路成員 1 和成員 2 分別投入知識 A、B。

1) 當成員 1 和成員 2 都選擇「不合作」策略時，各自收益分別為 λA^a 和 λB^b，知識網路總收益為 $\lambda B^b + \lambda B^b$。其中，A、B>1，表示成員 1 和成員 2 的知識投入對知識網路的貢獻程度；$\lambda>0$，表示知識網路的收益係數。

2) 當成員 1 和成員 2 選擇「合作」策略時，知識網路會產生協同效應，成員 1 和成員 2 因合作創新獲得超額收益 $\lambda A^a B^b - \lambda A^a - \lambda B^b$。按照各自知識貢獻與討價還價能力的大小，成員 1 和成員 2 對這一超額收益進行分配。假如分配的比例分別為 θ 與 $1-\theta$（$0<\theta<1$），合作策略下各自的收益分別為 $\lambda A^a + \theta(\lambda A^a B^b - \lambda A^a - \lambda B^b)$ 和 $\lambda B^b + (1-\theta)(\lambda A^a B^b - \lambda A^a - \lambda B^b)$。

3) 成員 1 選擇合作，成員 2 選擇不合作時，成員 1 只能獲得自己獨立創新時的收益和違約金 C，即 $\lambda A^a + C$。成員 2 在學習到對方的核心技術後中途違約進行技術創新而獲得額外的收益 π，其收益為 $\lambda B^b + \pi - C$。同理，成員 1 選擇不合作，成員 2 合作時，各自的收益為 $\lambda A^a + \pi - C$ 和 $\lambda B^b + C$。2×2 博弈支付矩陣如表 6-3 所示。

表 6-3　引入違約成本下的知識網路成員 1 和成員 2 合作收益矩陣

		企業 2 合作（y）	企業 2 不合作（1-y）
企業 1	合作（x）	$\lambda A^a + \theta(\lambda A^a B^b - \lambda A^a - \lambda B^b)$, $\lambda B^b + (1-\theta)(\lambda A^a B^b - \lambda A^a - \lambda B^b)$	$\lambda A^a + C$, $\lambda B^b + \pi - C$
企業 1	不合作（1-x）	$\lambda A^a + \pi - C$, $\lambda B^b + C$	λA^a, λB^b

根據表 6-3 所示，對於成員 1，「合作策略」期望收益為：

$$U_{11} = y[\lambda A^a + \theta(\lambda A^a B^b - \lambda A^a - \lambda B^b)] + (1-y)(\lambda A^a + C)$$

「不合作策略」期望收益為：

$$U_{12} = y(\lambda A^a + \pi - C) + (1-y)\lambda A^a$$

「混合策略」，即「合作策略」與「不合作策略」的平均期望收益為：

$$U_1 = x\{y[\lambda A^a + \theta(\lambda A^a B^b - \lambda A^a - \lambda B^b)] + (1-y)(\lambda A^a + C)\} + (1-x)[y(\lambda A^a + \pi - C) + (1-y)\lambda A^a]$$

成員 1 的複製動態方程為：

$$\frac{dx}{dt} = x(U_{11} - U_1) = x(1-x)\{[\theta(\lambda A^a B^b - \lambda A^a - \lambda B^b) - \pi]y + C\},$$

同理，成員 2 的複製動態方程為，

$$\frac{dy}{dt} = y(U_{21} - U_2) = y(1-y)\{[(1-\theta)(\lambda A^a B^b - \lambda A^a - \lambda B^b) - \pi]x + C\}$$

令 $\frac{dx}{dt} = 0$，$\frac{dy}{dt} = 0$，得知識網路成員 1、成員 2 合作創新博弈動態系統的五個平衡點為 (0, 0)、(0, 1)、(1、1)、(1, 0) 和 $\left[\frac{C}{\pi - (1-\theta)(\lambda A^a B^b - \lambda A^a - \lambda B^b)}, \frac{C}{\pi - \theta(\lambda A^a B^b - \lambda A^a - \lambda B^b)}\right]$。

1. 成員 1 策略的進化穩定性分析

令 $F_1(x) = \frac{dx}{dt}$。根據微分方程穩定性定理及進化穩定策略的性質，當 $F_1'(x^*) < 0$ 時，x^* 為進化穩定策略。

① $0 < \frac{C}{\pi - \theta(\lambda A^a B^b - \lambda A^a - \lambda B^b)} < 1$ 時，

若 $y > \frac{C}{\pi - \theta(\lambda A^a B^b - \lambda A^a - \lambda B^b)}$，$F_1'(0) < 0$，於是 $x^* = 0$ 為進化穩定策略。博弈的結果為：當成員 2 選擇「合作策略」的概率大於一定值時，有限理性的成員 1 最終選擇「不合作策略」。

若 $y < \frac{C}{\pi - \theta(\lambda A^a B^b - \lambda A^a - \lambda B^b)}$，$F_1'(1) < 0$，於是 $x^* = 1$ 為進化穩定策略。博弈的結果為：當成員 2 選擇「合作策略」的概率小於一定值時，有限理性的成員 1 最終選擇「合作策略」。

若 $y = \frac{C}{\pi - \theta(\lambda A^a B^b - \lambda A^a - \lambda B^b)}$，$F_1(x) = 0$，所有 x 都為穩定狀態。

② $\frac{C}{\pi - \theta(\lambda A^a B^b - \lambda A^a - \lambda B^b)} > 1$ 時，總有 $F_1'(1) < 0$，於是 $x^* = 1$ 為進化穩定策略。博弈的結果為：當成員違約成本增加到導致成員 1 採取「不合作策略」下所獲得的額外淨收益小於「合作策略」下所獲得的超額收益時，無論成員 2 採取何種策略，有限理性的成員 1 最終選擇「合作策略」。

③ $\frac{C}{\pi - \theta(\lambda A^a B^b - \lambda A^a - \lambda B^b)} < 0$，總有 $F_1'(1) < 0$，於是 $x^* = 1$ 為進化

穩定策略。博弈的結果為：當合理收益分配導致成員 1 採取「不合作策略」下所獲得的額外淨收益小於「合作策略」下所獲得的超額收益時，無論成員 2 採取何種策略，有限理性的成員 1 最終選擇「合作策略」。

2. 成員 2 策略的進化穩定性分析

令 $F_2(y) = \dfrac{\mathrm{d}y}{\mathrm{d}t}$。根據微分方程穩定性定理和進化穩定策略的性質，當 $F_2'(y^*) < 0$ 時，y^* 為進化穩定策略。

① $0 < \dfrac{C}{\pi - (1-\theta)(\lambda A^a B^b - \lambda A^a - \lambda B^b)} < 1$ 時，

若 $x > \dfrac{C}{\pi - (1-\theta)(\lambda A^a B^b - \lambda A^a - \lambda B^b)}$，$F_2'(0) < 0$，於是 $y^* = 0$ 為進化穩定策略。博弈的結果為：當成員 1 選擇「合作策略」的概率大於一定值時，有限理性的成員 2 最終選擇「不合作策略」。

若 $x < \dfrac{C}{\pi - (1-\theta)(\lambda A^a B^b - \lambda A^a - \lambda B^b)}$，$F_2'(1) < 0$，於是 $y^* = 1$ 為進化穩定策略。博弈的結果為：當成員 1 選擇「合作策略」的概率小於一定值時，有限理性的成員 2 最終選擇「合作策略」。

若 $x = \dfrac{C}{\pi - (1-\theta)(\lambda A^a B^b - \lambda A^a - \lambda B^b)}$，$F_2(y) = 0$，所有 y 都為穩定狀態。

② $\dfrac{C}{\pi - (1-\theta)(\lambda A^a B^b - \lambda A^a - \lambda B^b)} > 1$，總有 $F_2'(1) < 0$，於是 $y^* = 1$ 為進化穩定策略。博弈的結果為：當成員違約成本增加到導致企業 2 採取「不合作策略」下所獲得的額外淨收益小於「合作策略」下所獲得的超額收益時，無論成員 1 採取何種策略，有限理性的成員 2 最終選擇「合作策略」。

③ $\dfrac{C}{\pi - (1-\theta)(\lambda A^a B^b - \lambda A^a - \lambda B^b)} < 0$，總有 $F_2'(1) < 0$，於是 $y^* = 1$ 為進化穩定策略。博弈的結果為：當合理收益分配導致成員 2 採取「不合作策略」下所獲得的額外淨收益小於「合作策略」下所獲得的超額收益時，無論成員 1 採取何種策略，有限理性的成員 2 最終選擇「合作策略」。

3. 知識網路知識協作困境分析

將 $0 < \dfrac{C}{\pi - \theta(\lambda A^a B^b - \lambda A^a - \lambda B^b)} < 1$，

$$0 < \frac{C}{\pi - (1-\theta)(\lambda A^a B^b - \lambda A^a - \lambda B^b)} < 1$$ 時成員 1 和成員 2 的相位圖放在同一個坐標平面上表示，如圖 6-5 所示。

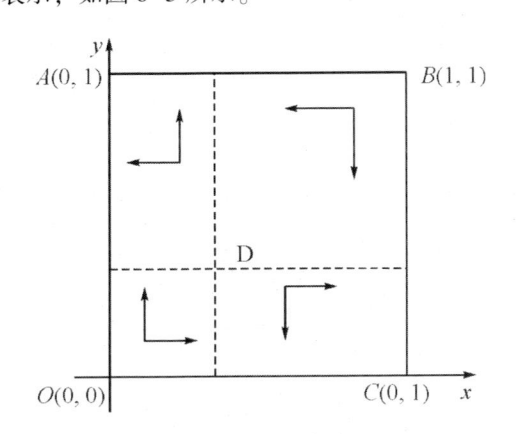

图 6-5 知識網路知識協作困境

由圖 6-5 可知，該進化博弈共有 5 個平衡點，即 A、B、C、D、O。其中的點 O 和點 B 為不穩定出發點，點 D 為鞍點，點 A 和點 C 為進化穩定點。當知識網路成員採取「不合作策略」時，所獲得的額外淨收益如果比「合作策略」下的超額收益還大，該網路成員將不太可能採取「合作策略」。由於知識網路成員合作中違約所獲得的額外淨收益大於履行契約的超額收益，這將破壞成員之間的合作創新關係，知識網路在運行過程中存在著知識協作困境。這些困境包括：

（1）核心知識外泄。組織的知識，尤其是核心技術知識是組織競爭優勢的來源。知識網路成員知識協作過程中，存在著溢出效應。一方面，由於知識的公共物品特性使其喪失了排他佔有的可能性，因此通過溢出效應，網路成員的核心知識很容易被其他成員非法佔有。另一方面，不對稱信息使得知識所有者很難觀測到知識的竊取行為。當合作環境發生變化時，使得學習到對方核心技術後中途違約而進行技術創新所獲得的額外收益小於繼續合作而分配得到的合作創新超額收益，即 $\pi > \theta(\lambda A^a B^b - \lambda A^a - \lambda B^b)$ 和 $\pi > (1-\theta)(\lambda A^a B^b - \lambda A^a - \lambda B^b)$。這時知識網路成員在合作過程中存在著機會主義的行為傾向。當竊取的核心知識被應用到產品生產中，通過知識網路進行合作創新的夥伴就會變成其市場競爭的對手。由於知識網路成員之間的合作關係是一種不完備契約關係，對知識網路成員的機會主義行為的懲罰不足，即 $\pi - \theta(\lambda A^a B^b - \lambda A^a - \lambda B^b) > C$ 和 $\pi - (1-\theta)(\lambda A^a B^b - \lambda A^a - \lambda B^b) > C$。此時，知識網路成員在合

作創新的過程中，隨著成員互動頻率的增加，可能會出現一些成員竊取另一些成員的核心知識。如果成員的知識和技術被複製，那麼它為其創造獨特價值的能力將會喪失，既喪失了競爭力，又培養了潛在的競爭對手。如果沒有強有力的懲罰措施，這種損人利己的行為將會越來越頻繁，直到知識網路解體，除它們有很強的道德水準，否則這種風險很難防範。例如，華為和賽門鐵克的合作中，雙方基於彼此在智能終端和安全軟件創新上的優勢進行知識分工協作，以增強彼此的持續競爭優勢。然而，合作過程中，存在著雙方的核心技術知識的外泄使得結束了合作，成為同一領域的競爭對手。

（2）知識共享不足。知識網路成員要想成功實現知識的轉移和共享，成員間的相互信任是非常重要的一個元素。如果知識網路成員之間缺乏足夠的信任，將傾向於「保守」或「嘗試」地進行知識共享，將對知識流動形成強大阻力，阻礙知識合作與知識創造。一方面，當 $0 < \frac{C}{\pi - \theta(\lambda A^a B^b - \lambda A^a - \lambda B^b)} < 1, 0 < \frac{C}{\pi - (1-\theta)(\lambda A^a B^b - \lambda A^a - \lambda B^b)} < 1$ 時，知識網路成員在合作過程存在著很大機會主義行為傾向。契約控制機制下，知識網路以算計型信任為主。在這樣的情況下，由於信息不對稱，知識網路成員之間容易製造出一種猜忌、對立的氛圍，進而導致成員都不願進行知識共享。另一方面，知識網路間合作及知識共享的必要條件是合作利益的公平合理分配，如果知識網路成員間所受待遇分配不合理，即 $\frac{a}{b} \neq \frac{\theta}{1-\theta}$ 時，知識網路成員間信任遭到破壞，進而降低成員間知識共享的意願。知識共享的不足會導致合作創新的超額收益 $\lambda A^a B^b - \lambda A^a - \lambda B^b$ 進一步減小，從而 $\frac{C}{\pi - \theta(\lambda A^a B^b - \lambda A^a - \lambda B^b)}$ 和 $\frac{C}{\pi - (1-\theta)(\lambda A^a B^b - \lambda A^a - \lambda B^b)}$ 進一步減小，成員間機會主義行為的傾向進一步增強，形成相互不信任的惡性循環，進而導致知識網路解體。

（3）路徑鎖定。路徑鎖定（path lock-in），是指系統一旦進入某一路徑，在慣性的作用下會沿著現有的路徑不斷地自我強化、自我膨脹，使系統趨於鎖定。知識網路成員合作創新，必然意味著網路成員在某一技術領域及方向進行持續投資，具有專用性。專用投資具有很強的專業和技術使用方向，一旦形成，就會轉化為網路成員的沉沒成本，很難轉為其他領域及其他方向。隨著知識網路成員合作深入展開，一方面知識投入 a、b 逐步增加，專用資產增加；另一方面，知識網路成員互動頻率增加，成員間相互瞭解，清楚知道對方的長

處和不利地位。由於契約的不完備性，知識網路成員會利用自身的有利地位對處於不利地位的網路成員進行敲詐，產生「要挾行為」。此外，隨著 a、b 逐步增加，知識網路的規模效應、學習效應凸顯，即 $\lambda A^a B^b - \lambda A^a - \lambda B^b$，初始的技術路徑會不斷增強。如果此時出現重大的技術變革，對初始路徑的過分依賴，會導致網路沿著「諾斯路徑II」不斷下滑。而此時，知識網路成員的技術選擇受制於集體選擇，很難擺脫強關係的束縛，技術變遷路徑和合作關係長期被鎖定在既有的低效率的路徑上。

④創新動力不足。知識創新的成果具有非競用、低排他的公共品屬性（如光盤、軟件、藥品等），所有知識網路成員都能從中受益，包括那些沒有分擔集體行動成本的成員。為了避免專用性投資不對稱所形成的鎖定效應，一些網路成員會利用知識的非排他性，只想佔有創新成果，不願進行創新投入，產生「搭便車」行為。知識網路成員通過「搭便車」行為，無須付出任何成本就能獲得這些成果，導致 $\pi - (1-\theta)(\lambda A^a B^b - \lambda A^a - \lambda B^b)$，此時一些成員可能會通過「搭便車」共享知識創新成果。與此同時，知識創造活動是一項高投入、高風險的活動，而這些成本和風險只能由知識網路成員中採取「合作策略」的成員承擔。這種不合理的成本收益結構會導致「搭便車」行為的產生。由於「搭便車」行為的存在，理性、自利的成員一般不會為知識網路整體利益做貢獻，合作創新的動力不足。並且，合作成員越多，「搭便車」的動機便越強烈，搭便車行為也越難發現，而知識網路成員合作創新的動力也會越弱。

6.3.2 知識網路的知識協作困境原因分析

1. 核心企業與網路成員之間的不對稱依賴關係

不對稱依賴關係是指知識網路知識分工協作過程中，網路成員之間相互聯繫、相互協作而形成的彼此依賴，而且某一成員對另一成員的依賴弱於另一成員對自己的依賴。知識網路成員在運行過程中，基於不對稱依賴關係形成的原因，網路成員之間的不對稱依賴分為兩種類型：一是，關鍵資源導致的不對稱依賴。知識網路成員的資源具有異質性和多樣性。多樣性和異質性是網路成員之間進行分工的前提，也是關鍵資源形成的前提。由於資源具有互補性，基於資源基礎理論，互補性關鍵資源使網路成員之間進行合作創新實現規模經濟和範圍經濟。網路成員基於關鍵資源的互補性相互依賴。與此同時，關鍵資源的異質性使得關鍵資源的所有者由於知識異質性程度的不同，和稀缺性所產生的不可替代性的差異，使得網路成員彼此之間的相互依賴程度不同，造成一方對

另一方的依賴程度深,另一方對其依賴較弱的現象。二是,專用資產投資所形成的不對稱依賴。網路成員進行合作創新,必然需要就某一技術領域進行持續的專用資產投資,當一方的專用資產投入少於另外一方時,雙邊的合作關係形成鎖定關係。在鎖定關係的作用下,專用資產投入多的一方形成對專用資產少的一方的一種不對稱依賴,其發展受其鉗制。此外,專用資產投資的增加,受專用資產投資領域的限制,投入的專用資產轉化為沉沒成本,使得其重新進行技術路線及方向選擇的機會受到制約,形成彼此的不對稱依賴關係。

2. 網路成員之間的競爭協作關係

作為跨組織合作創新的一種模式,網路成員之間經濟獨立,彼此之間是一種競爭協作的關係。知識網路中,網路成員在同一個領域進行合作,基於自身所擁有的知識優勢在同一產品或服務平臺進行分工協作,決策是獨立的、利益是相互依賴的、技術標準是共同的。在同一平臺、按同一標準進行跨組織分工協作,容易形成互補性關係、障礙性關係及競爭性關係,前兩者刻畫網路成員之間相互依賴的程度,後者刻畫競爭的程度。互補關係是知識網路成員間分工協作造成的,每個網路成員完成的創新任務僅僅是整體創新的一小部分,它們基於同一標準,彼此相互依賴、不可分割,一方需要在另外一方的影響下進行創新。障礙性關係產生於知識網路前後相繼的創新過程。技術創新是沿著基礎研究、應用研究、商業化推廣這樣前後相繼的順序依次展開的,基礎知識沒有應用技術輔助難以轉化為現實生產力,應用技術不能成功進行商業化就難以實現創新的價值。反之,一個成功商業化的創新成果需要相應的應用技術的支撐,應用技術的研發的前提是基礎研究的發展。競爭性關係產生於知識網路成員中擁有相同和相似技術的成員之間,它們之間具有替代性,因此知識網路成員在競爭的同時又相互學習,實現共同進步。

6.3.3 知識網路的知識協作困境影響因素分析

知識網路知識協作障礙是由於網路成員在知識分工協作過程中所產生的不對稱依賴關係和競爭協作關係所導致的。除此之外,知識網路成員之間的知識協作障礙的形成還受以下因素的影響:

(1) 環境因素。環境不確定性所導致的知識網路成員之間合作關係的變動性。環境不確定性主要包括信息的不確定性和環境的動態非穩定性。一方面,信息的不確定使得網路成員之間的決策產生巨大的障礙,網路成員的決策又是獨立的和分散的,在這樣的環境下,網路成員之間的決策產生分歧,導致合作關係產生衝突。另一方面,環境的動態性使得網路成員在環境的變化中進

行動態決策，根據臨時環境調整決策的行為，會產生網路成員行為預期的不一致，導致行為的混亂及協調過程中的衝突①。

（2）社會因素。影響知識協作困境的社會因素包括文化因素及雙邊關係因素。文化因素是合作關係的前提，合作文化包括共享的價值觀和共享的行為模式。共享價值觀使得網路成員的理念相一致，便於進行知識協作，及跨組織進行知識共享。共享行為模式使得網路成員能夠基於共同的興趣愛好進行合作創新，有利於知識共享和聯合行動。共享行為模式使得網路成員的行動按照一定的邏輯趨於一致，便於跨組織進行溝通協調，減少合作過程中的衝突及知識流動障礙。雙邊關係因素包括信任、溝通及互動，體現的是關係的社會化程度。信任不僅是雙邊關係強度的標誌，也是雙邊關係控制的一種機制。雙邊信任關係可以促進網路成員之間的團結，便於其採取共同行動解決其共同面臨的問題②。雙邊關係依賴是形成跨組織合作關係的保障機制的前提和基礎③，它通過關係鎖定及長期合作防止機會主義的行為傾向，有效平衡單邊關係所造成的「要挾」及「敲竹槓」問題。互動溝通是網路成員間進行協作的重要組成部分，有效的溝通及良性互動可以促進共同問題的解決，可以促進彼此間進行共同決策，通過溝通協作化解合作衝突的發生。另外，長期的溝通協作，可以創造一種相互協作的氛圍，在這種氛圍下網路成員可以有效進行知識創造和整合。

（3）經濟因素。知識網路成員在知識分工協作過程中肯定會受到經濟因素的影響。經濟因素包括宏觀經濟因素和微觀市場因素兩個有機的組成部分。一方面，宏觀經濟因素對知識網路的運行起著宏觀的引導作用。經濟發展良好，使得購買力上升，為創新成果的市場前景提供一個好的預期。在預期到未來合作價值上升的前提下，網路成員會通力合作，減少了知識協作困境的發生；且宏觀經濟政策發生重大變化也會引起網路成員間合作關係的重大變動。另一方面，微觀市場因素也對網路成員的合作行為產生重大影響。知識創新的目的在於通過市場實現知識的價值，市場環境對知識價值的波動有著基礎性的決定作用。如果市場環境發生重大變化，網路成員肯定會基於市場反饋的信息

---

① KLEIN W R，HILLEBRAND B，NOOTEHOOM B. Trust, contract and relationship development [J]. Organization studies，2005，26（6）：813-840.

② CLARO D P，HAGELAAR G，OMTA O. The determinants of relational governance and performance: How to manage business relationships? [J]. Industrial marketing management，2003，32（8）：703-716.

③ ZOLLO M J，REUER J，SINGH H. Interorganizational routines and performance in strategic alliances [J]. Organization science，2002，13（6）：701-713.

進行快速的關係調整，這樣勢必會對網路成員之間的知識協作產生重大持續性的影響。

（4）組織行為因素。組織行為學理論對組織行為有兩個基本假設，一是經濟理性，二是認知有限性。經濟理性是指知識網路中的成員基於自身利益最大化選擇自己的行為。在環境不確定性及信息不對稱的作用下，網路成員基於自身利益出發必然會做出自利的安排，包括事前的機會主義行為和事後的道德風險，進而會產生知識協作困境。認知有限性是指組織在自身行為的選擇上是受到其自身的認知結構和信息結構的限制，是有限理性的。有限理性的網路成員不能事先預測到網路成員的行為，也不能事先對合作行為做出明確而且詳細的約定，所以對彼此之間的關係的掌控能力弱。

（5）組織心理因素。心理因素強調網路成員彼此間風險的感知能力。一方面，感知能力強的網路成員通過對關係的選擇和關係結構的設計，能夠有效避免關係風險，防止知識協作困境；但感知能力強、而關係協調能力弱的網路成員，容易產生逆向選擇，即為了避免機會主義行為等知識協作困境的發生，進行對合作行為的自我設限，容易產生孤島心理，減少了知識共享行為。另一方面獲取的外部網路成員的知識協作的機會減少，產生知識協作困境。

另外還有一些學者提出了組織間知識協作的影響因素，如表 6-4 所示。

表 6-4　　　　　　　　影響組織間關係的關鍵因素

提出者及時間	研究視角	影響因素
Josh、Stump（1999）[1]	關係協調視角	關係資本、關係持續性、關係穩定性、關係專用性及信任等因素
Lambe（2000）[2]	關係規範視角	關係依賴、行為預期、風險（關係風險、績效風險）、合作時間等因素

---

[1] JOSHI A W, STUMP R L. The contingent effect of specific asset investments on joint action in manufacturer-supplier relationships: an empirical test of the moderating role of reciprocal asset investments [J]. Academy of marketing science journal, 1999, 27 (3): 291-304.

[2] LAMBE C J, ROBERT E S, SHELBY D H. Interimistic relational exchange: conceptualization and propositional development [J]. Journal of the academy of marketing science, 2000, 28 (2): 212-225.

表6-4(續)

提出者及時間	研究視角	影響因素
Claro 等（2003）[1]	關係渠道視角	專用性投入、成員間信任、交互時間、關係強度、互惠承諾、環境不確定性等因素
Joshi、Cambell（2003）[2]	交互學習視角	吸收能力、合作信心、互惠承諾、互動頻率、任務複雜性、環境動態性、學習能力等因素
Ronald（2005）[3]	關係互動視角	互動頻率、合作時間、關係強度、關係穩定性等因素
Lai、Tian 等（2012）[4]	關係交換視角	信任水準、關係穩定性、持續性等因素
Wallenburg、Schäffler（2013）[5]	關係契約視角	關係承諾、關係的依賴程度、社會機制等因素

基於上文的分析可以發現，知識網路成員間在知識分工協作過程中「不對稱相互依賴關係」和「知識競爭協作關係」是知識協作困境的形成的主要原因。「不對稱相互依賴關係」和「知識競爭協作關係」在信息不對稱性及環境不確定性的影響下，容易產生核心知識外泄、知識共享困境、路徑鎖定及創新動力不足等知識協作困境。從知識協作困境的影響因素來看，跨組織合作關係的持續性、穩定性及互惠性對創新績效的影響顯著，因此在契約控制的基礎上，可以輔之以關係控制。契約控制和關係控制相輔相成，共同促進網路成員之間進行分工協作，提升創新的績效。

---

[1] CLARO D P, HAGELAAR G, OMTA O. The determinants of relational governance and performance: How to manage business relationships？[J]. Industrial marketing management, 2003, 32（8）: 703-716.

[2] JOSHI A W, CAMPBELL A J. Effect of environmental dynamism on relational governance in manufacturer-supplier relationships: a contingency framework and an empirical test [J]. Academy of marketing science journal, 2003, 31（2）: 176-188.

[3] RONALD J F, MICHELE P, JASMIN B. Contractual governance, relational governance, and the performance of inter firm service exchanges: The influence of boundary-spanner closeness [J]. Journal of the academy of marketing science, 2005, 33（2）: 217-234.

[4] LAI F, TIAN Y, HUO B. Relational governance and opportunism in logistics outsourcing relationships: empirical evidence from China [J]. International journal of production research, 2012, 50（9）: 2501-2514.

[5] WALLENBURG C M, SCHAFFLER T. The interplay of relational governance and formal control in horizontal alliances: a social contract perspective [J]. Journal of supply chain management, 2014, 50（2）: 41-58.

6.3.4 知識網路的關係控制機制

6.3.4.1 關係控制的內涵

Powell 認為實現合作有三種機制：權力、價格和信任；與之相對應，存在三種控制機制：科層、價格和關係。知識網路組織之間的關係，不是單一組織內部科層制關係，無法通過指令來進行協調。知識網路組織之間的關係也不是純粹的市場交易關係，價格機制失靈。作為跨組織合作機制的一種，知識網路的控制機制分為組建時的正式治理機制和創建後的關係治理機制。知識網路組建時，由於信息不對稱，網路組織之間互不瞭解，暫時缺乏信任基礎，基於第三方仲裁的新古典契約是必要的。如上文所述，契約機制在不對稱相互依賴關係和合作夥伴關係（競爭協作關係）的作用下，容易產生事前的逆向選擇和事後的道德風險，從而造成知識協作困境。另外，由於信息不對稱和網路組織在地域上的分散性，契約的執行成本較高，無法從根本上解決利益差異引發的日常性矛盾和工作衝突，更不利於知識協作與共享。

面對契約治理下的機會主義行為，需要採用關係控制機制。知識網路組建後，隨著網路組織間信任程度的增加，三邊規制將過渡到雙邊規制，也為關係控制機制的實施提供了外部條件。關係控制（relational governance）概念來自美國法學家 Macneil（1980）[①] 的關係契約理論（relational governance theory），他認為契約具有不完備性，而長期合作關係所形成的關係結構可以彌補契約的不完備的不足，在交易中起到保護的作用；他還進一步指出任何交易都是嵌入在複雜的社會關係中並受到關係的保障。這一理論提出後引起了廣泛關注，並被越來越多地用於研究組織間關係。Zabeer 和 Venkatraman（1995）[②] 認為，關係控制這種模式與市場和科層治理不同，關係控制包括關係結構和關係過程兩個方面。Poppo 和 Zenger（2002）[③][④] 提出，關係控制機制是通過雙邊關係的建立、互動及強化的嵌入過程來使得不完全契約得以執行的保障。國內以李維安

[①] MACNEIL I R. Power, contract, and the economic mode [J]. Journal of economic issues, 1980, 14 (4): 909-923.

[②] ZAHEER A. Venkatraman Relational governance as an interorganizational strategy: An empirical test of the role of trust in economic exchange [J]. Strategic management journal, 1995 (16): 373-392.

[③] POPPO L, ZENGER T. Do formal contracts and relational governance function as substitutes or complements? [J]. Strategic management journal, 2002, 23 (8): 707-725.

[④] POPPO L, ZHOU, KEVIN ZHENG, et al. Examining the conditional limits of relational governance specialized assets performance ambiguity and long-standing ties [J]. Journal of management studies, 2008, 45 (7): 1195-1216.

(2003)①、羅珉（2006)②、孫國強（2001）③ 等為代表的學者則將關係控制視為組織間合作中非正式治理制度。

雖然缺乏統一的定義，但從上文的分析可以得出關係控制機制的特徵：① 通過關係契約來達成合作目標；②通過關係互動使得關係契約得以執行；③通過關係嵌入使合作關係得以保障；④通過關係調節促進知識流動及利益協調。

6.3.4.2 關係控制機制

知識網路有兩種連結方式：其一是基於正式的契約，其二是基於非正式的交流。與知識網路的連結方式相對應，知識網路的內部控制機制也就包含了兩種方式，一是契約治理機制，二是關係治理機制④。其中的關係治理機制來自學者 Macneil 的關係契約理論⑤，其核心是通過非正式協議或默認的行為規範來維護組織之間的關係，從而使組織間的合作更有效率⑥。大量的學者對此進行了研究，研究結果顯示，關係治理可以有效促進組織之間的知識轉移⑦⑧和知識共享⑨⑩。本部分在知識網路組織之間合作關係演化的基礎上，探討知識網路的關係治理機制，該機制能有效降低知識網路成員所面臨三種風險：市場風險、關係風險和鎖定風險。

1. 知識網路構建階段的關係契約機制

關係契約是一種非正式的安排，其特徵主要表現在三個方面：第一，關係

---

① 李維安. 網路組織：組織發展新趨勢 [M]. 北京：經濟科學出版社，2003.

② 羅珉，何長見. 組織間關係：界面規則與治理機制 [J]. 中國工業經濟，2006，(5)：87-95.

③ 孫國強. 網路組織的內涵、特徵與構成要素 [J]. 南開管理評論，2001，4 (4)：38-40.

④ Glenn Hoetker, Thomas Mellewigt. Choice and performance of governance mechanisms: matching alliance governance to asset type [J]. Strategic Management Journal, 2009, 30 (10): 1025-1044

⑤ MACNEIL I R. Contracts: Adjustment of Long-term Economic Relations under Classical, Neoclassical, and Relational Contract Law [J]. Northwestern University Law Review, 1977, 72: 854.

⑥ Zaheer, Akbar & Venkatraman. Relational governance as an interorganizational strategy: an empirical test of the role of trust in economic exchange [J]. Strategic Management Journal, 1995, 16 (5): 373-392.

⑦ UZZI B. Social Structure and Competition in Interfirm Networks: The Paradox of Embeddedness [J]. Administrative Science Quarterly, 1997: 35-67.

⑧ JOSGI A W, CAMPBELL A J. Effect of Environmental Dynamism on Relational Governance in Manufacturer-supplier Relationship: A Contingency Framework and An Empirical Test [J]. Journal of the Academy of Marketing Science, 2003, 31 (2): 176-188.

⑨ POPPO L, ZENGER T. Do Formal Contracts and Relational Governance Function as Substitutes or Complements? [J]. Strategic Management Journal, 2002, 23 (8): 707-725.

⑩ 陳莉平，石嘉婧. 聯盟企業間關係治理行為對合作績效影響的實證研究——以信任為仲介變量 [J]. 軟科學，2013 (04)：54-60.

契約具有長期性；第二，關係契約能夠適應環境的動態變化，具有不斷完善的特性；第三，關係契約具有隱含性或默認性。這說明關係契約是一種開放契約，以社會聯結為紐帶，包含有自執行機制和關係產權機制，可以避免流轉階段的市場風險，如來自於市場機遇識別和合作夥伴選擇的失誤等。

（1）知識網路組建階段。在這個階段，創新的不確定性較高，且外部環境的變動性很大。因此，由於知識網路成員的有限理性，無法在事前擬定可證實的條款對合作各方以後的責任、義務進行詳細規定。而關係契約可以使網路成員充分利用他們對環境的認識，在已知信息的基礎上適時調整自己的行為。關係契約具有自執行性，網路成員根據自己對未來價值的判斷主動調整合作關係，使市場風險得以有效降低。

（2）在關係契約中，知識網路成員更偏好長期性的交易，在交易中注重合作與互動。在這個過程中，聲譽機制發揮了作用，網路成員們基於瞭解對合作夥伴做出選擇，更看重對方是否具有互補性優勢和出色的能力。在關係契約的基礎上，網路成員通過關係產權衡量各自的付出與收益，最終雙方會達成默契，以適應外在環境的變化。當外部環境變化出現合作問題時，知識網路成員基於關係產權，會共同尋找雙方滿意的解決方案，這個方案也往往是能最大限度減少雙方損失的方案。

2. 知識網路運行階段的關係交易機制

知識網路開始運作之後，需要啟動關係交易機制。知識網路成員間的交易關係常常以嵌入的方式與社會關係相結合，受到共同的價值規範、道德準則、社會資本等非正式制度的制約和影響。關係交易強調互惠、相互節制及信任等概念，包括信任機制、聲譽機制及交流機制等。

（1）關係交易可以建立良性的信任循環機制（如圖6-6所示）。信任是知識網路正常運行的重要保障。一方面，信任能夠增進專用性資產投資。專用性資產具有特定對象性，也就是說專用性資產一旦投資則無法撤回，這無形中增加了知識網路成員機會主義行為的成本，使其不得不約束自己的行為。反過來，機會主義行為的減少又有利於進一步增進知識網路成員間的信任。這顯然是一個良性的循環。另一方面，信任可以使知識網路成員之間的溝通氛圍更加開放，使得每個成員更能坦誠相對。如果在交流過程中產生了知識衝突，信任能對衝突進行正確的引導，避免衝突的惡性發展。

（2）關係交易可以建立聲譽機制。關係交易機制能夠促進聲譽網路的建立。聲譽網路為知識網路成員提供了各種交易信息，從而限制有不良交易記錄的新成員進入。另外，聲譽網路還有利於信息的擴散，便於知識網路成員根據

图 6-6 信任循环机制

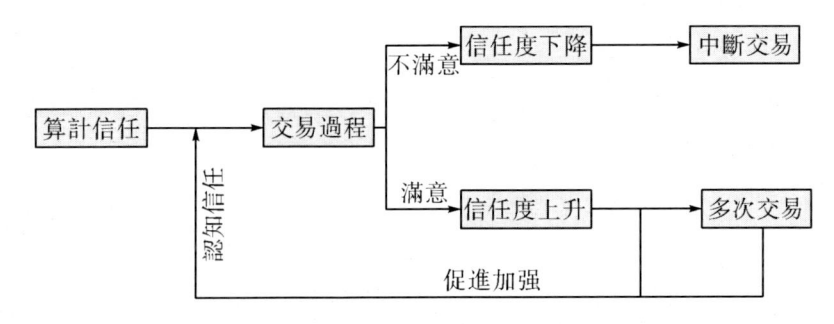

機會主義行為的相關信息實施聯合制裁。因此聲譽機制對抵制知識網路成員的機會主義行為有非常明顯的作用。

（3）關係交易可以建立交流機制，培育共享心智模式。關係交易通過強化網路成員對彼此間的任務、合作關係和情景的共同理解和心理表徵，來培育共享心智模式，避免多樣性所帶來的衝突頻發風險。首先，關係交易通過互惠機制強化成員共同的價值觀念。共同價值觀念的形成，有利於網路成員對複雜的、動態的、模糊的情景形成共同理解，進而形成一致性和默契。行動的一致性能夠減少不必要的衝突，而心理上的默契能夠防止衝突向破壞性轉變。其次，關係交易的長期性可以累積網路慣例①。慣例能使網路成員的常規行為具有規則性和一致性，使每個成員都能預測其他成員的行為，增強互動過程中的默契，避免不必要的衝突。

3. 知識網路維持階段的關係調節機制

當知識網路進入穩定發展階段，將會面臨網路鎖定的風險，這時可以引入關係調節機制，以激發整個網路新的創新能力。關係調節機制包括保持網路的柔性化、探索性學習和強化知識創造活動等具體方式（如圖 6-7 所示）。

（1）保持網路的柔性化。柔性化網路能夠適應網路內外的各種變化，從而有效控制風險，可以從以下方面著手：①確保知識網路成員間強弱聯繫並存。強聯繫有利於隱性知識的擴散與流動，而弱聯繫可以帶來更多的差異化信息。②通過引入新成員創建新的關係。一方面，新成員的加入有利於帶來新的信息，從而避免信息日益趨同的現象。另一方面，新成員的加入能夠產生「鯰魚效應」，使得網路成員之間的競爭加劇，從而讓知識網路成員保持創新的主動性。③適當調整知識網路成員之間的聯繫強度。如果網路成員間的知識

---

① 黨興國，孫永磊. 技術創新網路位置對網路慣例的影響研究——以組織間信任為仲介變量[J]. 科研管理，2013，34（4）：1-8.

同質化程度較高，則應適當降低彼此間的聯繫強度；如果網路成員間的知識互補性強，則應適當加強彼此間的聯繫強度。

（2）進行探索性學習。一方面，可以通過引導知識網路成員進行跨網路邊界的知識活動，擴大網路成員的知識來源，促進新知識等資源的流動和擴散，避免信息趨同帶來的風險。由於掌握了新的知識資源，網路成員在處理問題時能夠另闢蹊徑，避免產生路徑依賴。另一方面，鼓勵知識網路成員探索新方法，形成新慣例。通過不斷地嘗試打破常規，從而提高對環境的適應能力，能夠從容應對環境的變化。

（3）強化知識創造活動。知識網路成員的持續創新能力能有效降低知識網路面臨的各種風險，這主要是因為：①新知識的出現將促使其他成員創造出與之互補的新知識，從而形成知識創造的良性循環。②使網路成員間的競爭加劇，從而刺激網路成員不斷進行創新。只有具有持續創新能力的組織才能在知識網路中佔有一席之地，並不斷地發展壯大；而不具有持續創新能力的組織很容易被知識網路所淘汰。③知識網路成員的持續性創新能力可以產生聲譽效應，吸引更多優秀的新成員加入知識網路，從而保持網路內知識的異質性和豐富性。

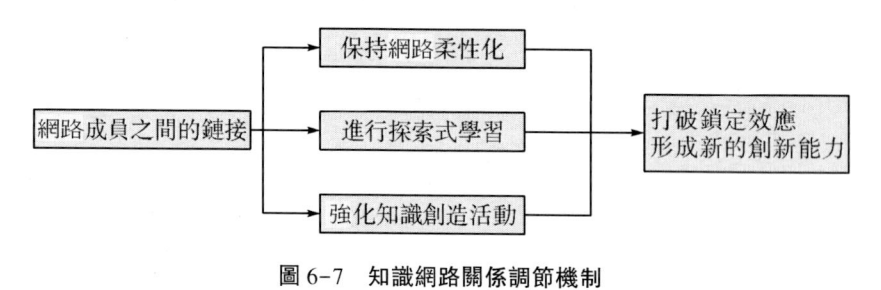

圖 6-7　知識網路關係調節機制

6.3.5　知識網路合作關係控制對策

基於前文博弈模型，關係控制機制可以使得 $\dfrac{網路C}{\pi-\theta(\lambda A^a B^b-\lambda A^a-\lambda B^b)}$ 小於 0 或大於 1 和 $\dfrac{C}{\pi-(1-\theta)(\lambda A^a B^b-\lambda A^a-\lambda B^b)}$ 小於 0 或大於 1。將 $\dfrac{C}{\pi-\theta(\lambda A^a B^b-\lambda A^a-\lambda B^b)}$ 小於 0 或大於 1 和 $\dfrac{C}{\pi-(1-\theta)(\lambda A^a B^b-\lambda A^a-\lambda B^b)}$ 小於 0 或大於 1 的相位圖放在同一個坐標平

面圖上標示，如圖 6-8 所示。

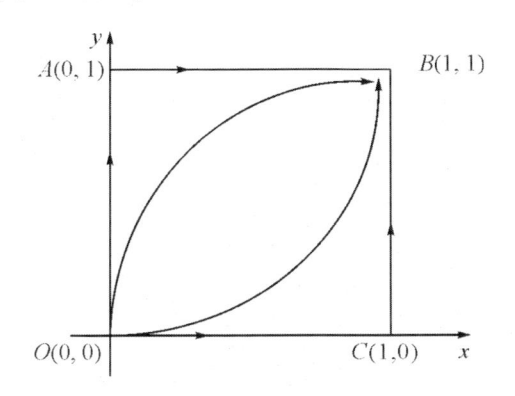

图 6-8　合理收益與違約成本增加下知識網路成員 1 和成員 2 的策略進化圖

由圖 6-8 可知，圖中的點 O 為不穩定源出發點，點 A 和點 C 為鞍點，點 B 為進化穩定狀態。也就是說，如果知識網路中兩成員企業採取「不合作策略」下所獲得的額外收益大於「合作策略」下所獲得的超額收益，但違約成本增加或合作創新所分配的超額收益增加，導致雙方成員採取「不合作策略」下的額外淨收益小於「合作策略」下所獲得的超額收益時，知識網路成員的創新合作長期最終進化結果為雙方均採取合作創新策略，繼續履行契約，知識網路健康運行。因此，我們可以通過以下措施來縮小成員採取「不合作策略」下的額外淨收益，增加「合作策略」下所獲得的超額收益，以減少成員的機會主義行為動機，減少知識協作困境的發生。

具體措施如下：

（1）知識網路合作創新超額收益應公平合理分配。知識網路知識創造的過程，是一個關係到知識網路組織的利益共享、風險共擔的價值創造的商業過程。這一過程的平穩運行需要一個公正合理的利益分配方案，因為公正合理的利益分配，可以增強知識網路成員的公平感、形成未來收益的理性預期，增強合作的信心，從而減少機會主義行為。公平感的產生源於成員對自己投入和未來收益的比較，如果投入和收益不相等（$\frac{a}{b} \neq \frac{\theta}{1-\theta}$），知識網路中某些成員知識轉移的積極性將會大大降低，甚至可能採取機會主義行為。

（2）要根據知識創新階段的不同制定不同的利益分配方案。隨著知識網路知識創新的深入，影響合作利益分配的因素會不斷地變化，進而會影響利益分配格局的改變。如成員在合作的初期，由於知識共享得少、未來技術發展的不確定性，成員在學到對方技術之後停止合作並在此基礎上進行獨自創新的收

益 π 較小，單方面停止合作的動機較小。但隨著知識共享和創造在更大範圍內的展開，π 會逐漸增大，成員單方面停止合作的動機較大。因此，要根據知識創新階段的不同制定不同的利益分配方案。

（3）知識共享利益補償機制。獲取互補性知識，是知識網路成員進行合作創新的主要動力。然而知識網路成員在合作創新的過程中，知識是一種「公共物品」，由於「搭便車」行為的存在，導致成員間有保留行為，知識共享不足。因此，為規避知識網路成員知識共享不足的風險，提高知識網路成員知識共享的意願，應該構建一套利益補償機制：對知識網路的知識共享和技術傳播做出貢獻、為提升知識網路整體利益而暫時犧牲自身利益的成員進行合理補償，使成員合作創新的邊際溢出能在邊際上得到相應的補償，從而使合作創新成為合作各方的自身需要。

（4）提高成員違約的成本。知識網路成員採取「合作策略」或「不合作策略」是源於自己對違約收益和成本的考量，因此提高成員的違約成本 C 可以有效的減少成員的機會主義行為。通過明晰產權、完善有關契約的法規，給予「違約者」以足夠的懲罰、給予「努力者」以足夠的獎勵，可以激勵成員放棄機會主義行為，合作創新的收益 $\lambda A^a B^b$ 就不斷增大。違約成本 C 的提高、合作創新收益 $\lambda A^a B^b$ 的增加，會使 $\dfrac{C}{\pi - \theta(\lambda A^a B^b - \lambda A^a - \lambda B^b)}$ 和 $\dfrac{C}{\pi - (1-\theta)(\lambda A^a B^b - \lambda A^a - \lambda B^b)}$ 增大，從而防止知識網路知識協作困境。

（5）建立長期穩定的合作關係。從博弈論角度看，一次合作的情況下，知識網路成員容易採取機會主義行為。建立長期穩定的合作關係，一方面會增加合作創新的潛在收益 $\lambda A^a B^b$。另一方面，在長期合作的情況下，機會主義行為只會獲得短期的利益而不能獲得長期利益，而且還會落下一個不好的名聲，使得「違約者」的聲譽貶值。另外長期穩定的關係可以使專有資產像滾雪球一樣越滾越大，進一步提高機會主義的成本，形成良性的信任循環，從而降低知識網路協作困境。

6.4 本章小結

契約機制通過正式書面協議明確網路成員的權利、義務和責任，進而為其提供一個合法的利益分享模式和行為框架，以達到激勵約束的目的。關係機

制，是指通過建立長期的合作關係，通過互動累積社會資本以達到激勵的目的，通過社會機制約束網路成員的行為。契約機制是顯性的，關係機制是隱性的。

本章首先構建了契約機制下知識網路合作創新的博弈模型，探討了在信息不對稱條件下與存在知識溢出效應下，最優的關係產權激勵係數的設計。通過分析不同情況下的最優關係產權激勵係數，為知識網路成員提供一個合法的利益分享模式和行為框架，以調整成員的行為偏好和收益預期，實現激勵相容的均衡的結果，進而促使知識網路組織各方在長期穩定的合作互惠關係中共同進化，實現協同效應。

然而，在知識網路運行過程中，網路成員在契約不完全的作用下容易產生知識共享不足、核心知識竊取、路徑鎖定和創新動力不足等知識協作困境。本章從關係控制的角度，探討知識網路組織的非正式治理機制，包括知識網路組建階段的關係契約機制、知識網路運行階段的關係交易機制和知識網路維持階段的關係調節機制。作為契約機制的重要補充，基於社會規範的關係控制機制通過隱性激勵與懲罰規範網路成員的行為，進而實現行為的自我約束。

7 研究結論

本章總結了該項目所做的主要工作與貢獻，分析了不足之處，並提出了進一步研究的展望。

7.1 主要結論與貢獻

該書通過對知識網路組織之間合作機制的研究，豐富了知識管理和知識網路理論，為實施知識網路的有效治理提供了指導和依據。該書所做的主要工作與結論簡單歸納如下：

1. 論述了知識網路組織之間合作的內涵，分析了知識網路組織之間合作的影響因素

本書對知識網路的概念和結構進行了介紹，論述了知識網路組織之間合作的內涵，指出知識網路組織之間是一種合作夥伴關係。這種合作關係的建立以信任為基礎，其實質是成員組織之間的競爭與協作。通過對知識網路合作博弈模型的分析，可知合作利益、知識分工、風險和內部控制是影響知識網路成員間合作關係的重要因素。

2. 研究了知識網路的利益機制

利益驅動是知識網路合作賴以形成、存在和發展的基本動力。本書在知識網路利益分配理論分析基礎上，提出了基於組織貢獻程度的利益分配模型，來實現知識網路組織之間合作創新的利潤與無形資產的公平分配。根據知識網路組織之間合作方式差異，分析了橫向合作創新、縱向合作創新以及技術轉讓合作三類具體方式下的利益分配機理，繼而探討了知識網路利益分配機制的構建及其運行，並具體分析了使知識網路利益分配機制得以有效運行的動力、措施與保障。

3. 研究了知識網路的分工協同機制

在知識網路中，知識的利用與創新超越了單個組織的邊界，成為跨組織的實踐。本書對開放式創新知識分工、知識創造、知識整合階段的知識流動進行了探討，基於知識流動視角利用 Amos21.0 軟件對知識分工與創新績效的作用機理進行實證，實證結果表明：知識分工對創新績效具有正向的作用，但也降低了創新參與者間知識共享的意願、提高了知識整合的難度。知識共享意願的降低和知識整合難度的提高制約了知識分工對創新績效的正向作用。清晰的界面規則、先進的技術手段可以提升知識共享和整合，技術手段對知識共享、界面規則對知識整合的作用尤其明顯。根據實證結果，基於 RPV 模型提出知識分工協同的三大機制，即基於知識優勢的知識配置機制、基於 Web2.0 技術的同儕研發機制和基於關係產權的知識佔有機制。通過這三項機制可以實現資源協同、營運協同和價值協同。

4. 研究了知識網路的風險機制

由於知識網路這一合作模式的複雜性、知識網路外部環境因素的不確定性、知識網路中組織之間的合作特性以及知識本身的屬性等，知識網路面臨著各種風險。本書基於 COSO 風險管理框架，分析、識別了知識網路中存在的典型風險類型，構建了知識網路風險來源框架；基於模糊風險矩陣與 Borda 序值法對知識網路風險進行了評估與排序，繼而提出包括內生風險防範體系與外生風險防範體系兩個方面在內的知識網路風險防範體系。

5. 研究了知識網路的內部控制機制

知識網路內部控制機制包括契約機制和關係機制。本書構建了契約機制下知識網路合作創新的博弈模型，探討了在信息不對稱條件下與存在知識溢出效應下最優的關係產權激勵係數的設計，並通過不同情況下的最優關係產權激勵係數，為知識網路成員提供一個合法的利益分享模式和行為框架，以調整成員的行為偏好和收益預期，實現激勵相容的均衡的結果。

在知識網路運行過程中，網路成員在契約不完全的作用下容易產生知識共享不足、核心知識竊取、路徑鎖定和創新動力不足等知識協作困境，本書從關係控制的角度，探討了知識網路組織的非正式治理機制，包括知識網路組建階段的關係契約機制、知識網路運行階段的關係交易機制和知識網路維持階段的關係調節機制。作為契約機制的重要補充，基於社會規範的關係控制機制通過隱性激勵與懲罰規範網路成員的行為，進而實現行為的自我約束。

7.2 研究展望

迄今為止，國內外關於知識網路的研究尚處於起步階段，尤其是國內的相關研究還處於萌芽階段。由於時間和條件所限，筆者所做的研究工作仍有一些不足之處。未來的研究可以重點考慮以下問題：

（1）本書主要對知識網路組織間合作有重要影響的利益機制、分工機制、風險機制和內部控制機制分別進行研究，建立了各個機制的框架模型，並提出了一些方法和技術，因為時間有限，未能從整體角度研究各個機制的相互作用。在下一步的研究中，可以考慮搭建知識網路合作機制的整體框架，厘清各個機制之間的作用機理。

（2）本書針對某些局部問題和個別合作機制進行了實證。但由於實際研究條件所限，未能對知識網路組織之間的合作進行系統性的案例研究。在以後的研究中，可以選擇區域內的一些高科技企業作為研究對象，將建立的理論與方法系統性地運用於案例企業進行驗證，並對不合理之處予以改進，使理論與方法能對實踐有更加切實的指導意義。

參考文獻

一、英文文獻

[1] AHUJA, GAUTAM. Collaboration networks, structural holes, and innovation: a longitudinal study [J]. Administrative science quarterly, 2000, (45): 425-455.

[2] AKGUN ALI E, JOHN BYRNE, HALIT KESKIN, et al. Knowledge networks in new product development projects: a transactive memory perspective [J]. Information & management, 2005, (42): 1105-1120.

[3] ALBERT Z Z, DIETER F. Knowledge management and intellectual capital: an empirical examination of current practice in Australia [J]. Management research and practice, 2003, 1 (2): 86-94.

[4] ANKLAM P. Knowledge management: the collaborationthread [J]. Bulletin of the American society for information science and technology, 2002, 28 (6): 8-11.

[5] ANDREAS SEUFERT, et al. Towards knowledge networking [J]. Journal of knowledge management, 1999, 3 (3): 180-190.

[6] APOSTOLOU D, MENTZAS G, MAAS W. Knowledge networking in extended enterprises [EB/OL]. http://imu.ices.ntua.gr/Papers/C60-ICE2003-Apostolou_ Mentzas_ Maass. pdf.

[7] ASAKAWA KAZUHIRO, LEHRER MARK. Managing local knowledge assets globally: the role regional innovation relays [J]. Journal of world business, 2003, 38 (1): 31-42.

[8] BECKER G S, MURPHY K M. The division of labor, coordination costs, and knowledge [J]. Quarterly journal of economics, 1992, 7 (4): 1137-1160.

[9] BECKMANN M J. Economic models of knowledge networks, in networks

in action [M]. Tokyo: Springer-Verlag, 1995.

[10] BLECKER T, NEUMANN R. Interorganizational knowledge management: some perspectives for knowledge oriented strategic management [J]. Knowledge management virtual organizions, 2000, 20 (2): 743-750.

[11] BOUDREAU K J. Open platform strategies and innovation: granting access vs. devolving control [J]. Management science, 2010, 56 (10): 1849-1872.

[12] BRANDENBURGER A M, NALEBUFF B J. The right game: use game theory to shape strategy [J]. Harvard business review, 1995, 73 (4): 57-71.

[13] BRANDENBURGER A M, NALEBUFF B J. Coopetition: a revolutionary mindset that combines competition and cooperation in the market place [M]. Boston: Harvard Business School Press, 1996.

[14] BROEKEL T, BOSCHMA R. Knowledge networks in the dutch aviation industry: the proximity paradox [J]. Journal of economic geography, 2012, 12 (2): 409-433.

[15] BRESCHI S, CATALINI C. Tracing the links between science and technology: an exploratory analysis of scientists' and inventors networks [J]. Research policy, 2010, 39 (1): 14-26.

[16] BROOKS F P. The mythical man-month addision [M]. Melbourne: Wesley Press, 1975.

[17] CAMERON PHILIP. Knowledge-sharing for global development-encouraging knowledge-sharing for cleaner globaldevelopment [J]. Knowledge management review, 2001, (3-4): 30-33.

[18] CARNOVALE S, YENIYURT S. The role of ego network structure in facilitating ego network innovation [J]. Journal of supply chain management, 2015, 51 (2): 22-46.

[19] CAPELLO R, FAGGIAN A. Collective learning and relational capital in local innovation processes [J]. Regional studies, 2005, 39 (1): 75-87.

[20] CARAYANNI L, ALEXANDER J. Winning by co-operating in strategic government-university-industry R&D partnerships: the power of complies dynamic knowledge networks [J]. Journal of technology transfer, 1999, (24): 197-210.

[21] CASSIMAN B, VEUGELERS R. In search of complementarity in the innovation strategy: internal R&D and external knowledge acquisition [J]. Manage-

ment science, 2006, 52 (1): 68-82.

[22] CHANG YUAN CHIEH, CHEN MING HUEI. Comparing approaches to system of innovation: the knowledge perspective. Technology in society, 2004, 26 (1): 17-37.

[23] CHOO H J, HAMMOND J, TOMMELEIN I D, et al. De-plan: a tool for integrated design management [J]. Automation in construction, 2004, 13, (2): 313-326.

[24] CHUN YAO TSENG. Technological innovation and knowledge network in Asia: evidence from comparison of information and communication technologies among six countries [J]. Technological forecasting and social change, 2009, 76 (5): 654-663.

[25] CLARO D P, HAGELAAR G, OMTA O. The determinants of relational governance and performance: How to manage business relationships? [J]. Industrial marketing management, 2003, 32 (8): 703-716.

[26] CRISTINA QUINTANA GARCIA, BENAVIDES-VELASCO. Cooperation, competition, and innovative capability: a panel data of european dedicated biotechnology firms [J]. Technovation, 2004, 24: 927-938.

[27] COLEMAN J S. Foundations of social theory [M]. Boston: Harvard University Press, 1994.

[28] COWAN, R, N JONARD. Network structure and the diffusion of knowledge [A]. Merit working papers, 1999: 99-128.

[29] COWAN ROBIN, NICOLAS JONARD, MUGE OZMAN. Knowledge dynamics in a network industry [J]. Technological forecasting & social change, 2004, (7): 469-484.

[30] CRESPO J, SUIRE R, VICENTE J. Lock-in of lock-out?: How structural properties of knowledge networks affect regional resilience [J]. Journal of economic geography, 2014, 14 (1): 199-219.

[31] DANGELICO R M, GARAVELLI A C, PETRUZELLI A M. Knowledge creation and transfer in local and global technology networks: a system dynamics perspective [J]. International journal of globalization and small business, 2008, 2 (3): 300-324.

[32] DAS T K, TENG B S. Instabilities of strategic alliances: an internal tensions perspective [J]. Organization science, 2000, 11 (1): 77-101.

[33] DAS T K, TENG B. Trust control and risk in strategic alliances: An integrated framework [J]. Organization studies, 2001, 22 (2): 251-283.

[34] DAWSON R. Knowledge capabilities as the focus of organisational development andstrategy [J]. Journal of knowledge management, 2000, 4 (4): 320-327.

[35] DITZEL R G. Patent rights at the university/industry interface [J]. Journal of the society of research administrators, 1983, 14 (3): 13-20.

[36] DRUCKER P F. The age of social transformation [J]. Atlantic, 1994, 274 (5): 53-80.

[37] DUHAIME, IRENE M. Determinates of competitive advantage in the network organizational form: a pilot study [R]. Working paper, 2002.

[38] DURBIN S. Creating knowledge through networks: a gender perspective [J]. Gender, work & organization, 2011, 18 (1): 90-112.

[39] DYER J H, NOBEOKA K. Creating and managing a high-performance knowledge-sharing network: the Toyota case [J]. Strategic management journal, 2000, 21 (3): 345-367.

[40] FINE CHARLES H. Clock speed: winning industry control in the age of temporary advantage [M]. MA: Perseus Books, 1998.

[41] ERIK DEN HARTIGH, FRED LANGERAK. Managing increasing returns [J]. European management journal, 2001, 19, (4): 278-291.

[42] FUKUYAMA F. Trust: the social virtues and the creation of prosperity [M]. New York: Free Press, 1995.

[43] EVA DANTAS, MARTIN BELL. Latecomer firms and the emergence and development of knowledge networks: the case of Petrobras in Brazil [J]. Research policy, 2009, 38 (5): 829-844.

[44] GALUNIC D C, RODAN S. Resource re-combinations in the firm: knowledge structures and the potential for schumpeterian innovation [J]. Strategic management journal, 1998, 19 (12): 1193-1201.

[45] GARUD R, NAYYAR Pr. Transformative capacity: continual structuring by Inter temporal technology transfer [J]. Strategic management journal, 1994, 15 (5): 365-386.

[46] GARY S BECKER, KEVIN M MURPHY. The division of labour, coordination costs, and knowledge [J]. Quarterly journal of economics, 1992, 107

(4): 1137-1160.

[47] GILAD B. Early warning: using competitive intelligence to anticipate market shifts, control risk, and create powerful strategies [M]. New York: Amacom, 2003.

[48] GIULIANI E. The selective nature of knowledge networks in clusters: evidence from the wine industry [J]. journal of economic geography, 2007, 7 (2): 139.

[49] GOLD A H, ARVIND MALHOTRA A H S. Knowledge management: an organizational capabilities perspective [J]. Journal of management information systems, 2001, 18 (1): 185-214.

[50] GULATI R, SINGH H. The architecture of cooperation: managing coordination costs and appropriation concerns in strategic alliances [J]. Administrative science quarterly, 1998, 43 (4): 781-814.

[51] GUPTA A K, GOVINDARAJAN V. Knowledge management's social dimension: lessons from nucor steel [A]. Sloan management review, 2006.

[52] HAYEK F A. Economics and knowledge [J]. Economica, 1937, (4): 33-54.

[53] HENRY CHESBROUGH. Open innovation: the new imperative for creating and profiting from technology [M]. Cambridge: Harvard Business School Press, 2003.

[54] HITT M A, DACIN M T, LEVITAS E, et al. Partner selection in emerging and developed market contexts: resource-based and organizational learning perspectives [J]. Academy of management journal, 2000, 43 (2): 449-467.

[55] HITT M A, AHLSTROM D, DACIN M T, et al. The institutional effects on strategic alliance partner selection in transition economies: China vs. Russia [J]. Organization science, 2004, 15 (2): 173-185.

[56] HOLMSTROM B. Moral hazard in team [J]. Bell journal of economics, 1982, 13 (1): 324-340.

[57] HOWE J. Gannett to crowd source news [J]. Wired, 2006, (6): 1-2.

[58] HUANG C, MORAGA C. A fuzzy risk model and its matrix algorithm [J]. International journal of uncertainty, fuzziness and knowledge-based systems, 2002, 10 (4): 347-362.

[59] HUONG N T, KATSUHIRO U, CHI D H. Knowledge transfer in offshore outsourcing: a case study of Japanese and Vietnamese software companies [J]. Journal of global information management, 2011, 19 (2): 27-44.

[60] IKUJIRO NONAKA, HIROTAKA TAKEUCHI. The knowledge-creating company [J]. Harvard business review, 1991, (November-December): 96-104.

[61] IKUJIRO, UMEMOTO KATSUBIRO, SENOODAI. From information processing to knowledge creation: a paradigm shift in business management [J]. Technology in society, 1996, 18 (2): 203-218.

[62] INKPEN A C, TSANG E W K. Social capital, networks, and knowledge transfer [J]. Academy of management review, 2005, 30 (1): 146-165.

[63] JAMES A. Demystifying the role of culture in innovative regionaleconomies [J]. Regional studies, 2005, 39 (9): 1197-1216.

[64] JASON OWEN-SMITH, WALTER W POWELL. Knowledge networks as channels and conduits: the effects of spillovers in the boston biotechnology community [J]. Organization science, 2004, 15 (1): 5-21.

[65] JAY B BARNEY, MARK HANSEN. Trustworthiness as a source of competitive advantage [J]. Strategic management journal, winter special issue, 1994, 15 (WI).

[66] JOHAN BRUNEEL, PABLO D'ESTE, AMMON SALTER. Investigating the factors that diminish the barriers to university-industry collaboration [J]. Research policy, 2010, 39 (7): 858-868.

[67] JONES C, HESTERLY W S, BORGATTI S P. A general theory of network governance: exchange conditions and social mechanisms [J]. Academy of management review, 1997, 22 (4): 911-945.

[68] JONGWOOK KIM. Formal and informal governance in biotechnology alliance: board oversight, contractual control, and repeated deals [J]. Industrial and cooperate change, 2013, 23 (4): 903-929.

[69] JOSHI A W, STUMP R L. The contingent effect of specific asset investments on joint action in manufacturer-supplier relationships: an empirical test of the moderating role of reciprocal asset investments [J]. Academy of marketing science journal, 1999, 27 (3): 291-304.

[70] JOSHI A W, CAMPBELL A J. Effect of environmental dynamism on relational governance in manufacturer-supplier relationships: a contingency framework

and an empirical test [J]. Academy of marketing science journal, 2003, 31 (2): 176-188.

[71] KALE P, SINGH H, PERLMUTTER H. Learning and protection of proprietary assets in strategic alliances: building relational capital [J]. Strategic management journal, 2000, 21 (3): 217-237.

[72] KLAUS FICHTER. Innovation communities: the role of networks of promoters in open Innovation [J]. R&D management, 2009, 39, (4): 357-371.

[73] KLEIN W R, HILLEBRAND B, NOOTEHOOM B. Trust, contract and relationship development [J]. Organization studies, 2005, 26 (6): 813-840.

[74] KWAN M M, CHEUNG P. The knowledge transfer process from field studies to technology development [J]. Journal of database management, 2006, 17 (6): 16-32.

[75] LAI F, TIAN Y, HUO B. Relational governance and opportunism in logistics outsourcing relationships: empirical evidence from China [J]. International journal of production research, 2012, 50 (9): 2501-2514.

[76] LAMBE C J, ROBERT E S, SHELBY D H. Interimistic relational exchange: conceptualization and propositional development [J]. Journal of the academy of marketing science, 2000, 28 (2): 212-225.

[77] LANE P J, LUBATKIN M. Relative absorptive capacity and interorganizational learning [J]. Strategic management journal, 1998, 19 (5): 461-477.

[78] LEIFER R. PETER K MILLS. An information processing approach for deciding upon control strategies and reducing control loss in emerging organizations [J]. Journal of management, 1996, 22 (1): 113-137.

[79] LEVINTHAL D, MARCH J G. The myopia of learning [J]. Strategic management journal, 1993, 14 (Special Issue): 95-112.

[80] LIEFNER I, HENNEMANN S. Structural holes and new dimensions of distance: the spatial configuration of the scientific knowledge network of China's optical technology sector [J]. Environment and planning A, 2011, 43 (4): 810-829.

[81] LOPEZ GOMEZ, MOLINA MEYER. Modelling coopetition [J]. Mathematics and computers in simulation, 2007, (76): 132-140.

[82] LUNDVALL B A. Innovation as an interactive process: From User-producer interaction to the national system of innovation [J]. Technical change and eco-

nomic theory, 1988, 24 (1): 96-96 (1).

[83] MACNEIL I R. Power, contract, and the economic mode [J]. Journal of economic issues, 1980, 14 (4): 909-923.

[84] MACRO LANSIT. Real world R&D: jumping the product generation gap [J]. Harvard business review, 1993, 7 (3): 138-147.

[85] MARABELLI M, NEWELL S. Knowledge risks in organizational networks: the practice perspective [J]. The journal of strategic information systems, 2012, 21 (1): 18-30.

[86] MARCH J. Exploration and exploitation in organizational learning [J]. Organizational science, 1991, (2): 71-88.

[87] MASKELL P, BATHELT H, MALMBERG A. Building global knowledge pipelines: The role of temporary clusters [J]. European planning studies, 2006, 14 (8): 997-1013.

[88] MATHIEU J E, HEFFNER T S, GOODWIN G F, et al. The influence of shared mental models on team process and performance [J]. Journal of applied psychology, 2000, 85 (2): 273.

[89] MATSON P E. Knowledge management and organizational learning: a reader [J]. Omega, 2008, 36 (2): 167-172.

[90] MAURA SOEKIJAD, ERIK ANDRIESSEN. Condition for knowledge sharing in competitive alliance [J]. European Management, 2003, 21 (5): 578-587.

[91] MAYER R C, DAVIS J H, SCHOORMAN F D. An integrative model of organizational trust [J]. Academy of management review, 1995, (20): 709-734.

[92] MICHIEL DE BORE, FRANS A J VAN DEN BOSCH, HENK W, et al. Managing organizational knowledge integration in the emerging multimedia complex [J]. Journal of management studies, 1999, 36 (3): 379-398.

[93] MOELLER R R. COSO enterprise risk management: understanding the new integrated ERM framework [M]. New York: John Wiley & Sons, 2007.

[94] MORRAR R. Technological public-private innovation networks: a conceptual framework describing their structure and mechanism of interaction [J]. Technology innovation management review, 2015, 5 (8): 25-51.

[95] NICOTRA M, ROMANO M, DEL GIUDICE M. The evolution dynamic of a cluster knowledge network: : the role of firm's absorptive capacity [J]. Journal

of the knowledge economy, 2014, 5 (2): 240-264.

[96] NONAKA I, TOYAMA R, KONNO N. SECI, ba and leadership: a unified model of dynamic knowledge creation [J]. Range planning, 2000, (33): 5-34.

[97] NONAKA I. A dynamic theory of organizational knowledge creation [J]. Organization science, 1994, 5 (1): 14-37.

[98] NUNAMAKER JR J F, ROMANO N C, BRIGGS R O. A framework for collaboration and knowledge management [A]. in: Proceedings of the 34th annual hawaii international conference on system sciences-2001 [C]. IEEE, 2001: 12.

[99] OUCHI W G. A conceptual framework for the design of organizational controlmechanisms [J]. Management science, 1979, 25 (9): 833-848.

[100] PAHL G, BEITZ W. Engineering design [M]. London: The Design Council, 1984.

[101] PATRICIA M, NORMAN. Protecting knowledge in strategic alliances resource and relational characteristic [J]. Journal of high technology management research, 2002, 13 (2): 177-202.

[102] PETERAF M A. The cornerstones of competitive advantage: a resource-based view [J]. Strategic management journal, 1993, 14 (3): 179-191.

[103] PHELPS C, HEIDL R, WADHWA A. Knowledge, networks, and knowledge networks: a review and research agenda [J]. Journal of management, 2012, 38 (4): 1115-1166.

[104] PHELPS C C. A longitudinal study of influence of alliance network structure and composition on firm exploratory innovation [J]. Academy of management journal, 2010, 53 (4): 890-913.

[105] POPPO L, ZENGER T. Do formal contracts and relational governance function as substitutes or complements? [J]. Strategic management journal, 2002, 23 (8): 707-725.

[106] POPPO L, ZHOU, KEVIN ZHENG, et al. Examining the conditional limits of relational governance Specialized assets performance ambiguity and long-standing ties [J]. Journal of management studies, 2008, 45 (7): 1195-1216.

[107] QUINTAS P, LEFRERE P, JONES G. Knowledge management: a strategic agenda [J]. Long range planning, 1997, 30 (3): 385-391.

[108] RAMPERSAD G, QUESTER P, TROSHANI I. Journal of business &

industrial marketing [J]. Journal of business & industrial marketing, 2010, 25 (7): 487-500.

[109] RING P S, VANDEVEN A H. Developmental processes of cooperative interorganizational relationship [J]. Academy of management review, 1994 (19): 90-118.

[110] ROBERT M GRANT. Toward a knowledge-based theory of the firm [J]. Strategic management Journal, 1996, (17): 152-160.

[111] RONALD J F, MICHELE P, JASMIN B. Contractual governance, relational governance, and the performance of inter firm service exchanges: the influence of boundary-spanner closeness [J]. Journal of the academy of marketing science, 2005, 33 (2): 217-234.

[112] RUEFLI T W, COLLINS J M, LACUGNA J R. Risk measures in strategic management research: auld langsyne? [J]. Strategic management journal, 1999, 20 (2): 167-194.

[113] SABEL C F. Studied trust: building new forms of cooperation in a volatile economy [J]. Human relations, 1993, 46 (9): 1133-1170.

[114] SARASINI S. (Failing to) create eco-innovation networks: the nordic climate cluster [J]. Technology analysis & strategic management, 2015, 27 (3): 283-299.

[115] SAVASKAN R C, BHATTACHARYA S, VAN WASSENHOVE L. Closed-loop supply chain models with product remanufacturing [J]. Management science, 2004, 50 (2): 239-253.

[116] SAVASKAN R C, VAN WASSENHOVE L. Reverse channel design: the case of competing retailers [J]. Management science, 2006, 52 (1): 1-14.

[117] SCHILKE O. On the contingent value of dynamic capabilities for competitive advantage: the nonlinear moderating effect of environmental dynamism [J]. Strategic management journal, 2014, 35 (2): 179-203.

[118] SHARMAN D M, YASSINE A A. Characterizing complex product architectures [J]. Systems engineering, 2004, 7, (1): 35-60.

[119] SIMONIN B L. Transfer of marketing know-how in international strategic alliances: an empirical investigation of the role and antecedents of knowledge ambiguity [J]. Journal of international business studies, 1999: 463-490.

[120] SIMONIN B L. Ambiguity and the process of knowledge transfer in stra-

tegic alliances [J]. Strategic management journal, 1999, 20, (7): 595-623.

[121] SPENCER J. Firms' knowledge-sharing strategies in the global innovation system: empirical evidence from the flat panel display industry [J]. Strategic management journal, 2003, (24): 217-233.

[122] STOUT R J, CANNON BOWERS J A, SALAS E, et al. Planning, shared mental models, and coordinated performance: an empirical link is established [J]. Human factors: the journal of the human factors and ergonomics society, 1999, 41 (1): 61-71.

[123] SUGANDHAVANIJA P, SUKCHAI S, KETJOY N, et al. Determination of effective university-industry joint research for photovoltaic technology transfer in Thailand [J]. Renewable Energy, 2011, 36: 600-607.

[124] THOMAS RITTER, HANS GEORG GEMÜNDEN. Network competence: its impact on innovation success and its antecedents [J]. Journal of business research, 2003, (56): 745-755.

[125] TIWANA A. Does interfirm modularity complement ignorance? A field study of software outsourcing alliances [J]. Strategic management journal, 2008, 29: 1241-1252.

[126] TODTLING F, KAUFMANN A. SMEs in regional Innovation systems and the role of Innovation support-the case of upper Austria [J]. Journal of technology transfer, 2002, (7): 15-26.

[127] TRKMAN P, DESOUZA K C. Knowledge risks in organizational networks: an exploratory framework [J]. The journal of strategic information systems, 2012, 21 (1): 1-17.

[128] TSAI W. Knowledge transfer in intra organizational networks: effects of network position and absorptive capacity on business unit innovation and performance [J]. Academy of management journal, 2001, 44 (5): 996-1004.

[129] VARSAKELIS N C. The impact of patent protection, economy openness and national culture on R&D investment: a cross-country empirical investigation [J]. Research policy, 2001, 30 (7): 1059-1068.

[130] VASUDEVA G, ZAHEER A, HERNANDEZ E. The embeddedness of networks: institutions, structural holes, and innovativeness in the fuel cell industry [J]. Organization science, 2013, 24 (3): 645-663.

[131] VOLKER MAHNKE. The Economics of knowledge sharing: production

and organization cost considerations [J]. California management review, 1998 (11): 22-49.

[132] VON NEUMANN J, MORGENSTERN O. Theory of games and economic behavior [M]. Princeton university press, 2007.

[133] WALLENBURG C M, SCHAFFLER T. The interplay of relational governance and formal control in horizontal alliances: a social contract perspective [J]. Journal of supply chain management, 2014, 50 (2): 41-58.

[134] WALTER J, LECHNER C, KELLERMANNS W F. Knowledge transfer between and within alliance partners: private versus collective benefits of social capital [J]. Journal of business research, 2007, 60 (7): 698-710.

[135] WEIGELT K, CAMERER C. Reputation and corporate strategy: a review of rent theory and applications [J]. Strategic management journal, 1988, (9): 443-454.

[136] WILLIAMSON O E. Credible commitments: using hostages to support exchange [J]. The American economic review, 1983: 519-540.

[137] ZAHEER A. Venkatraman relational governance as an interorganizational strategy: an empirical test of the role of trust in economic exchange [J]. Strategic management journal, 1995 (16): 373-392.

[138] ZHANG J, DAWES S S. Expectations and perceptions of benefits, barriers, and success in public sector knowledge networks [J]. Public performance & management review, 2006, 29 (4): 433-466.

[139] ZHANG X, WEI S. Structure, evolution and hot spots of cooperation innovation knowledge network [J]. Open journal of applied sciences, 2015, 5 (4): 121-134.

[140] ZOLLO M J, REUER J, SINGH H. Interorganizational routines and performance in strategic alliances [J]. Organization science, 2002, 13 (6): 701-713.

二、中文文獻

[141] 路易斯·普特曼, 蘭德爾·克羅茨納. 企業的經濟性質 [M]. 孫經偉, 譯. 上海: 上海財經大學出版社, 2000.

[142] 白鷗, 魏江, 斯碧霞. 關係還是契約: 服務創新網路治理和知識獲取困境 [J]. 科學學研究, 2015, 33 (9): 1432-1440.

[143] 曹靜, 範德成, 唐小旭. 產學研結合技術創新合作機制研究 [J]. 科技管理研究, 2009, (11): 50-52.

[144] 曹霞, 付向梅, 楊園芳. 產學研合作創新知識整合影響因素研究 [J]. 科技進步與對策, 2012, 29 (2): 1-6.

[145] 曹休寧. 企業網路的治理機制研究——基於非正式制度的視角 [J]. 學海, 2006 (5): 138-142.

[146] 陳金丹, 胡漢輝, 吉敏. 動態外部環境下的集群企業知識網路演化研究 [J]. 中國科技論壇, 2013 (2): 95-102.

[147] 陳靜. 基於過程視角的知識整合能力形成機理 [J]. 科技管理研究, 2010, 30 (22): 186-189.

[148] 陳偉, 張旭梅, 宋寒. 供應鏈企業間知識交易的關係契約機制: 基於合作創新的研究視角 [J]. 科研管理, 2015, 36 (7): 38-48.

[149] 成桂芳, 寧宣熙. 基於隱性知識傳播的虛擬企業知識協作網路研究 [J]. 科技進步與對策, 2005 (9): 25-27.

[150] 鄧勝利, 胡吉明. Web2.0環境下基於群體交互學習的知識創新研究 [J]. 情報理論與實踐, 2010, 33 (2): 17-20.

[151] 丁榮貴, 楊明海, 張體勤. 知識工作者的能力整合與企業效率 [J]. 文史哲, 2005 (4): 154-159.

[152] 傅榮, 裘麗, 張喜徵, 胡湘雲. 產業集群參與者交互偏好與知識網路演化: 模型與仿真 [J]. 中國管理科學, 2006, 14 (4): 128-133.

[153] 杜軍, 徐建, 劉凱. 基於演化博弈的供應鏈合作廣告機制 [J]. 系統工程, 2015, 33 (1): 108-115.

[154] 杜曉靜, 耿亞青, 沈占波. 基於互聯網的開放式創新模式研究: 背景、特點和組成系統 [J]. 科技進步與對策, 2014, 31 (8): 10-15.

[155] 馮濤, 鄧俊榮. 從勞動分工到知識分工的組織間合作關係演進 [J]. 學術月刊, 2010, 42 (8): 92-98.

[156] 蓋文啓. 創新網路: 區域經濟發展新思維 [M]. 北京: 北京大學出版社, 2002.

[157] 高靜美, 郭勁光. 企業網路中的信任機制及信任差異性分析 [J]. 南開管理評論, 2004, 7 (3): 63-68.

[158] 高琦, 雷星暉. 創新導向的知識網路關係與企業創新績效關係仿真研究 [J]. 科技管理研究, 2016 (10): 6-12.

[159] 高映紅, 劉國新. 網路權力與創新網路的治理 [J]. 科技管理研

究, 2011 (1): 194-196.

[160] 戈黎華. 企業開放型知識創造組織模式探析——立足內斂型模式與開放型模式的比較 [J]. 中國人力資源開發, 2012 (7): 11-14.

[161] 顧新, 郭耀煌, 李久平. 社會資本及其在知識鏈中的作用 [J]. 科研管理, 2003, 24 (5): 44-48.

[162] 顧新. 知識鏈管理——基於生命週期的組織之間知識鏈管理框架模型研究 [M]. 成都: 四川大學出版社, 2008.

[163] 郭敏, 王紅衛. 需求信息不對稱下的供應鏈合作機制 [J]. 武漢理工大學學報 (信息與管理工程版), 2006, 28 (6): 111-114, 127.

[164] 韓超群, 劉志學. 基於演化博弈的 VMI&TPL 供應鏈合作機制研究 [J]. 工業工程與管理, 2011, 16 (6): 21-29.

[165] 韓小花, 薛聲家. 不對稱信息下閉環供應鏈的合作機制分析 [J]. 計算機集成製造系統, 2008, 14 (4): 731-736, 743.

[166] 韓新偉, 陳良猷. 知識管理的編碼化策略 [J]. 北京航空航天大學學報 (社會科學版), 2004, 17 (3): 57-61.

[167] 何鬱冰. 產學研協同創新的理論模式 [J]. 科學學研究, 2012, 30 (2): 165-174.

[168] 洪江濤, 黃沛. 企業價值鏈上協同知識創新的動態決策模型 [J]. 中國管理科學, 2011, 19 (4): 130-136.

[169] 侯彩霞, 洪衛. 信息不對稱下兩極供應鏈的合作機制 [J]. 重慶交通大學學報 (自然科學版), 2008, 27 (2): 320-326.

[170] 胡峰, 張黎. 知識擴散網路模型及其啟示 [J]. 情報學報, 2006, 25 (1): 109-114.

[171] 胡漢輝, 潘安成. 組織知識轉移與學習能力的系統研究 [J]. 管理科學學報, 2006, 9 (3): 81-87.

[172] 戢守峰. 企業戰略聯盟風險防範體系的架構研究 [J]. 管理學報, 2006, 3 (1): 19-23.

[173] 簡兆權. 戰略聯盟的合作博弈分析 [J]. 數量經濟技術經濟研究, 1999 (8): 34-36.

[174] 簡兆權, 劉榮, 招麗珠. 網路關係、信任與知識共享對技術創新績效的影響研究 [J]. 研究與發展管理, 2010 (2): 64-71.

[175] 蔣恩堯, 侯東. 基於 MIS 平臺的企業知識網路的組建 [J]. 商業研究, 2002 (9) (上半月版): 36.

[176] 姜照華, 隆連堂, 張米爾. 產業集群條件下知識供應鏈與知識網路的動力學模型探討 [J]. 科學學與科學技術管理, 2004 (7): 55-60.

[177] 菊紅, 汪應洛等. 靈捷虛擬企業科學管理 [M]. 西安: 西安交通大學出版社, 2002.

[178] 柯江林, 孫健敏, 石金濤. 變革型領導對 R&D 團隊創新績效的影響機制研究 [J]. 南開管理評論, 2009, 12 (6): 19-26.

[179] 匡輝. 內隱知識的編碼 [J]. 自然辯證法研究, 2005, 21 (1): 21-23.

[180] 蘭天, 徐劍. 企業動態聯盟利益分配的機制與方法 [J]. 東北大學學報 (自然科學版), 2008, 29 (2): 301-304.

[181] 雷國雄. 企業的分工性質: 非交易成本範式的分析 [J]. 華東經濟管理, 2011, 25 (3): 79-84.

[182] 雷雪. 基於 Wiki 的創新機制研究 [J]. 情報科學, 2011, 29 (3): 346-349.

[183] 雷志柱. 知識網路組織構建與管理研究 [M]. 北京: 北京理工大學出版社, 2012: 208.

[184] 林勇, 馬士華. 供應鏈企業合作機制與委託實現理論 [J]. 南開管理評論, 2000 (2): 49-53.

[185] 李岱素. 產學研戰略聯盟合作機制系統研究 [J]. 科技進步與對策, 2009, 26 (16): 19-22.

[186] 李丹, 俞竹超, 樊治平. 知識網路的構建過程分析 [J]. 科學學研究, 2002, 20 (6): 620-623.

[187] 李林, 肖玉超, 王永寧. 基於產業集群的產學研戰略聯盟合作機制構建研究 [J]. 重慶大學學報 (社會科學版), 2010, 16 (2): 11-15.

[188] 李金華. 創新網路的結構及其與知識流動的關係 [M]. 北京: 經濟科學出版社, 2009.

[189] 李廉水. 論產學研合作創新的利益分配機制 [J]. 科學學研究, 1997, 15 (3): 41-44.

[190] 李健, 杜亮. 基於權力結構差異的知識鏈組織的合作契約研究 [J]. 科技管理研究, 2015, 35 (18): 197-200.

[191] 李友東, 謝鑫鵬, 營剛. 兩種分成契約下供應鏈企業合作減排決策機制研究 [J]. 中國管理科學, 2016, 24 (3): 61-70.

[192] 李穎, 林聰穎. 知識資本的企業知識管理風險預警機制研究 [J].

科學學與科學技術管理, 2009, 30 (9): 97-102.

[193] 李勇, 史占中, 屠梅曾. 知識網路與企業動態能力 [J]. 情報科學, 2006, 24 (3): 434-437.

[194] 李勇, 張異, 楊秀苔, 等. 供應鏈中製造商-供應商合作研發博弈模型 [J]. 系統工程學報, 2005, 20 (1): 12-18.

[195] 李永鋒, 司春林. 合作創新戰略聯盟中企業間相互信任問題的實證研究 [J]. 研究與發展管理, 2007, 19 (6): 52-60.

[196] 李文博, 鄭文哲, 劉爽. 產業集群中知識網路結構的測量研究 [J]. 科學學研究, 2008, (8): 787-792.

[197] 李興國, 李世林, 王磊. 基於知識的供應鏈合作機制研究 [J]. 情報雜誌, 2005 (7): 1-4.

[198] 李維安. 網路組織: 組織發展新趨勢 [M]. 北京: 經濟科學出版社, 2003.

[199] 李煜華, 武曉峰, 胡瑶瑛. 基於演化博弈的戰略性新興產業集群協同創新策略研究 [J]. 科技進步與對策, 2013, 30 (2): 70-73.

[200] 劉敦虎, 陳謙明, 高燕妮等. 知識聯盟組織之間的文化衝突及其協同管理研究 [J]. 科技進步與對策, 2010, 27 (7): 136-139.

[201] 劉林舟, 武博. 產業技術創新戰略聯盟合作夥伴多目標選擇研究 [J]. 科技進步與對策, 2012, 29 (21): 55-58.

[202] 劉明宇, 翁瑾. 產業鏈的分工結構及其知識整合路徑 [J]. 科學學與科學技術管理, 2007 (7): 92-96.

[203] 劉明宇. 模塊化網路狀產業鏈的知識分工與創新 [J]. 當代財經, 2006 (4): 83-86.

[204] 劉英基. 基於企業知識網路的製造業協同創新機制優化研究 [J]. 科技進步與對策, 2014, 31 (13): 34-39.

[205] 劉業進. 分工、交易、經濟秩序 [D]. 北京: 北京師範大學, 2008.

[206] 梁娟, 陳國宏, 蔡猷花. 產業集群知識網路績效研究 [J]. 統計與決策, 2015 (1): 73-76.

[207] 廖杰, 顧新. 知識鏈組織之間的文化衝突分析 [J]. 科學管理研究, 2009 (5): 54-57.

[208] 羅珉, 王雎. 跨組織大規模協作: 特徵、要素與運行機制 [J]. 中國工業經濟, 2007 (8): 5-14.

[209] 羅珉, 何長見. 組織間關係: 界面規則與治理機制 [J]. 中國工業經濟, 2006 (5): 87-95.

[210] 駱品亮, 劉明宇. 模塊化創新的網路化知識集成模式 [J]. 科學學與科學技術管理, 2009 (3): 132-138.

[211] 陸瑾. 基於演化博弈論的知識聯盟動態複雜性分析 [J]. 財經科學, 2006 (3): 54-61.

[212] 呂海萍, 龔建立. 產學研相結合的動力-障礙機制實證分析 [J]. 研究與發展管理, 2004, 16 (2): 58-62.

[213] 邁克爾·波蘭尼. 個人知識——邁向後批判哲學 [M]. 許澤民, 譯. 貴陽: 貴州人民出版社, 1998.

[214] 苗文斌, 吳曉波, 李正衛. 基於知識分工理論的集群機理研究 [J]. 科學管理研究, 2006, 24 (5): 73-75, 91.

[215] 倪滬平. 分工演化過程中知識分工網路形成機制研究 [J]. 上海經濟研究, 2010 (7): 67-76.

[216] 牛松. 組織設計對隱性知識傳遞影響的實證研究 [D]. 廈門: 廈門大學, 2009.

[217] 歐光軍, 鄭江孝, 李永周. 基於產品創新集成的高技術集群知識網路能力整合構建研究——一個分析框架的提出與構思 [J]. 科技進步與對策, 2012, 29 (1): 64-68.

[218] 彭雙, 餘維新, 顧新, 等. 知識網路風險及其防範機制研究——基於社會網路視角 [J]. 科技進步與對策, 2013, 30 (20): 124-127.

[219] 彭正銀. 網路治理理論探析 [J]. 中國軟科學, 2002 (3): 50-54.

[220] 浦徐進, 曹文彬. 基於空間雙邊壟斷的「農超對接」供應鏈合作機制研究 [J]. 管理學報, 2012, 9 (10): 1543-1547.

[221] 齊謳歌, 趙勇, 王滿倉. 城市集聚經濟微觀機制及其超越: 從勞動分工到知識分工 [J]. 中國工業經濟, 2012 (1): 36-45.

[222] 青木昌彥, 安藤晴彥. 模塊時代: 新產業結構的本質 [M]. 上海: 上海遠東出版社, 2003.

[223] 任慧. 產業衍生的知識網路耦合機理研究 [J]. 情報雜誌, 2013, 32 (3): 132-136.

[224] 任紅波. 模塊化體系中的產業鏈整合研究 [D]. 上海: 復旦大學, 2005.

[225] 任志安. 企業知識共享網路的治理研究 [J]. 科技進步與對策,

2006 (3): 97-101.

　　[226] 芮明杰, 劉明宇. 網路狀產業鏈的知識整合研究 [J]. 中國工業經濟, 2006 (1): 49-55.

　　[227] 芮明杰, 李想. 網路狀產業鏈構造與運行 [M]. 上海: 上海人民出版社, 2009.

　　[228] 時雁, 藺楠, 餘淑萍. 新興產業集群形成中公共風險資本與私人風險資本合作機制研究 [J]. 科技進步與對策, 2013, 30 (1): 38-42.

　　[229] 石琳娜, 石娟, 顧新. 知識網路的風險及其防範機制研究 [J]. 科技進步與對策, 2011, 28 (16): 118-121.

　　[230] 施琴芬, 郭強. 隱性知識主體風險態度的經濟學分析 [J]. 科學學研究, 2003, 21 (1): 80-82.

　　[231] 施琴芬, 梁凱. 隱性知識主體價值最大化的博弈分析 [J]. 科學學與科學技術管理, 2003, 24 (3): 11-13.

　　[232] 宋華. 供應鏈管理中企業間的衝突和合作機制分析 [J]. 中國人民大學學報, 2002 (4): 65-71.

　　[233] 蘇卉. 知識接收方特性對知識轉移效率影響的實證研究 [J]. 情報雜誌, 2009 (5): 138-142.

　　[234] 孫國強. 網路協作環境下的利益分配理論與模型 [J]. 管理科學, 2003 (6): 22-25.

　　[235] 孫國強. 網路組織的內涵、特徵與構成要素 [J]. 南開管理評論, 2001, 4 (4): 38-40.

　　[236] 孫彬彬. 組織變革中的企業內分工——對 Becker-Murphy 分工模型的拓展 [J]. 中國工業經濟, 2006 (2): 106-112.

　　[237] 孫永風, 李垣. 基於組織內部溝通與整合能力的內外部知識整合與創新 [J]. 中國管理科學, 2005, 13 (1): 56-61.

　　[238] 孫永磊, 陳勁, 宋晶. 文化情境差異下雙元慣例的作用研究 [J]. 科學學研究, 2015, 33 (9): 1424-1431.

　　[239] 唐承林, 顧新, 夏陽. 基於動態能力的知識網路知識優勢向競爭優勢轉化研究 [J]. 科技管理研究, 2013 (13): 185-189, 199.

　　[240] 唐登莉, 李力, 羅超亮. 知識聯盟及其合作中的關係性風險研究 [J]. 情報雜誌, 2014, 33 (2): 183-188.

　　[241] 唐方成, 席酉民. 知識轉移與網路組織的動力學行為模式（Ⅰ）[J]. 系統工程理論與實踐, 2006 (5): 122-127.

[242] 唐方成, 席酉民. 知識轉移與網路組織的動力學行為模式（Ⅱ）: 吸收能力與釋放能力 [J]. 系統工程理論與實踐, 2006（9）: 83-89.

[243] 田鋼, 張永安. 集群創新網路演化的動力和合作機制研究 [J]. 軟科學, 2008, 22（8）: 91-96, 108.

[244] 萬君, 顧新. 知識網路的形成機理研究 [J]. 科技管理研究, 2008（9）: 243-245.

[245] 萬君, 顧新. 構建知識網路的必要性及其特性探析 [J]. 經濟研究導刊, 2013（24）: 223-226.

[246] 萬君, 顧新. 知識網路的生命週期及其階段判定模型研究 [J]. 管理學報, 2012, 9（6）: 880-883.

[247] 萬幼清, 王雲雲. 產業集群協同創新的企業競合關係研究 [J]. 管理世界, 2014（8）: 175-176.

[248] 汪丁丁. 知識沿時間和空間的互補性以及相關的經濟學 [J]. 經濟研究, 1997（6）: 70-78.

[249] 汪丁丁. 知識分工與CKO [J]. IT經理世界, 2002（2）: 86.

[250] 王發明. 基於市場導向的產學研合作障礙研究 [J]. 科技管理研究, 2009（2）: 171-173.

[251] 王發明. 創意產業集群化: 基於知識分工協調理論分析 [J]. 經濟學家, 2009（6）: 26-32.

[252] 王發明. 創意產業集群化: 基於知識的結構性整合視角 [J]. 軟科學, 2009, 23（3）: 23-27.

[253] 王娟茹, 趙嵩正, 楊瑾. 基於知識溢出和吸收能力的知識聯盟動態模型 [J]. 中國管理科學, 2005（2）: 107-110.

[254] 王露, 王錚, 楊妍, 馬翠芳, 龔軼. 知識網路動態與政策控制（Ⅱ）——中國國家創新體系調控模擬 [J]. 科研管理, 2002, 23（1）: 17-26.

[255] 王力, 項勇. 建築企業聯盟合作機制問題研究 [J]. 西南農業大學學報（社會科學版）, 2005, 13（3）: 51-53.

[256] 王濤, 李雪婷, 顧新. 基於相互信任的知識網路中知識衝突的治理路徑 [J]. 科技管理研究, 2016（11）: 150-155.

[257] 王勇, 陳俊芳, 孟梅. 非對稱信息的供應鏈聯盟關係與合作機制研究 [J]. 科技進步與對策, 2003（12）: 108-110.

[258] 王錚, 馬翠芳, 王露, 楊妍, 朱斌. 知識網路動態與政策控制

(I)——模型的建立[J]. 科研管理, 2001, 22 (3): 126-133.

[259] 魏奇鋒, 顧新. 知識鏈組織之間知識共享的風險防範研究[J]. 情報雜誌, 2011, 30 (11): 120-124.

[260] 魏奇鋒, 張曉青, 顧新. 基於模糊集與風險矩陣的知識鏈組織之間知識共享風險評估[J]. 情報理論與實踐, 2012, 35 (3): 75-78.

[261] 魏旭, 張豔. 知識分工、社會資本與集群式創新網路的演化[J]. 當代經濟研究, 2006 (10): 24-27.

[262] 魏宜瑞. 營造有利於發揮專利等知識產權制度作用的創新環境[J]. 科技情報開發與經濟, 2005, 15 (7): 165-166.

[263] 威廉姆森. 資本主義經濟制度: 論企業簽約與市場簽約[M]. 段毅才, 王偉, 譯. 北京: 商務印書館, 2002.

[264] 吳德勝, 李維安. 集體聲譽, 可置信承諾與契約執行[J]. 經濟研究, 2009 (6): 142-154.

[265] 吳海濱, 李垣, 謝恩. 基於博弈觀點的促進聯盟合作機制設置[J]. 系統工程理論方法應用, 2004, 13 (1): 1-5.

[266] 吳紹波, 顧新, 彭雙. 知識鏈組織之間的衝突與信任協調: 基於知識流動視角[J]. 科技管理研究, 2009 (6): 321, 32-327.

[267] 吳紹波, 顧新, 彭雙. 知識鏈組織之間的知識分工決策模型研究[J]. 科研管理, 2011, 32 (3): 9-14.

[268] 吳紹波, 顧新, 周全. 不同信息條件下知識鏈組織合作創新的最優激勵契約研究[J]. 科學學與科學技術管理, 2012, 33 (2): 63-66.

[269] 吳紹波, 唐承林, 劉敦虎. 知識鏈組織之間的合作夥伴關係研究[M]. 北京: 經濟科學出版社, 2014.

[270] 吳亞男. 全面風險管理理念與模式——中國商業銀行全面風險管理體系研究[D]. 北京: 對外經濟貿易大學, 2006: 1.

[271] 吳悅, 顧新, 王濤. 信任演化視角下知識網路中組織間知識轉移機理研究[J]. 科技進步與對策, 2014, 31 (20): 132-136.

[272] 肖小勇. 組織間知識轉移研究——基於企業網路的視角[M]. 成都: 電子科技大學出版社, 2009: 98.

[273] 謝薇, 羅利. 產學研合作的動力機制[J]. 研究與發展管理, 1997, 9 (3): 14-18.

[274] 謝永平, 毛雁徵, 張浩淼. 組織間信任、網路結構和知識存量對網路創新績效的影響分析——以知識共享為仲介[J]. 科技進步與對策.

2011, 24 (28): 172-175.

[275] 謝識予. 經濟博弈論 [M]. 上海: 復旦大學出版社, 2006.

[276] 熊哲. 集成創新網路成員利益分配機制研究 [D]. 長沙: 中南大學, 2009.

[277] 薛捷, 張振剛. 基於知識內容的區域產業集群知識網路研究——以東莞電子信息產業集群為例 [J]. 圖書情報工作, 2012, 56 (20): 110-117.

[278] 徐和平, 孫林岩, 慕繼豐. 產品創新網路及其治理機制研究 [J]. 中國軟科學, 2003 (6): 77-82.

[279] 徐瑋, 楊占昌, 韓永. 多盟友戰略聯盟合作夥伴的信用度模型研究 [J]. 統計與決策, 2009 (16): 54-55.

[280] 徐笑君. 文化差異對美資跨國公司總部知識轉移影響研究 [J]. 科研管理, 2010 (4): 49-58.

[281] 陽志梅, 胡振華. 知識網路與集群企業競爭優勢研究——基於組織學習視角 [J]. 科技進步與對策, 2010, 27 (3): 101-104.

[282] 楊翠蘭. 知識鏈風險評估及控制機制研究 [J]. 圖書情報工作, 2009, 53 (4): 121-123.

[283] 楊豐強, 芮明杰. 知識創新服務的模塊化分工研究 [J]. 科技進步與對策, 2014, 31 (19): 137-142.

[284] 楊貴斌. 動態聯盟合作夥伴選擇研究 [D]. 武漢: 武漢理工大學, 2004.

[285] 楊雪, 顧新, 張省. 基於知識網路的集群創新演化研究——以成都高新技術產業開發區為例 [J]. 軟科學, 2014, 28 (4): 83-87.

[286] 楊豔平. 集群創新網路與區域文化嵌入機理研究——基於傳播動力學理論 [J]. 科學學研究, 2015, 33 (1): 146-153.

[287] 葉江峰, 任浩, 陶晨. 分佈式創新過程中企業間知識治理——基於多重概念模型與相關命題的研究 [J]. 科學學與科學技術管理, 2013, 34 (12): 45-54.

[288] 尹建華, 王兆華. 資源外包網路的治理研究 [J]. 中國工業經濟, 2004 (8): 42-47.

[289] 餘東華, 芮明杰. 基於模塊化網路組織的知識流動研究 [J]. 南開管理評論, 2007, 10 (4): 11-16.

[290] 於曉宇, 杜旭霞, 李雪靈等. 大都市圈文化異質性對企業創新行為的影響研究 [J]. 科研管理, 2013, 34 (5): 32-38.

[291] 喻衛斌. 不確定性和網路組織研究 [M]. 北京: 中國社會科學出版社, 2007: 154.

[292] 喻衛斌. 網路組織的契約關係與機會主義行為的防範 [J]. 山東社會科學, 2007 (7): 81-84.

[293] 運懷立. 現代企業全面風險管理的測度與策略選擇 [J]. 現代財經, 2007, 4 (27): 32-35.

[294] 張寶生, 王曉紅. 虛擬科技創新團隊知識流動意願影響因素實證研究——基於知識網路分析框架 [J]. 研究與發展管理, 2012, 24 (2): 1-9, 57.

[295] 張寒冰. 基於社會網路工具的集群企業間知識網路構建 [J]. 科技管理研究, 2011 (2): 193-196, 182.

[296] 趙曉慶, 許慶瑞. 知識網路與企業競爭能力 [J]. 科學學研究, 2002, 20 (3): 281-285.

[297] 趙晶, 周江華, 張帆. 基於集群知識網路的技術學習路徑研究——以柳市低壓電器產業集群為例 [J]. 科技進步與對策, 2009 (2): 59-63.

[298] 張江甫, 顧新. 基於雙階段擴散的知識網路知識流動模型及仿真 [J]. 情報理論與實踐, 2016, 39 (5): 74-78.

[299] 張麗妮. 基於 Know-Net 的知識管理研究 [J]. 現代情報, 2004, 5 (5): 201-203.

[300] 張龍. 知識網路結構及其對知識管理的啟示 [J]. 研究與發展管理, 2007, 19 (2): 86-91, 99.

[301] 張敏, 張一力. 文化嵌入, 契約治理與企業創新行為的關係研究——來自溫州民營企業的實證檢驗 [J]. 科學學研究, 2014, 32 (3): 454-463.

[302] 張青山, 曹智安. 企業動態聯盟風險的防範與預控研究 [J]. 管理科學, 2004, 17 (3): 8-15.

[303] 張薇, 徐迪. 動態知識網路上的知識累積過程模型 [J]. 管理科學學報, 2014, 17 (11): 122-128.

[304] 趙雅萍. 產學研技術協作網路的利益分配與治理 [D]. 廣州: 暨南大學, 2011: 16-23.

[305] 張延祿, 楊乃定. R&D 網路風險相繼傳播模型構建及仿真 [J]. 系統工程理論實踐, 2014, 34 (3): 723-731.

[306] 張永安, 付韜. 集群創新系統中知識網路的界定及其運作機制研究

[J]. 科學學與科學技術管理, 2009 (1): 92-101.

[307] 張玉新. 知識分工與經濟組織的研究視域 [J]. 求索, 2008 (4): 36-38.

[308] 周榮, 喻登科, 涂國平. 高校科技成果轉化團對知識網路形成機理與運行模式 [J]. 科技進步與對策, 2015, 32 (4): 117-123.

[309] 周榮, 涂國平, 喻登科. 高校科技成果轉化團對知識網路的結構、行為及其演化分析 [J]. 中國科技論壇, 2013 (11): 79-84.

[310] 周雪光.「關係產權」:產權制度的一個社會學解釋 [J]. 社會學研究, 2005, 20 (2): 1-31.

[311] 周治翰, 胡漢輝. 分工的知識含義及其在網路經濟下的迴歸 [J]. 中國軟科學, 2001 (11): 35-38.

[312] 朱富強. 重新理解合作博弈概念:內涵和理性基礎 [J]. 社會科學輯刊, 2012 (2): 90-99.

附錄

附錄 1　知識網路組織知識分工協同機制研究調查問卷

尊敬的女士/先生：

您好。我們是國家社會科學基金西部項目「知識網路組織合作機制研究」（12XGL003）項目組成員，現正進行子課題「知識網路組織間知識分工協同機制研究」的獨立學術調查，旨在分析知識網路組織間的知識分工協同機制對知識網路創新績效的作用機理。調查採用匿名填答方式，不涉及貴機構商業機密，請根據貴機構實際情況填寫問卷內容，您所提供信息我們將嚴格保密，僅供研究使用，研究人員承諾不向任何第三方提供貴機構數據。作為回報，如有所需，本調查研究結論可提供給貴機構做決策參考之用。

您的參與將直接決定我們的研究成果和研究質量，向您對本次調研工作的支持與參與，表示衷心感謝！

西華大學「知識網路組織合作機制研究」項目組

問卷填寫說明：

1. 為了便於您更好地理解問卷內容，對其中重要概念解釋如下：

（1）知識網路是指企業、大學、科研院所、供應商、客戶、政府及科技仲介組織組建的一種合作夥伴關係網路。

（2）知識分工是知識網路組織在創新過程中基於知識優勢的模塊化分工。

（3）知識協同是知識網路組織知識流動和知識協作。

2. 問卷分兩個部分。第一部分：基本信息；第二部分：知識分工協同的作用機理。

3. 問卷填寫：請在符合您的實際情況或符合您的判斷的選項下畫「√」，每題只能選擇一個答案，答案沒有對錯之分，只希望真實有效。您的配合對我

們學術研究非常重要,感謝您的支持。

第一部分　基本信息

1. 您所在機構的性質是:

　　A. 大專院校　B. 科研機構　C. 企業　D. 政府部門　E. 金融機構
F. 諮詢機構　G. 其他組織

2. 您所在機構的職工人數:

　　A. 300人以下　B. 300~500人　C. 501~1000人　D. 1000人以上

3. 您所在機構的研發人數為:

　　A. 10人及以下　B. 11~50人　C. 51~100人　D. 100人以上

4. 您所在的部門是:

　　A. 管理部門　B. 技術研發部門　C. 後勤保障部門(人事、財務、後勤)

　　D. 職能部門(採購、生產、銷售)

5. 您是否參與過貴機構與其他機構進行的技術研發、產品開發等方面的合作?

　　A. 是　B. 否

第二部分　知識分工協同的作用機理

6. 網路組織合作過程中,我們根據功能將產品細分為很多子模塊(組件)

　　A. 非常不同意　B. 比較不同意　C. 有些不同意　D. 一般

　　E. 有些同意　F. 比較同意　G. 完全同意

7. 網路組織合作過程中,各子模塊的動作是相互獨立的

　　A. 非常不同意　B. 比較不同意　C. 有些不同意　D. 一般　E. 有些同意　F. 比較同意　G. 完全同意

8. 網路組織合作過程中,各細分子模塊之間界限明確,工藝、流程上聯繫較少

　　A. 非常不同意　B. 比較不同意　C. 有些不同意　D. 一般　E. 有些同意　F. 比較同意　G. 完全同意

9. 網路組織合作過程中,保密措施使我不用擔心技術信息的泄漏

　　A. 非常不同意　B. 比較不同意　C. 有些不同意　D. 一般　E. 有些同意　F. 比較同意　G. 完全同意

10. 網路組織合作過程中,重視對知識產權的保護,積極申請專利

　　A. 非常不同意　B. 比較不同意　C. 有些不同意　D. 一般　E. 有些同

意　F. 比較同意　G. 完全同意

11. 網路組織合作過程中，內部科研成果的歸屬問題感到滿意

　　A. 非常不同意　B. 比較不同意　C. 有些不同意　D. 一般　E. 有些同意　F. 比較同意　G. 完全同意

12. 網路組織合作過程中，論文、專利等成果嚴格按貢獻進行署名

　　A. 非常不同意　B. 比較不同意　C. 有些不同意　D. 一般　E. 有些同意　F. 比較同意　G. 完全同意

13. 網路組織合作過程中，有明確制度鼓勵成員相互交流學習

　　A. 非常不同意　B. 比較不同意　C. 有些不同意　D. 一般　E. 有些同意　F. 比較同意　G. 完全同意

14. 網路組織合作過程中，對於經常將知識傳授給其他成員的行為給予獎勵

　　A. 非常不同意　B. 比較不同意　C. 有些不同意　D. 一般　E. 有些同意　F. 比較同意　G. 完全同意

15. 網路組織合作過程中，善於分享知識的成員容易得到提升或表彰

　　A. 非常不同意　B. 比較不同意　C. 有些不同意　D. 一般　E. 有些同意　F. 比較同意　G. 完全同意

16. 網路組織合作過程中，績效評估或利益分配時會考慮對其他成員的幫助

　　A. 非常不同意　B. 比較不同意　C. 有些不同意　D. 一般　E. 有些同意　F. 比較同意　G. 完全同意

17. 網路組織合作過程中，有明確的績效評估準則

　　A. 非常不同意　B. 比較不同意　C. 有些不同意　D. 一般　E. 有些同意　F. 比較同意　G. 完全同意

18. 網路組織合作過程中，利益分配是按貢獻和任務量分配的

　　A. 非常不同意　B. 比較不同意　C. 有些不同意　D. 一般　E. 有些同意　F. 比較同意　G. 完全同意

19. 網路組織合作過程中，合作組織可以做到責酬相符，優勞優酬

　　A. 非常不同意　B. 比較不同意　C. 有些不同意　D. 一般　E. 有些同意　F. 比較同意　G. 完全同意

20. 網路組織合作過程中，合作組織層級呈扁平化、柔性化

　　A. 非常不同意　B. 比較不同意　C. 有些不同意　D. 一般　E. 有些同意　F. 比較同意　G. 完全同意

21. 網路組織合作過程中，合作組織決策、計劃等制定是在廣泛徵求成員

意見的基礎上產生的

  A. 非常不同意 B. 比較不同意 C. 有些不同意 D. 一般 E. 有些同意 F. 比較同意 G. 完全同意

 22. 網路組織合作過程中，個體意見能夠及時反應和討論，並得到反饋

  A. 非常不同意 B. 比較不同意 C. 有些不同意 D. 一般 E. 有些同意 F. 比較同意 G. 完全同意

 23. 網路組織合作過程中，鼓勵成員的自主行為、設置自我目標

  A. 非常不同意 B. 比較不同意 C. 有些不同意 D. 一般 E. 有些同意 F. 比較同意 G. 完全同意

 24. 網路組織合作過程中，及時維護和更新知識管理平臺

  A. 非常不同意 B. 比較不同意 C. 有些不同意 D. 一般 E. 有些同意 F. 比較同意 G. 完全同意

 25. 網路組織合作過程中，使用了知識地圖、專家系統等多種工具輔助知識整合

  A. 非常不同意 B. 比較不同意 C. 有些不同意 D. 一般 E. 有些同意 F. 比較同意 G. 完全同意

 26. 網路組織合作過程中，本單位知識管理平臺與學研機構知識平臺銜接緊密

  A. 非常不同意 B. 比較不同意 C. 有些不同意 D. 一般 E. 有些同意 F. 比較同意 G. 完全同意

 27. 網路組織合作過程中，本單位與合作夥伴經常進行交流

  A. 非常不同意 B. 比較不同意 C. 有些不同意 D. 一般 E. 有些同意 F. 比較同意 G. 完全同意

 28. 網路組織合作過程中，本單位向合作夥伴提供他們所需要的信息

  A. 非常不同意 B. 比較不同意 C. 有些不同意 D. 一般 E. 有些同意 F. 比較同意 G. 完全同意

 29. 網路組織合作過程中，合作夥伴會提供本單位所需要的信息

  A. 非常不同意 B. 比較不同意 C. 有些不同意 D. 一般 E. 有些同意 F. 比較同意 G. 完全同意

 30. 網路組織合作過程中，常與合作夥伴進行溝通以對項目產品概念進行修訂

  A. 非常不同意 B. 比較不同意 C. 有些不同意 D. 一般 E. 有些同意 F. 比較同意 G. 完全同意

31. 網路組織合作過程中，通過對知識的開發，將當前的各類知識進行有效的合成利用

　　A. 非常不同意　B. 比較不同意　C. 有些不同意　D. 一般　E. 有些同意　F. 比較同意　G. 完全同意

32. 網路組織合作過程中，獲取的知識被充分集成到項目實施當中

　　A. 非常不同意　B. 比較不同意　C. 有些不同意　D. 一般　E. 有些同意　F. 比較同意　G. 完全同意

33. 通過網路組織知識分工協同，本單位新產品開發的成本降低

　　A. 非常不同意　B. 比較不同意　C. 有些不同意　D. 一般　E. 有些同意　F. 比較同意　G. 完全同意

34. 通過網路組織知識分工協同，本單位新產品開發的速度提升

　　A. 非常不同意　B. 比較不同意　C. 有些不同意　D. 一般　E. 有些同意　F. 比較同意　G. 完全同意

35. 通過網路組織知識分工協同，本單位新產品開發的成功率提升

　　A. 非常不同意　B. 比較不同意　C. 有些不同意　D. 一般　E. 有些同意　F. 比較同意　G. 完全同意

問卷到此結束，再次感謝您的支持

附錄 2　知識網路組織風險機制研究調查問卷

第一部分　填表說明

尊敬的女士/先生：

您好！我們是國家社會科學基金西部項目「知識網路組織合作機制研究」（12XGL003）項目組成員，現在進行一項關於「知識網路的風險機制」的研究，旨在探討知識網路的風險構成，及其影響程度與發生的可能性。非常感謝您在百忙之中協助我們完成此項調查任務，同時希望該研究的成果能為貴單位的發展提供有益的參考。

本調查採用匿名方式填答，所獲得的信息和數據僅供學術研究分析之用，我們將恪守學術研究的道德規範，絕不以任何形式向任何人或任何組織洩露有關貴單位的相關信息，也不會對您產生任何不利的影響，故請放心據實填答。該問卷將花費您約 5 分鐘的時間作答。感謝您的全力支持！

西華大學「知識網路組織合作機制研究」項目組

特別說明：

（1）知識網路，是集知識共享與知識創造功能於一體的複雜網路系統，由企業、大學、科研院所及仲介知識服務機構等構成，以提升知識（技術）優勢為目標，常見如知識聯盟、高新技術產業集群、產學研戰略合作組織等；

（2）知識網路的風險，是指由知識網路外部環境的不確定性、組織之間合作特性和知識本身的特性等引起的，導致知識創新失敗或知識網路中斷甚至終止等的風險。

填答問卷時，請在相應的答案下或者您認為比較符合您的判斷的選項上打「√」即可，每題只能選擇一個答案。答案沒有對錯之分，只求真實。

第二部分　基本信息

1. 您所在單位性質為：

A. 大專院校　B. 科研機構　C. 企業　D. 其他組織機構

2. 貴單位的研發人數為：

A. 10 人及以下　B. 11~50 人　C. 51~100 人　D. 100 人以上

3. 您的職務類別為：

A. 管理　B. 技術　C. 行政
4. 貴單位是否與參與技術合作：
A. 是　B. 否

第三部分　知識網路合作效率及其影響因素

知識網路合作效率及其影響因素表

問題項		答案選項				
（請您根據您的親身體驗和真實看法作答，在題後符合你的看法的空格處打√，注意：每個問題只能打一個√）		1 可忽略	2 輕微	3 中等	4 嚴重	5 災難
PART1. 風險影響等級						
政治環境風險	解釋：政府政策與法律新規的出抬，所帶來的影響					
市場風險	解釋：如市場需求改變導致新創造的知識與市場需求不匹配，技術進步導致新創造知識的時效性降低					
利益分配風險	解釋：如組織間所獲待遇不均，合作信心可能遭到破壞，隨之帶來合作關係的動蕩					
核心知識外溢風險	解釋：核心知識洩露，造成自身失去該核心知識唯一來源「競爭優勢」後的損害					
文化差異風險	解釋：組織間異質文化的自我保護性，降低信任程度，並更容易導致「感情用事」，不理性					
知識編碼性風險	解釋：某些知識「只可意會不可言傳」的問題帶來的合作風險					
知識傳遞性風險	解釋：知識可傳遞性較差，或在合作關係框架內缺乏傳遞渠道					
知識接收性風險	解釋：知識接收者不具備接受某類（新）知識的能力，或這種知識本身就極為複雜，難以被理解或接收					

表（續）

PART2. 風險發生概率		1 極不可能發生	2 不可能發生	3 可能發生	4 很可能發生	5 極可能發生
（請您根據您的親身體驗和真實看法作答，在題後符合你的看法的空格處打√，注意：每個問題只能打一個√）						
政治環境風險	解釋：政府政策與法律新規的出抬（尤其是一些不利政策），所帶來的不利影響					
市場風險	解釋：如市場需求改變導致新創造的知識與市場需求不匹配，技術進步導致新創造知識的時效性降低					
利益分配風險	解釋：如組織間所獲待遇不均，合作信心可能遭到破壞，隨之帶來合作關係的動蕩					
核心知識外溢風險	解釋：核心知識洩露，造成自身失去該核心知識唯一來源「競爭優勢」後的損害					
文化差異風險	解釋：組織間異質文化的自我保護性，降低信任程度，並更容易導致「感情用事」，不理性					
知識編碼性風險	解釋：某些知識「只可意會不可言傳」的問題帶來的合作風險					
知識傳遞性風險	解釋：知識可傳遞性較差，或在合作關係框架內缺乏傳遞渠道					
知識接收性風險	解釋：知識接收者不具備接受某類（新）知識的能力，或這種知識本身就極為複雜，難以被理解或接收					

國家圖書館出版品預行編目（CIP）資料

知識網路組織的合作機制研究 / 萬君 著. -- 第一版.
-- 臺北市：財經錢線文化，2020.05
　　面；　公分
POD版

ISBN 978-957-680-402-1(平裝)

1.知識經濟 2.網路社會

551.49　　　　　　　109005413

書　　名：知識網路組織的合作機制研究
作　　者：萬君 著
發 行 人：黃振庭
出 版 者：財經錢線文化事業有限公司
發 行 者：財經錢線文化事業有限公司
E - m a i l：sonbookservice@gmail.com
粉 絲 頁：　　　　　網　址：
地　　址：台北市中正區重慶南路一段六十一號八樓 815 室
8F.-815, No.61, Sec. 1, Chongqing S. Rd., Zhongzheng Dist., Taipei City 100, Taiwan (R.O.C.)
電　　話：(02)2370-3310　傳　真：(02) 2388-1990
總 經 銷：紅螞蟻圖書有限公司
地　　址: 台北市內湖區舊宗路二段 121 巷 19 號
電　　話:02-2795-3656 傳真 :02-2795-4100　網址：
印　　刷：京峯彩色印刷有限公司（京峰數位）
　　本書版權為西南財經大學出版社所有授權崧博出版事業股份有限公司獨家發行電子書及繁體書繁體字版。若有其他相關權利及授權需求請與本公司聯繫。

定　　價：450元
發行日期：2020 年 05 月第一版
◎ 本書以 POD 印製發行